Inglés A2

Editado por:
EDITORIAL FAE, S.L.U.
Correo electrónico: editorial@editorialfae.com

Inglés A2
Alba Martín de Pablos

2ª Edición

ISBN: 978-84-1135-286-4

Impreso en España

Presentación

Ficha técnica del curso

El presente manual desarrolla el contenido teórico de la acción formativa "Inglés A2" incluida en FUNDAE con código SSCE02 en la familia profesional de Servicios Socioculturales y a la Comunidad dentro del área profesional de "Formación y Educación".

Esta especialidad formativa conlleva un nivel de cualificación A2 del Marco Común Europeo de Referencia para las lenguas (MCERL).

El objetivo general es capacitar al alumnado para utilizar el idioma de forma sencilla pero adecuada y eficaz, siendo capaz de comprender, expresarse e interactuar, tanto en forma hablada como escrita, en situaciones cotidianas, que requieran comprender y producir textos breves, en diversos registros y en lengua estándar, que versen sobre aspectos básicos concretos de temas generales y que contengan expresiones, estructuras y léxico de uso frecuente.

La Acción Formativa cuenta con una duración de 150 horas y su contenido está estructurado en siete unidades de aprendizaje que se distribuyen según lo expuesto en el siguiente índice.

Índice

U. A. 1. Contenidos léxico-semánticos

U. A. 2. Contenidos gramaticales

2.2. Repaso y ampliación del genitivo 's/s' (*my brother's friends*). Otra forma de expresar la posesión (*a friend of mine*)

2.3. Contraste entre los adjetivos –ing / -ed (*interesting/interested*)

2.4. Adjetivos. El comparativo de superioridad: adj + er/ more + adj than; formas irregulares; el superlativo the adj + est / the most + adj y formas irregulares. El comparativo de igualdad (not) as...as

2.5. El adjetivo modificado por el adverbio (*quite fast*) y enfatización (*really cheap*)

3. Determinantes

3.1. Interrogativos: *what, which, whose* (*whose book is that?*)

3.2. Indefinidos más frecuentes: *some, any*

3.3. Indefinidos más frecuentes: *some, any, no much, many, (a) little, (a) few, more, enough*

3.4. Numerales cardinales hasta cuatro dígitos y ordinales hasta dos dígitos. Partitivos más comunes (*a dozen, a quarter*)

3.5. Otros determinantes: *another, other*

4. Pronombres

4.1. Pronombres personales de complemento: con preposición y posición en la oración

4.2. Pronombre posesivos: *mine, yours, his hers, its, ours, theirs*

4.3. Pronombres interrogativos: *what, who, which*

4.4. Pronombres indefinidos más frecuentes: *some, any, much, many, a little, a few, all*

4.5. Otros pronombres indefinidos compuestos de *some, any, no* y *every*

4.6. Pronombre relativos: *that, who*

5. Verbos

5.1. Verbos auxiliares: do, be, y have. Características y usos

5.2. Formas impersonales del verbo be en pasado y perfecto

5.3. Presente continuo para expresar el futuro. Otra forma de referirse al futuro: presente simple

5.4. Pasado continuo. Contraste entre el pasado simple y el pasado continuo

5.5. Futuro simple (*I'll be there at eight o'clock*). Otros usos de ´ll: ofrecimiento/promesa

5.6. Otros verbos modales: *should* y *would, have to, may/might, should, must*

U. A. 3. Contenidos ortográficos

U. A. 4. Contenidos fonéticos y fonológicos

U. A. 5. Contenidos sociolingüísticos y socioculturales

U. A. 6. Contenidos funcionales

U. A. 7. Contenidos discursivos

U. A. 1. Contenidos léxico-semánticos

Introducción

En esta unidad de aprendizaje trataremos todo lo referente a los contenidos de vocabulario correspondiente al nivel A2 dentro de MCER (Marco Común Europeo de Referencia) para las lenguas o CEFR en inglés *(Common European Framework of Reference for languages).*

La comunicación es el fin del aprendizaje de una lengua y para ello es muy importante saber expresar la información de forma correcta, clara y atendiendo a las reglas y estructuras de dicha lengua. Por ello el vocabulario es un área de suma importancia al igual que las estructuras gramaticales.

Objetivos

Comprensión oral

- Extraer la información esencial, los puntos principales e información específica de textos orales breves, de estructura sencilla y léxico de uso frecuente, sobre asuntos cotidianos, transmitidos de viva voz o por medios técnicos, articulados con claridad a una velocidad lenta, en un registro formal o neutro, en contextos no interactivos.
- Comprender mensajes breves, claros y sencillos, en lengua estándar, dentro de un contexto conversacional y sobre asuntos y aspectos conocidos, en un grado que permita satisfacer las necesidades básicas e identificar el tema, los puntos principales y las intenciones comunicativas, así como el registro formal o informal, con posibilidad de solicitar repeticiones o aclaraciones.

Expresión e interacción oral

- Realizar intervenciones breves y sencillas, comprensibles, adecuadas y coherentes, relacionadas con sus intereses y con las necesidades de comunicación más inmediatas previstas en el programa, en un registro neutro, todavía con pausas e interrupciones, con un repertorio y control limitado de los recursos lingüísticos y con el apoyo de comunicación gestual.
- Participar en conversaciones relacionadas con las situaciones de comunicación más habituales, previstas en el programa, de forma sencilla pero adecuada, reaccionando y cooperando, siempre que su interlocutor también coopere, hable despacio, con claridad y se puedan solicitar aclaraciones.

Comprensión escrita

- Extraer el sentido general, los puntos principales e información específica de textos escritos breves, de estructura sencilla y léxico de uso frecuente, en un registro formal o neutro, sobre asuntos cotidianos, pudiendo releer cuando lo necesite.

- Localizar e identificar información específica y relevante en material publicitario, divulgativo, de consulta, etc. así como comprender instrucciones de uso sencillas sobre aspectos de ámbito común.
- Identificar el sentido general e información relevante de textos descriptivos, explicativos y argumentativos, escritos con claridad y bien organizados, en los que se utilicen estructuras sencillas.

Expresión e interacción escrita

- Escribir textos sencillos, relativos a aspectos cotidianos concretos, adecuados a la situación de comunicación, con una organización y cohesión básicas, en un registro neutro y con un control limitado de los recursos lingüísticos.
- Comprender y escribir notas, cartas y mensajes sencillos, así como mensajes rutinarios de carácter social, adecuados a la situación de comunicación, con una organización y cohesión básicas, utilizando un registro neutro y con un repertorio y control limitado de los recursos, mostrando una actitud positiva y respetuosa hacia las opiniones y los rasgos culturales distintos de los propios.

1. Vocabulario

1.1. Identificación personal: datos personales necesarios para identificarse y desenvolverse en los ámbitos personal y público en situaciones cotidianas y en visitas turísticas a países extranjeros

Para comenzar es necesario repasar la forma en la que expresaremos nuestros datos personales, que suele ser el modo en el que empezaremos a dar información sobre nosotros mismos. Las preguntas de información personal son básicas para cualquier conversación en inglés. Para su estudio las vamos a agrupar en bloques, y vamos a ir repasando el vocabulario necesario para expresar la información de forma correcta.

A. Nombre

Los primeros datos personales con los que nos identificaremos son con el nombre y apellido.

- *What is your name? My name is ________.*
- *What is your surname/last name? My surname/last name is ________.*

A la hora de dar nuestro nombre o apellido, hay ocasiones en las que debemos deletrearlo ya que el oyente no comprende cómo escribirlo, para ello es necesario saber deletrearlo. De ahí la importancia de saber pronunciar el alfabeto.

Pongamos un ejemplo cotidiano como puede ser la llamada o llegada a un hotel para confirmar reserva o realizar el check-in. El recepcionista necesitará nuestros datos y para asegurarse de estar buscando los datos correctos en su servidor, es muy probable que nos pida que se lo deletreemos.

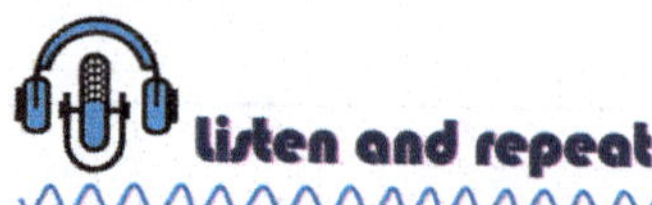

Escuchemos y repitamos el alfabeto, ya que es muy importante conocerlo para su *spelling*.

Audio1_1

A /ei/	B /bi/	C /si/	D /di/	E /i/	F /ef/
G /yi/	H /eich/	I /ai/	J /yei/	K /kei/	L /el/
M /em/	N /en/	O /ou/	P /pi/	Q /kiu/	R /ar/
S /es/	T /ti/	U /iu/	V /vi/	W /dabliu/	X /eks/
Y /uai/	Z /zi/ o /zed/				

Pic. 1. English alphabet pronunciation
Fig. 1. Pronunciación del alfabeto inglés

B. Trabajo y profesión

Otro dato importante que solemos usar para presentarnos y dar información sobre nosotros es nuestra profesión o trabajo.

- *What do you do? I am a ________.*
- *Where do you work? I work at ________.*
- *Do you like your job?*

  Si la respuesta es afirmativa contestaremos *"Yes, I do"* mientras que si es negativa diremos *"No, I don't"*.
- *Why do you like your job? I like my job because ________.*

Para hablar de profesiones debemos tener en cuenta que en inglés no se realiza diferencia en el género, solo en algunas, por lo que esas que sufren cambio con respecto al masculino o femenino las vamos a ver aparte.

Archaeologist	Arqueólogo	***Florist***	Florista
Architect	Arquitecto	***Fruiterer***	Frutero/a
Astronaut	Astronauta	***Gardener***	Jardinero/a
Baker	Panadero/a	***Hall porter***	Conserje de un hotel
Bricklayer	Albañil	***Lawyer***	Abogado
Biologist	Biólogo	***Lorry driver***	Camionero/a
Bus driver	Conductor/a de autobús	***Mechanic***	Mecánico/a
Butcher	Carnicero/a	***Meteorologist***	Meteorólogo
Cabinetmaker	Ebanista	***Miner***	Minero/a
Carpenter	Carpintero/a	***Nanny; nursemaid***	Niñera
Cashier	Cajera	***Nurse***	Enfermero/a
Chef	Jefe/a de cocina	***Pharmacist; chemist***	Farmacéutico
Cleaner	Limpiador/a	***Photographer***	Fotógrafo/a
Cook	Cocinero	***Physicist***	Físico
Dentist	Dentista	***Porter***	Conserje
Doctor	Médico	***Postman***	Cartero
Dressmaker	Modista	***Plumber***	Fontanero/a
Dustman	Basurero	***Sailor***	Marinero/a
Economist	Economista	***Singer***	Cantante
Electrician	Electricista	***Surgeon***	Cirujano
Engineer	Ingeniero	***Tobacconist***	Estanquero/a
Farmer	Agricultor	***Window cleaner***	Limpia cristales
Firefighter	Bombero	***Writer***	Escritor/a

En este otro listado prestamos especial atención a aquellas profesiones donde dependiendo del género usaremos una forma u otra.

MALE	HOMBRE	FEMALE	MUJER
Actor	Actor	***Actress***	Actriz
Policeman	Agente de policía	***Policewoman***	Agente de policía
Businessman	Agente de negocios	***Businesswoman***	Agente de negocios
Waiter	Camarero	***Waitress***	Camarera
Steward/flight attendant	Azafato	***Stewardess/flight attendant***	Azafata
Salesman/shop assistant	Vendedor	***Saleswoman/shop assistant***	Vendedora

C. Estado civil

Puede ser una pregunta que tengamos que hacer o responder a alguien.

- *Are you married/single?*
    - Respuesta afirmativa: *Yes, I am.*
    - Respuesta negativa: *No I'm not.*
- *Do you have a boyfriend/girlfriend?*
    - Respuesta afirmativa: *Yes, I do.*
    - Respuesta negativa: *No I don't.*

D. Familia

Hablar sobre nuestra familia es un tema muy común.

- *Do you have any children? "Yes, I have ________ children"* o *"No, I don't".*
- *How many brothers and sister do you have? "I have ________ brothers and ________ sisters".*

E. Edad

A la hora de expresar la edad en inglés debemos tener mucho cuidado ya que existe una diferencia importante en el verbo usado. Los españoles, usamos el verbo "TENER" y los ingleses utilizan el verbo ***"TO BE"*** (ser o estar). Por lo que debes concordar la forma correcta de dicho verbo según el sujeto utilizado tanto para la pregunta como para la respuesta.

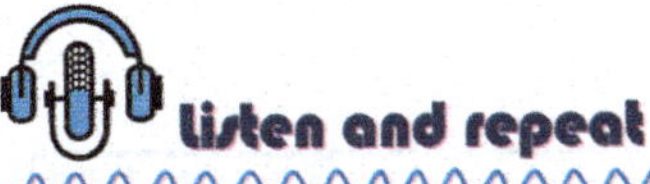

En el siguiente audio podemos escuchar cómo se pronuncian distintas oraciones para preguntar por la edad de alguien.

Audio1_2

- *How old are you?* (¿Cuántos años tiene?)
- *How old is she?* (¿Cuántos años tiene ella?)
- *How old are they?* (¿Cuántos años tienen ellos?)

En estas preguntas hay dos palabras cuya pronunciación debe ser diferenciada.

Audio1_3

- *How* /haʊ/.

Audio1_4

- *Old* /əʊld/.

Para responder estas preguntas tenemos dos opciones; ambas son correctas. La primera es decir solamente el número, por ejemplo:

- *I am 20* / Tengo 20.
- *She is 63* / Tengo 63.
- *They are 4* / Tienen 48.

La segunda opción sería añadir después del número ***"years old"***, de modo que quedaría:

- *I am 25 years old* / Tengo 25 años.
- *She is 93 years old* / Ella tiene 93 años.
- *They are 48 years old* / Tienen 48 años.

Además de recordar la estructura, vamos a hacer un repaso de los números en inglés tanto de su escritura como de su pronunciación.

NÚMEROS EN INGLÉS DEL 1 AL 100			
1 - ONE	26 - TWENTY-SIX	51 - FIFTY-ONE	76 - SEVENTY-SIX
2 - TWO	27 - TWENTY-SEVEN	52 - FIFTY-TWO	77 - SEVENTY-SEVEN
3 - THREE	28 - TWENTY-EIGHT	53 - FIFTY-THREE	78 - SEVENTY-EIGHT
4 - FOUR	29 - TWENTY-NINE	54 - FIFTY-FOUR	79 - SEVENTY-NINE
5 - FIVE	30 - THIRTY	55 - FIFTY-FIVE	80 - EIGHTY
6 - SIX	31 - THIRTY-ONE	56 - FIFTY-SIX	81 - EIGHTY-ONE
7 - SEVEN	32 - THIRTY-TWO	57 - FIFTY-SEVEN	82 - EIGHTY-TWO
8 - EIGHT	33 - THIRTY-THREE	58 - FIFTY-EIGHT	83 - EIGHTY-THREE
9 - NINE	34 - THIRTY-FOUR	59 - FIFTY-NINE	84 - EIGHTY-FOUR
10 - TEN	35 - THIRTY-FIVE	60 - SIXTY	85 - EIGHTY-FIVE
11 - ELEVEN	36 - THIRTY-SIX	61 - SIXTY-ONE	86 - EIGHTY-SIX
12 - TWELVE	37 - THIRTY-SEVEN	62 - SIXTY-TWO	87 - EIGHTY-SEVEN
13 - THIRTEEN	38 - THIRTY-EIGHT	63 - SIXTY-THREE	88 - EIGHTY-EIGHT
14 - FOURTEEN	39 - THIRTY-NINE	64 - SIXTY-FOUR	89 - EIGHTY-NINE
15 - FIFTEEN	40 - FORTY	65 - SIXTY-FIVE	90 - NINETY
16 - SIXTEEN	41 - FORTY-ONE	66 - SIXTY-SIX	91 - NINETY-ONE
17 - SEVENTEEN	42 - FORTY-TWO	67 - SIXTY-SEVEN	92 - NINETY-TWO
18 - EIGHTEEN	43 - FORTY-THREE	68 - SIXTY-EIGHT	93 - NINETY-THREE
19 - NINETEEN	44 - FORTY-FOUR	69 - SIXTY-NINE	94 - NINETY-FOUR
20 - TWENTY	45 - FORTY-FIVE	70 - SEVENTY	95 - NINETY-FIVE
21 - TWENTY-ONE	46 - FORTY-SIX	71 - SEVENTY-ONE	96 - NINETY-SIX
22 - TWENTY-TWO	47 - FORTY-SEVEN	72 - SEVENTY-TWO	97 - NINETY-SEVEN
23 - TWENTY-THREE	48 - FORTY-EIGHT	73 - SEVENTY-THREE	98 - NINETY-EIGHT
24 - TWENTY-FOUR	49 - FORTY-NINE	74 - SEVENTY-FOUR	99 - NINETY-NINE
25 - TWENTY-FIVE	50 - FIFTY	75 - SEVENTY-FIVE	100 - ONE HUNDRED

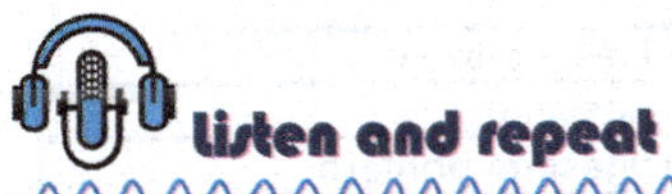

En el siguiente audio podemos escuchar cómo se pronuncian los números del 1 al 30. Es aconsejable repetir la pronunciación de cada uno de ellos para practicar.

Audio1_5

Ejemplo

When is your birthday? My birthday is on the ______ of _______.

Para hablar de fechas debemos usar correctamente el vocabulario relativo a los números ordinales, así como los meses del año. Para ello prestad atención a la siguiente tabla, además, es recomendable practicar su lectura.

NÚMERO ABREVIADO	LETRA	ESPAÑOL
1st	*First*	Primero
2nd	*Second*	Segundo
3rd	*Third*	Tercero
4th	*Fourth*	Cuarto
5th	*Fifth*	Quinto
6th	*Sixth*	Sexto
7th	*Seventh*	Séptimo
8th	*Eighth*	Octavo
9th	*Nineth*	Noveno
10th	*Tenth*	Décimo
11th	*Eleventh*	Undécimo
12th	*Twelfth*	Duodécimo
13th	*Thirteenth*	Décimo tercero
14th	*Fourteenth*	Décimo cuarto
15th	*Fifteenth*	Décimo quinto
16th	*Sixteenth*	Décimo sexto
17th	*Seventeenth*	Décimo séptimo
18th	*Eighteenth*	Décimo octavo
19th	*Nineteenth*	Décimo novena
20th	*Twentieth*	Vigésimo
21st	*Twenty-first*	Vigésimo primero
22nd	*Twenty-second*	Vigésimo segundo

23rd	*Twenty-third*	Vigésimo tercero
30th	*Thirtieth*	Trigésimo
31th	*Thirty-first*	Trigésimo primero
40th	*Fortieth*	Cuadragésimo
41th	*Forty-first*	Cuadragésimo primero
50th	*Fiftieth*	Quincuagésimo
51th	*Fifty-first*	Quincuagésimo primero
60th	*Sixtieth*	Sexagésimo
61th	*Sixty-first*	Sexagésimo primero
70th	*Seventieth*	Septuagésimo
71th	*Seventy-first*	Septuagésimo primero
80th	*Eightieth*	Octogésimo
81th	*Eighty-first*	Octogésimo primero
90th	*Ninetieth*	Nonagésimo
91th	*Ninety-first*	Nonagésimo primero
100th	*Hundredth*	Centésimo
101th	*Hundred and first*	Centésimo primero
200th	*Two hundredth*	Dos centésimas

Anotación

Cabe resaltar que las abreviaturas de dichos números son mucho más utilizadas y estas se corresponden con las dos últimas letras de la palabra completa.

Ejemplos:

- ***1st*** = *First* (primero).
- ***2nd*** =*Second* (segundo).
- ***3rd*** = *Third* (tercero).
- ***10th*** = *Tenth* (décimo).

Una regla que podemos utilizar para recordarlos, teniendo en cuenta los números cardinales a excepción de los números *1st*, *2nd*, *3rd*, *5th* y *12th*, es que el resto mantienen su forma original de escribirse, pero al final se agrega la abreviación ***-th.***

En el caso de *twenty, thirty, forty, fifty, sixty, seventy, eighty, ninety,* la ***-y*** se reemplaza por la combinación de vocales ***-ie*** y se agrega ***-th.***

La primera letra de cada uno de los meses del año va siempre con mayúscula, en inglés *capital letters.*

CALENDAR

JANUARY						
1	2	3	4	5	6	7
8	9	10	11	12	13	14
15	16	17	18	19	20	21
22	23	24	25	26	27	28
29	30	31				

FEBRUARY						
			1	2	3	4
5	6	7	8	9	10	11
12	13	14	15	16	17	18
19	20	21	22	23	24	25
26	27	28				

MARCH						
			1	2	3	4
5	6	7	8	9	10	11
12	13	14	15	16	17	18
19	20	21	22	23	24	25
26	27	28	29	30	31	

APRIL						
						1
2	3	4	5	6	7	8
9	10	11	12	13	14	15
16	17	18	19	20	21	22
23	24	25	26	27	28	29
30						

MAY						
	1	2	3	4	5	6
7	8	9	10	11	12	13
14	15	16	17	18	19	20
21	22	23	24	25	26	27
28	29	30	31			

JUNE						
				1	2	3
4	5	6	7	8	9	10
11	12	13	14	15	16	17
18	19	20	21	22	23	24
25	26	27	28	29	30	

JULY						
						1
2	3	4	5	6	7	8
9	10	11	12	13	14	15
16	17	18	19	20	21	22
23	24	25	26	27	28	29
30	31					

AUGUST						
		1	2	3	4	5
6	7	8	9	10	11	12
13	14	15	16	17	18	19
20	21	22	23	24	25	26
27	28	29	30	31		

SEPTEMBER						
					1	2
3	4	5	6	7	8	9
10	11	12	13	14	15	16
17	18	19	20	21	22	23
24	25	26	27	28	29	30

OCTOBER						
1	2	3	4	5	6	7
8	9	10	11	12	13	14
15	16	17	18	19	20	21
22	23	24	25	26	27	28
29	30	31				

NOVEMBER						
			1	2	3	4
5	6	7	8	9	10	11
12	13	14	15	16	17	18
19	20	21	22	23	24	25
26	27	28	29	30		

DECEMBER						
					1	2
3	4	5	6	7	8	9
10	11	12	13	14	15	16
17	18	19	20	21	22	23
24	25	26	27	28	29	30
31						

Pic. 2. Months of the Year in English

Fig. 2. Meses del año en inglés

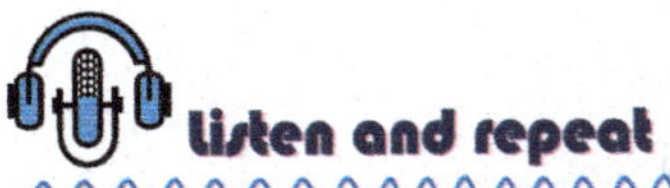

Vamos a escuchar el siguiente audio sobre los meses del año.

Audio1_6

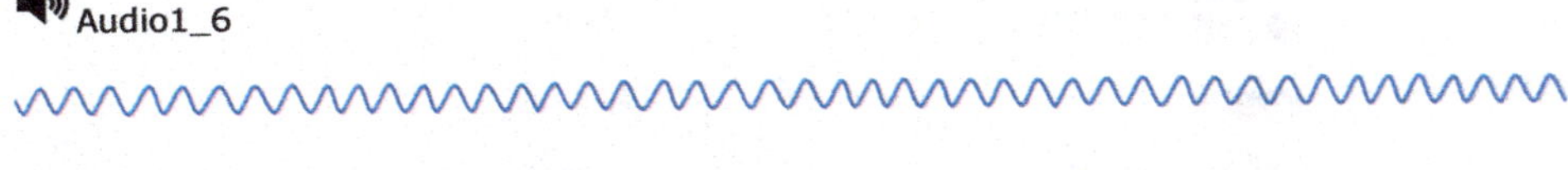

Ejemplo

Where were you born? I was born in _________.

F. Información de contacto

Información sobre nuestro país, nacionalidad, ciudad, pueblo o dirección suele estar incluida en cualquier formulario dentro de los datos personales, por lo que es vocabulario que debemos saber expresar.

- *Where are you from? I am from ________.*
- *What's your nationality? My nationality is ____________________.*

Country	Nationality	Language
Canada	Canadian	English/French
United States	American (U.S.)	English
Italy	Italian	Italian
Brazil	Brazilian	Portuguese
Germany	German	German
England	English	English
United Kingdom	British	English
Scotland	Scottish	English
Spain	Spanish	Spanish
Israel	Israeli	Hebrew
Argentina	Argentine	Spanish
Bolivia	Bolivian	Spanish
Cambodia	Cambodian	Cambodian
Chile	Chilean	Spanish
Vietnam	Vietnamese	Vietnamese
Denmark	Danish	Danish
Colombia	Colombian	Spanish
Ecuador	Ecuadorian	Spanish
Egypt	Egyptian	Arabic
El Salvador	Salvadorian	Spanish
Estonia	Estonian	Estonian

Pic. 3. In this picture we can see the different country names, nationality and spoken language
Fig. 3. En esta imagen podemos ver el nombre de diferentes países, con su nacionalidad y lengua hablada

Cabe mencionar un dato importante a la hora del *writing* y es que, en inglés, las nacionalidades se escriben siempre en mayúscula. Es cierto que a veces es un poco lio saber cómo se dice la nacionalidad.

Truco

Existen diferentes patrones en las terminaciones para saber cómo decir las nacionalidades a partir del nombre del país:

- Terminando en ***-an.***
- Terminando en ***-ian.***
- Terminando en ***-ish*** (comúnmente utilizado en países europeos).
- Terminando en ***-ese.***
- Terminando en ***-er.***
- Terminando en *-i* (países de Oriente Medio).

Como siempre hay palabras que no siguen ninguno de los patrones anteriores y por tanto debemos estudiarlas.

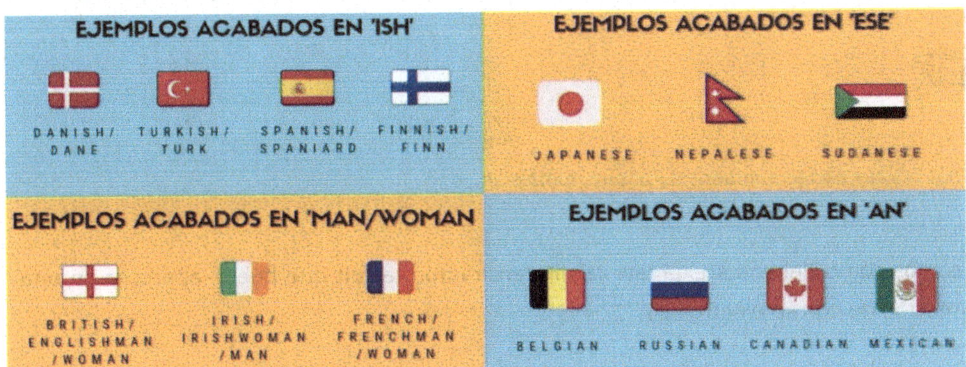

Pic. 4. Infographic to remember the most common endings to express nationalities and examples

Fig. 4. Infografía para recordar las terminaciones más usadas para expresar las nacionalidades y los ejemplos de uso más frecuente

Cuando expresamos nuestro número de teléfono debemos tener en cuenta no traducir directamente desde nuestra lengua, es decir, no es correcto contestar: *My number of phone is...* Posteriormente procederemos a pronunciar cada número individualmente, por ejemplo:

- 689718245: *It's six eight nine seven one eight two four five.*

Si un número se repite de forma consecutiva, se pronuncia *"double"*, *"triple"*, etc., en función del número de repeticiones, por ejemplo:

- 668912357: *It's double six eight nine one two three five seven.*

El número 0 se pronuncia como la letra "o" (oh) o bien "zero" (/zeeuh·row/), por ejemplo:

- 650123378: *It's six five oh one two double three seven eight.*

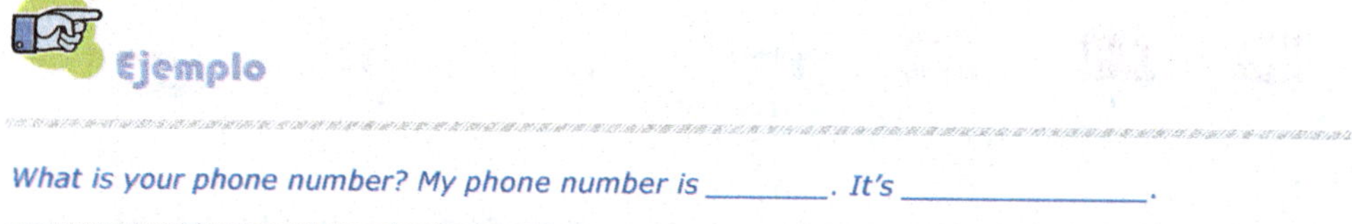

Veamos cómo debemos expresar la diferente información que puede aparecer en una dirección de correo electrónico.

- ***At:*** arroba (@).
- ***Dot:*** punto (.).
- ***Hyphen:*** guion (-).
- ***Underscore:*** guion bajo (_).

En el vocabulario sobre correo electrónico y de internet en general el punto no se dice *"point"* sino *"dot"*. Vamos a practicar con el siguiente correo electrónico: *mary-huge_1@fastmail.com*

Esta dirección de correo está compuesta por:

- Un nombre "***mary***".
- Un símbolo llamado "***hyphen***" (guion).
- Un apellido "***huge***".
- Un símbolo llamado "***underscore***" (guion bajo).
- Un número "***1***".
- El símbolo de arroba que se dice "***at***" en inglés.
- La empresa que provee es servicio de correo "***fastmail***".
- El punto que se dice "***dot***" en inglés.
- Por último, el "***.com***".

Debemos tener en cuenta que, en algunas ocasiones, existe una palabra que no entendemos cuando nos dan un email. Lo habitual en estos casos es hacer la pregunta correspondiente a que nos deletreen dicha información para así poder entenderla y anotarla correctamente.

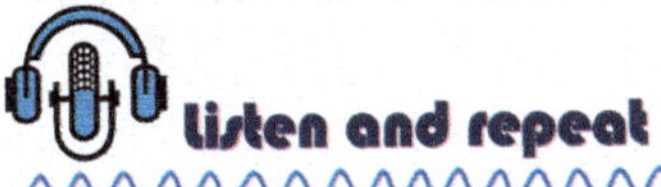

Vamos a escuchar y repetir la siguiente oración: How do you spell it? (¿Cómo se deletrea?)

En ese caso, el hablante nos dirá letra a letra y para ello es muy importante pronunciar cada letra del alfabeto de forma correcta, tal y como hemos visto al inicio de este punto.

Veamos ahora otras direcciones de correo electrónico para practicar este tema. Primer vamos a pensar cómo creemos que se deben leer y luego en la parte inferior observa la forma correcta.

- Charles_lee2@mail.com
- Jack-brown.2@mail.com
- Anne-perl_coach@mail.es

Formas correctas:

- *Charles underscore lee two at mail dot com*
- *Jack hyphen brown dot two at mail dot com*
- *Anne hyphen perl underscore coach at mail dot es*

G. Actividades en el tiempo libre

Dentro de información personal podemos recibir o realizar preguntas sobre los gustos y para ello en este apartado, repasaremos el nombre de las actividades típicas del tiempo libre.

- *What do you do in your free time? In my free time I _______.*
- *What are your hobbies? My hobbies are _______.*
- *What type of music do you like? I like _______ music.*
- *Do you have a favourite singer or group? My favourite singer/group is _______.*
- *What types of movies do you like? I like _______ movies.*
- *Do you like to read? "Yes, I do" or "No, I don't".*
- *What do you like to read? I like to read _______.*

H. Otra información personal

- *What is your favourite food? My favourite food is _______.*
- *Is there any food that you do not like? "Yes, I don't like" _______. or "I like all food".*
- *What is your favourite colour? My favourite colour is _______.*

- *Why do you want to learn English? I want to learn English because ________.*
- *What languages do you speak? I speak ________.*
- *Do you have any pets? "Yes, I do" or "No, I don't".*
- *What pets do you have? I have ________.*
- *Which sports do you like? The sport I like is ________.*
- *What is something you do well? I am good at ________.*
- *What makes you happy? I am happy when ________.*

1.2. Vivienda, hogar y entorno: la vivienda (tipos, servicios, habitaciones, muebles, ropa de casa, instalaciones y útiles del hogar, reparaciones), ciudad / campo, zona en la que vive (el barrio y la ciudad), región, país

Cuando estamos aprendiendo inglés es muy importante enriquecer el vocabulario. Y para esto qué mejor que mirar a nuestro alrededor y darle su nombre en inglés a cada cosa que nos rodea.

Por ello, una forma fácil de ampliar nuestro vocabulario en inglés puede ser utilizando nuestra casa. Pasamos tiempo en ella y son muchas las cosas que tiene.

A. Tipos de vivienda

Desde un palacete aristocrático a un modesto estudio en el centro, hay cientos de tipos de vivienda. Aquí tienes palabras que describen los más habituales:

- ***Apartment***. El clásico piso en un edificio de viviendas, muy comunes en la ciudad.
- ***Single-family house***. La palabra *"house"* suele referirse a este tipo de casa, una unidad propia y separada de las demás.
- ***Duplex.*** Puede referirse a una casa de dos pisos o a dos viviendas adosadas.
- ***Townhouse.*** Las típicas casas adosadas en fila que se ven mucho en ciudades como Londres o Dublín.

- ***Housing estate***. Urbanización o zona de viviendas planificada. Esta palabra se suele referir a urbanizaciones más empobrecidas o masificadas.
- ***Gated community***. Urbanización, conjunto de viviendas cercado al que solo pueden acceder sus habitantes.
- ***Bungalow.*** Casa de una planta.
- ***Cottage.*** Casa en el campo.

B. Exterior de la vivienda

Dentro de la casa o piso tenemos diferentes elementos que debemos ser capaces de nombrar y reconocer, veamos los más comunes:

- ***Garden.*** *My grandma´s house has a small garden.*

  Jardín. La casa de mi abuela tiene un pequeño jardín.
- ***Courtyard.*** *We spend the evenings in the courtyard when the weather is good.*

  Patio. Pasamos las noches en el patio cuando el tiempo es bueno.
- ***Hedge.*** *There is a hedge around the pool.*

  Seto. Hay un seto alrededor de la piscina.
- ***Fence.*** *We need a fence because we have a dog.*

  Valla. Necesitamos una valla porque tenemos un perro.
- ***Window.*** *The living room has got big windows.*

  Ventana. El salón tiene ventanas grandes.
- ***Wall.*** *I have many posters on the walls.*

  Pared. Tengo muchos posters en las paredes.
- ***Balcony.*** *That balcony is full of flowers.*

  Balcón. Ese balcón está lleno de flores.
- ***Chimney.*** *I love the chimney.*

  Chimenea. Me encanta la chimenea.
- ***Roof.*** *The house has a brown roof.*

  Tejado. La casa tiene un tejado marrón.
- ***Ceiling.*** *The ceiling of this apartment is not very high.*

  Techo. El techo de este apartamento no está muy alto.
- ***Floor.*** *The floor is made of ceramic.*

Suelo. El suelo está hecho de cerámica.

- ***Stairs.*** *I have just cleaned the stairs.*

  Escaleras. Acabo de limpiar las escaleras.

C. Partes de la vivienda

Veamos a continuación una lista de vocabulario frecuente relacionado con las diferentes habitaciones de la casa en inglés.

- ***Garage.*** *This morning we clean the garage.*

  Cochera. Esta mañana limpiamos el garaje.
- ***Bedroom.*** *Today I painted my bedroom in pink.*

  Habitación. Hoy pinté mi dormitorio de rosado.
- ***Kitchen.*** *The kitchen was dirty after dinner.*

  Cocina. La cocina estaba sucia después de la cena.
- ***Hall.*** *Dad's jacket was in the hall.*

  Entrada. La chaqueta de papá estaba en la entrada.
- ***Living room.*** *The family meets in the living room every Friday.*

  Salón. La familia se reúne en el salón todos los viernes.
- ***Dining-room.*** *We have lunch in the dining-room everyday.*

  Comedor. Nosotros almorzamos en el comedor cada día.
- ***Bathroom.*** The bathroom is on the first floor.

  Cuarto de baño. El cuarto de baño está en la primera planta.
- ***Basement.*** *I store all the sport equipment on the basement.*

  Sótano. Guardo todo el equipamiento deportivo en el sótano.
- ***Cellar.*** *I keep some old wines in the cellar to drink in special occasions.*

  Bodega. Guardo viejos vinos en la bodega para beber en ocasiones especiales.

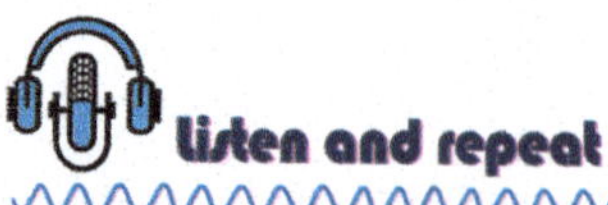

Escucha el siguiente audio sobre las partes de la casa.

D. Objetos de la vivienda

En este apartado los objetos a estudiar están clasificados dentro de cada una de las estancias más comunes dentro de una vivienda.

1. Objetos en la cocina y utensilios

La cocina es la habitación usada para preparar y cocinar. Analicemos el diferente vocabulario que podemos encontrar sobre esta parte de la vivienda.

KITCHEN APPLIANCES
OBJETOS EN LA COCINA

Tea maker	Tetera	***Coffee maker***	Cafetera
Toaster	Tostador	***Gas range***	Cocina de gas
Kettle	Hervidor de agua	***Rice cooker***	Hervidor de arroz
Mixer	Licuadora	***Cabinet***	Armario
Refrigerator	Frigorífico	***Dish soap***	Lavavajillas
Blender	Licuadora	***Dinner table***	Mesa de comedor
Cupboard	Armario	***Drawers***	Cajones
Cooker hood	Cocina	***Grill***	Parrilla
Microwave	Microondas	***Pedal bin***	Cubo de basura
Oven	Horno	***Kitchen scale***	Peso
Kitchen counter	Encimera		
Sink	Fregadero		

KITCHEN UTENSILS
UTENSILIOS DE COCINA

Apron	Delantal	***Breadbasket***	Cesta para el pan
Bowl	Bol	***Teapot***	Tetera
Knife	Cuchillo	***Measuring cup***	Vaso medidor
Fork	Tenedor	***Baking tray***	Bandeja de horno
Spoon	Cuchara	***Timer***	Temporizador
Plate	Plato	***Spice containers***	Especieros
Cup	Copa	***Pie plate***	Tartera
Glass	Vaso	***Salad spinner***	Escurridor de ensalada
Frying pan	Sartén	***Colander***	Escurridor
Grater	Rallador	***Butter dish***	Mantequera
Chopping board	Tabla de cortar	***Oven glove***	Guante de horno
Saucepan	Cacerola, olla, cazo	***Napkin***	Servilleta
Chopsticks	Palillos chinos	***Rolling pin***	Rodillo de amasar
Measuring spoons	Cucharas de medir	***Whisk***	Batidor manual
Wooden spoon	Cuchara de madera	***Strainer***	Colador
Steak hammer	Mazo	***Spatula***	Espátula
Mesh skimmer	Espumadera	***Cleaver***	Cuchillo de carnicero
Ladle	Cazo	***Kitchen shears***	Tijeras de cocina
Cutlery	Cubiertos	***Corkscrew***	Sacacorchos
Cake slice	Cuchillo pastelero	***Pressure cooker***	Olla a presión
Casserole dish	Olla, cacerola		

GLASSWARE
CRISTALERÍA

Wine glass	Copa o vaso de vino	***Teacup***	Taza de té
Water goblet	Copa de agua	***Demitasse***	Taza de café
Margarita glass	Copa de margarita	***Footed pilsner glass***	Vaso de cerveza tipo pilsen
Cocktail glass	Copa de cóctel	***Collins glass***	Vaso de collins
Champagne flute	Copa de champán	***Vodka glass***	Vaso de vodka
Hurricane glass	Copa con forma de huracán	***Shot glass***	Vaso de chupito
Irish coffee glass	Vaso para café irlandés	***Mug***	Taza
Cognac balloon	Copa de balón para coñac	***Beer mug***	Jarra de cerveza
Plastic cup	Vaso de plástico	***Weiʒen glass***	Vaso de cerverza weiʒen

2. Objetos en la habitación

BEDROOM OBJECTS
OBJETOS EN EL DORMITORIO

Pillow	Almohada
Sheet	Sábana
Blanket	Manta
Curtains	Cortinas
Bedside table	Mesita de noche
Wardrobe	Armario
Chest of drawers	Cómoda
Carpet	Alfombra
Cushion	Cojín
Mattress	Colchón
Duvet	Edredón nórdico
Blinds	Persianas
Dressing table	Tocador
Air-conditioner	Aire acondicionado
Clothes valet	Perchero
Bed	Cama
Anglepoise lamp/balanced-arm lamp	Lámpara de escritorio
Television	Televisor
Mirror	Espejo
Cot	Cuna
Hope chest	Arcón
Ironing board	Tabla de planchar
Bookshelf	Estantería, librería
Fan	Ventilador
Bureau	Escritorio
Clock	Reloj
Hat stand	Perchero
Table lamp	Lámpara de mesa
Nightstand	Mesilla
Telephone	Teléfono

3. Objetos en el salón

LIVING ROOM OBJECTS
OBJETOS EN EL SALÓN

Sofa	Sofá
Armchair	Sillón
Table	Mesa
Chair	Silla
Tablecloth	Mantel
Mirror	Espejo
Television/TV	Televisión
Remote control	Mando a distancia
Fan	Ventilador
Bookshelf	Librería
CD player/music centre	Equipo de música
Phone	Teléfono
Picture	Foto, cuadro
Curtains	Cortinas
Light switch	Interruptor de la luz
Carpet	Alfombra
Coffee table	Mesa de centro
Phone book	Guía telefónica
Power point	Enchufe

Pic. 5. Objects we can find in the living room

Fig. 5. Objetos que podemos encontrar en el salón

4. Objetos en el cuarto de baño

BATHROOM OBJECTS
OBJETOS EN EL CUARTO DE BAÑO

Washbasin	Lavabo
Bathtub	Bañera
Tap	Grifo
Towel	Toalla
Comb	Peine
Brush	Cepillo
Soap	Jabón
Hair dryer	Secador
Hair straightener	Plancha del pelo
Toothpaste	Pasta de dientes
Toothbrush	Cepillo de dientes
Shampoo	Champú
Toilet paper	Papel higiénico
Shower	Ducha
Toilet	Váter

5. Utensilios de Limpieza

CLEANING OBJECTS
UTENSILIOS DE LIMPIEZA

Bin bag	Bolsa de basura
Bleach	Lejía
Detergent	Detergente
Disinfectant	Desinfectante
Washing powder	Detergente para la ropa
Floorcloth	Bayeta
Duster	Plumero
Furniture polish	Abrillantador para muebles
Broom	Cepillo
Mop	Fregona

E. La ciudad y el campo

1. Lugares en la ciudad

Una ciudad es un lugar donde encontramos muchísimos lugares que visitar y dónde usar el idioma, ya que normalmente nos encontraremos con habitantes por todos sitios. Para ello es importante saber llamar cada lugar por su nombre. Veamos algunas frases donde incluimos este vocabulario.

Las ciudades son grandes áreas urbanas con gran población e instalaciones sociales. Las ciudades tienen muchas calles, edificios y casas. Podemos distinguir el centro de la ciudad y la zona de las afueras llamada suburbio.
Cities are large urban areas with a large population and social facilities. Cities have many streets, buildings, and houses. We can distinguish the central called "city centre / center", and the outer part of it called "suburb".

Para seguir aprendiendo a la vez que practicando el idioma, a continuación, tenemos los lugares más comunes de la ciudad y su definición. Están ordenados alfabéticamente en inglés para que os sea más fácil recordarlos o consultarlos posteriormente.

- **Aeropuerto** ***(airport).*** *Place where you can take a plane.*
- **Parque de atracciones** ***(amusement park).*** *A large outdoor area with fairground rides, shows, and other entertainments.*
- **Panadería** ***(bakery).*** *This is where you can buy bread and cakes.*
- **Banco** ***(bank).*** *This is the place where you deposit, withdraw money or cash a check.*
- **Bar** ***(bar).*** *Place where you can eat and drink something.*
- **Librería** ***(bookstore, book shop).*** *You can buy books and magazines here.*

- **Estación de autobuses** ***(bus station).*** *Place where buses start their journey to different directions.*
- **Parada de autobús** ***(bus stop).*** *Different stops of the bus, where you can take or leave it.*
- **Carnicería** ***(butcher's).*** *Where you buy meat.*
- **Cafetería** ***(café).*** *This is where you can buy a cup of coffee.*
- **Iglesia** ***(church).*** *Place where Christian people go to pray.*
- **Cine** ***(cinema).*** *Where you can see movies.*
- **Juzgado** ***(court).*** *Where a judge works and where they have trials and law cases.*
- **Gran almacén** ***(department store).*** *A large shop divided into departments selling a great many kinds of goods such as clothes, household appliances etc.*
- **Gimnasio** ***(gym).*** *Place where you can do exercises to keep fit (gymnasium).*
- **Peluquería** ***(hairdresser's).*** *If you want to cut your hair, you may go here.*
- **Hospital** ***(hospital).*** *Place where people go if they are sick or need a surgery.*
- **Hotel** ***(hotel).*** *A place to spend days and nights in another city.*
- **Galería de arte** ***(gallery).*** *A place where art is shown.*
- **Frutería** ***(greengrocer's).*** *Shop that sells fruit and vegetables.*
- **Ultramarinos** ***(grocer's, grocery store).*** *Shop that sells food, daily products.*

- **Cárcel** ***(jail, prison).*** *Place where criminals stay.*
- **Joyería** ***(jewellery shop).*** *Where you can buy rings, earrings, necklaces, bracelets, etc.*
- **Escuela infantil** ***(kindergarten).*** *Children from 0 to 2 years old go there to learn.*
- **Lavandería** ***(laundromat, launderette).*** *Place where you can find washing machines and they works with coins.*
- **Biblioteca** ***(library).*** *A place where books are borrowed or read.*
- **Mercado** ***(mall).*** *A place where there are different shops and restaurants.*
- **Museo** ***(museum).*** *A place where people go to learn about history.*
- **Motel** ***(motel).*** *An establishment which provides lodging for motorists in rooms usually having direct access to an open parking area.*
- **Estanco** ***(newsagent's).*** *Place where you can buy magazines, newspaper, tobacco, stamps, etc.*
- **Aparcamiento** ***(parking lot).*** *Where you can park your car.*
- **Farmacia** ***(pharmacy, drugstore).*** *A place where people go to buy medicines and drugs.*
- **Tienda de animales** ***(pet shop).*** *Here you can buy animals such as, dogs, cats, birds, rabbits, fish...*
- **Estación de policía** ***(police station).*** *Place where policemen and policewomen can be found.*

- **Oficina de correos** ***(post office).*** *A place where people go to take parcels and post boxes.*

- **Bar de copas** ***(pub).*** *A place where you can buy a beer or other types alcoholic drinks.*

- **Parque** ***(park).*** *A public area where normally children play and people exercise or walk.*

- **Restaurante** ***(restaurant).*** *Place where people go to have a meal.*

- **Estación de servicio** ***(service station).*** *Where motor vehicles are refuelled with gas or petrol, serviced, and sometimes repaired. It is also called filling station, gas station.*

- **Colegio.** ***(school).*** *Where children learn.*

- **Centro comercial** ***(shopping centre).*** *It's an area full of shops.*

- **Estación de tren** ***(train station, railway station).*** *Where you catch a train.*

- **Teatro** ***(theatre).*** *People go there to see plays.*

- **Polideportivo** ***(sport centre).*** *Area where people practice different sports.*

- **Supermercado** ***(supermarket).*** *A large self-service store that sells food, drinks and household items.*

- **Universidad** ***(university, college).*** *Where students can get a degree.*

- **Zoológico** ***(zoo).*** *A place where live animals are kept, studied, bred, and exhibited to the public.*

Pic. 6. Places in the city

Fig. 6. Lugares de la ciudad

2. Lugares en el campo

Una vez explorado el vocabulario de los diferentes lugares y tiendas de la ciudad. En este apartado vamos a exponer le vocabulario relacionado con el campo.

El campo es un lugar donde pasar tiempo libre, realizar una actividad que nos guste, para pasar vacaciones. Es un lugar sin contaminación.

The countryside is a place where you can spend free time, pursue a hobby, go on holidays. It's a place without pollution.

- **Parque Nacional** ***(National Park).*** *An area of land in the countryside that is legally protected by the government because of its beauty and/or scientific or ecological importance.*

- **Granja** ***(farmland).*** *Land used for farming.*

- **Colina** ***(hill).*** *A small mountain.*
- **Bosque** ***(forest, woodland)***. *A site with trees in the countryside.*
- **Valle** ***(valley).*** *A low and long area of land between mountains.*
- **Prado** ***(meadow).*** A place where there are wildflowers.
- **Puente** ***(bridge).*** *A manmade path across a river, road, or other obstacle.*
- **Campo** ***(field).*** *A large and open area of land.*
- **Costa** ***(coast).*** *The sea line.*
- **Casa de campo** ***(cottage).*** *A small house in the countryside or a village.*
- **Granja** ***(farmhouse).*** *The building on a farm.*
- **Minifundio** ***(a smallholding, homestead).*** *A small farm.*
- **Granero** ***(barn).*** *A building for crops, animals or tools.*
- **Cabaña** ***(cabin, hut).*** *It´s like a shelter.*
- **Huerto** ***(orchard).*** *A planted area with fruit trees.*
- **Sendero** ***(footpath).*** *A route for walkers.*
- **Camino de herradura** ***(bridleway, bridle path).*** *A legally protected path in the countryside where not only walkers but also horse riders and cyclists can use.*
- **Camino rural** ***(country lane).*** *A small road in the countryside.*

- **Reserva** ***(reservoir).*** *A lake, either natural or man-made, where water is stored for a purpose.*

- **Presa** ***(dam).*** *An manmade wall to create a reservoir.*

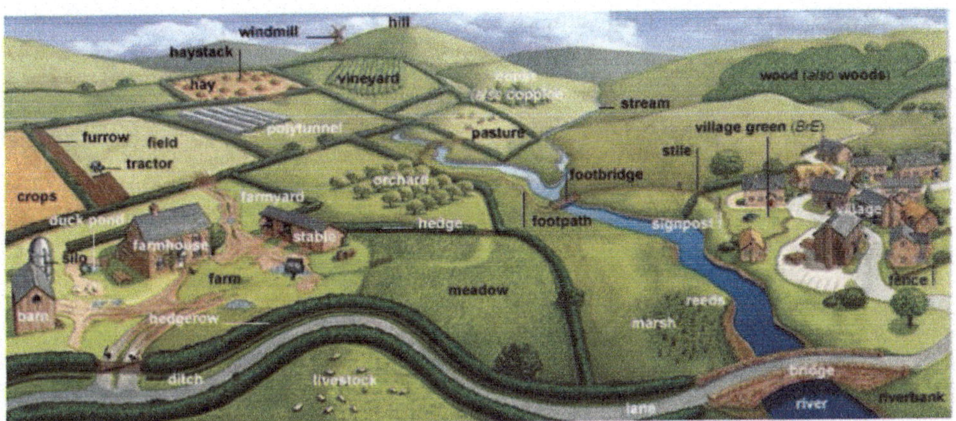

Pic. 7. Different places in the countryside

Fig. 7. Diferentes lugares en el campo

3. Preposiciones para expresar lugares

Las preposiciones utilizadas en inglés para expresar dirección o movimiento, dando indicaciones específicas sobre el movimiento, son importantes para ser exactos a la hora de hablar o dar información. Vamos a ver ejemplos que ayudan a comprender mejor sus usos.

- ***TOWARDS.*** Se usa para indicar un movimiento en una dirección particular.
  E.g. The police car is going towards him (El coche de policía va hacia él).

- ***IN.*** Se usa para expresar en lugar en el que se reside, ya sea ciudad, pueblo, calle.
  E.g. I live in Barcelona, which is in Spain (Vivo en Barcelona, que está en España).

- ***OVER.*** Esta preposición se usa para expresar el hecho de que algo está sobre algo o pasando por encima de algo. Siempre es por encima de.
  E.g. The bridge is over the river (El puente está encima del río).

- ***ALONG.*** Significa "a lo largo de" y se utiliza para expresar movimiento que se hace en una misma línea, ruta, etc.
  E.g. I walk along this street everyday (Camino por esta calle cada día).

- ***ACROSS.*** Esta preposición significa "a través de" y se utiliza para indicar que se cruza de un lado a otro.
  E.g. You must go across the zebra crossing (Tú debes ir a través del paso de peatones).

- ***INTO.*** La preposición *into* significa "dentro de" se usa para expresar que algo se mueve dentro de otra cosa.
  E.g. I carry the food into a box (Llevo la comida dentro de una caja).

- ***PAST.*** Esta preposición significa delante de algo. La usamos para referirnos que algo que está pasando más delante de donde estamos.
  E.g. Go past the bank (Pasa el banco).

- ***UNDER***: el significado de esta preposición es "por debajo de".
  E.g. The boots are under the bed (Las botas están debajo de la cama).

- ***THROUGH.*** Esta preposición es diferente de *across,* ya que, aunque significa a través de se usa para decir que algo está a través de algo en las tres dimensiones.
  E.g. The dog ran through the forest (El perro corrió a través del bosque).

- ***BY.*** Se utiliza para expresar el medio que usamos para dirigirnos o también la cercanía a un lugar, muy próximo en comparación de *around.*
  E.g. I went by plane (Fui en avión), *I was by the cinema* (Estaba cerca del cine).

- ***ON.*** La usamos para expresar cuando el medio en que vamos es a pie, es decir decimos *"on foot"*.
  E.g. I came on foot (Vine a pie).

- ***AROUND.*** Indica un movimiento circular, además de cercanía a un lugar quiere decir alrededor.
  E.g. I try to park around the office (Intento aparcar alrededor de la oficina).

- ***OUT OF.*** Significa fuera de, se usa para indicar que algo va de adentro hacia afuera.
  E.g. I normally go out of the office to talk on the phone (Yo normalmente salgo fuera de la oficina para hablar por teléfono).

- ***TO.*** Similar a *towards,* pero es más específica e indica a donde nos dirigimos.
  E.g. My father is going to the hospital (Mi padre está yendo hacia el hospital).

- ***BETWEEN.*** Se usa para indicar que se hizo un movimiento entre dos cosas.
  E.g. I can´t decide between these dresses (No puedo decidirme entre estos vestidos).

- ***FROM.*** Como preposición de dirección quiere decir "de" se usa para expresar de dónde venimos, procedencia.
  E.g. I come from China (Vengo de China).

1.3. Actividades de la vida diaria: en casa y en el trabajo, la rutina diaria, profesiones, trabajo: características, horario y actividad diaria, cualificación profesional, salario

Hay expresiones y frases útiles para explicar las rutinas diarias que realizamos tanto en casa como en el trabajo.

A. Actividades de la vida diaria en casa

Vamos a leer un párrafo ejemplo para intentar deducir diferentes rutinas del día a día expuestas con estructuras simples y complementos.

*I **wake up** at 6 o'clock. I **get up** at 6.15. I **prepare my breakfast** a cup of coffee and **iron** my clothes. I **have a shower** and **get dressed**. I **brush** my hair, put on my **make**-up. I **pack** my bag with all my teaching materials. I then **leave** the house at 8 o´clock. I **walk** to the bus stop. I **catch the bus** at 8.15, and then I **pay** my fare and **sit down**. I **get off the bus** and walk to the school where I teach English. I have to **sign in**. Class **starts** at 9.25 and **ends** at 11.25.*

Ahora vamos a repasar vocabulario referente a las actividades que solemos realizar en casa.

Pic. 8. Activities planning
Fig. 8. Planificación de actividades

USEFUL DAILY ACTIVITIES
ACTIVIDADES DIARIAS ÚTILES

Wake up	Despertarse	***Go home***	Ir a casa
Turn off the alarm	Parar la alarma	***Cook lunch/dinner***	Preparar el almuerzo/cena
Get up	Levantarse	***Chill out on the sofa***	Descansar en el sofá
Make breakfast	Preparar desayuno	***Watch TV***	Ver la televisión
Have breakfast/lunch/dinner	Desayunar/almorzar/cenar	***Feed the dog***	Dar de comer al perro
Read the news	Leer las noticias	***Get undressed***	Desnudarse
Have a shower	Ducharse	***Get into the pyjamas***	Ponerse el pijama
Get dressed	Vestirse	***Set the alarm***	Poner la alarma
Brush the hair	Cepillarse el pelo	***Lock the door***	Cerrar la puerta con llave
Put make-up on	Maquillarse	***Turn off the lights***	Apagar las luces
Brush the teeth	Lavarse los dientes	***Go to bed***	Irse a la cama
Wash the hands	Lavarse las manos	***Fall asleep***	Dormirse

En el siguiente listado vamos a repasar el vocabulario de actividades relacionadas con la limpieza de la casa.

HOUSEHOLD CHORES
TAREAS DEL HOGAR

Sweeping	Barrer	***To clean the windows***	Limpiar los cristales
Vacuuming	Pasar la aspiradora	***To make the bed***	Hacer la cama
Washing the dishes/to do the washing-up	Fregar los platos	***Put the washing machine on***	Poner la lavadora
Doing laundry	Hacer la colada	***To tidy the room***	Recoger la habitación
Preparing meals	Preparar comidas	***To unload the dishwasher***	Descargar el lavavajillas
Cleaning the bathroom	Limpiar el baño	***To do the shopping***	Hacer la compra
Mopping floor	Fregar el suelo	***To rake the leaves***	Barrer las hojas
Washing bedding	Lavar ropa de cama	***To paint***	Pintar
Watering plants	Regar las plantas	***To lay the table***	Poner la mesa
Weeding the garden	Quitar las hierbas en el jardín	***To fold the laundry***	Doblar la colada
To take the rubbish out	Sacar la basura	***To dry the dishes***	Secar los platos
To wash the car	Lavar el coche	***To cook***	Cocinar
To dust the furniture	Limpiar el polvo de los muebles	***To hang clothes on the clothesline***	Tender la ropa en el tendedero
To hang up the laundry	Tender la colada	***To mow the lawn***	Cortar el césped
To iron the clothes	Planchar la ropa		

B. Actividades de la vida diaria en el trabajo

A continuación, un pequeño texto sobre las actividades que realiza una persona en su puesto de trabajo para deducir qué profesión desempeña.

*She **goes to work** at 8.45am every morning. She **goes to work by bus.** She always **switches on her computer** to have a look to the received emails. Sometimes she has a lunch meeting, so she **takes a bus or a train** to go to this site. She never goes by* *bus because she can arrive late if there is too much traffic. She **uses the computer** everyday and she **has lunch** at 1pm most days. In the office she **has a lot of papers**, so it´s important to **file the papers** and **organise the files.** She also has **make a lot of telephone calls to customers, suppliers and partners**. Once a month she has to write a **report** to her boss explaining the different actions taken and possible future activities to take into account.*

Debemos recordar que en inglés para expresar el trabajo que realiza una persona siempre se usa la expresión ***"WORK AS A/AN…"***. Usaremos ***"A"*** delante de los nombres que comienzan por un sonido consonántico y ***"AN"*** delante de aquellas profesiones que comienzan por un sonido vocálico.

- *I work as a teacher.*
- *He works as an electrician.*
- *She works as a doctor.*
- *They work as an accountant.*

Cada profesión requiere de una serie de acciones y actividades rutinarias muy diferentes así que verlas todas en detalle sería casi imposible, por lo que las hemos agrupado por áreas para poder repasar los verbos de aquellas acciones más repetidas en estas.

AREA **ÁREA**	***USEFUL VERBS***	**VERBOS ÚTILES**
MANAGEMENT IN A COMPANY OR OFFICE **DIRECCIÓN EN UNA EMPRESA U OFICINA**	*To manage* *To organise* *To supervise* *To make decisions*	Dirigir Organizar Supervisar Tomar decisiones
TEACHING AND CARING JOBS **TRABAJOS DE ENSEÑANZA Y CUIDADO**	*To teach* *To train* *To help* *To look after*	Enseñar Entrenar Ayudar Cuidar
CONSTRUCTION, TECHNOLOGY AND JOBS WITH MACHINES **CONSTRUCCIÓN, TECNOLOGÍA Y TRABAJOS CON MÁQUINAS**	*To build* *To test* *To develop* *To design* *To program* *To repair* *To check*	Construir Probar Desarrollar Diseñar Programar Reparar Comprobar

FINANCIAL AND PLANNING JOBS **TRABAJOS DE PLANIFICACIÓN Y FINANCIEROS**	*To analyse* *To assess* *To evaluate* *To work out* *To prepare* *To plan* *To do paperwork*	Analizar Asesorar Evaluar Resolver Preparar Planificar Hacer papeleo
SALES AND MARKETING JOBS **VENTAS Y MARKETING**	*To buy* *To sell* *To import* *To export* *To market*	Comprar Vender Importar Exportar Promocionar
DRIVING AND LOGISTICS ROLES **TRABAJOS DE CONDUCCIÓN Y LOGÍSTICA**	*To drive* *To deliver* *To transport*	Conducir Entregar Transportar
COMMUNICATION JOBS **TRABAJOS DE COMUNICACIÓN**	*To write* *To make phone calls* *To talk* *To listen* *To meet* *To attend* *To have meetings*	Escribir Hacer llamadas telefónicas Hablar Escuchar Reunirse Asistir Tener reuniones

C. Rutinas diarias

Además de estar en casa y trabajar, realizamos otras actividades en otros lugares que son los que vamos a repasar en este apartado. De igual modo que hemos realizado en los dos apartados anteriores, vamos a leer un pequeño texto para comprender a qué actividades nos referimos.

*I **do exercise** at least three times a week. I usually **go to the gym** before work, but sometimes I go after work. I **meditate** every morning so that I feel better and can follow my routines in a more relaxing way.*

*At weekends, I **go shopping** at the supermarket. My family **does the housework** together every Saturday morning.*

*On Saturday afternoon, I normally **hang out** with my friends, we **go to a bar** and we **have a snack**, but if the weather is not good, we **stay at home**.*

*On Sunday morning I **phone some relatives and friends** that I don´t see very often. Sometimes we **go to the cinema or theatre**, because we love films and plays.*

Normalmente cuando más tiempo libre tenemos se lo dedicamos a aquellas actividades con las que disfrutamos y pasamos un buen rato. Veamos algunas de ellas en el siguiente listado.

ACTIVITIES	**ACTIVIDADES**
Watching TV	Ver la TV
Travelling	Viajar
Sailing	Navegar
Sunbathing	Bañarse al sol
Playing the guitar	Tocar la guitarra
Playing pool	Jugar al billar
Puzzle games	Juegos rompecabezas
Reading	Leer
Gardening	Jardinería
Internet	Internet
Knitting	Hacer punto / tejer
Painting	Pintura
Darts	Dardos
Eating out	Comer fuera
Cooking	Cocinar
Crossword puzzles	Crucigramas
Bowling	Bolera
Camping	Acampar
Card games	Juegos de cartas
Chess	Ajedrez
Cinema	Cine
Computer games	Juegos de ordenador

D. Características de los trabajos, horario, cualificaciones y salario

Es importante conocer el vocabulario básico para tu jornada diaria, turno de trabajo, condiciones y salario. En este apartado veremos las palabras más importantes a recordar.

1. Vocabulario básico para solicitar un empleo

Advertisement	Anuncio u oferta de trabajo.
Look for a job	Buscar un trabajo
Apply for a job	Solicitar un trabajo
Application form	Formulario, solicitud
CV	Currículum Vitae
Appointmen	Cita
Interview	Entrevista
Accept an offer	Aceptar una oferta
Reject an offer	Rechazar una oferta
To hire	Contratar
Employment	Empleo

- *My sister is looking for a job /* Mi hermana está buscando trabajo.
- *I have applied for the teacher´s position at the local school /* He solicitado el puesto de profesora en el colegio de la zona.
- *Applicants send CV´s and everyday /* Los solicitantes envían currículos cada día.
- *I have an interview this afternoon /* Tengo una entrevista esta tarde.
- *Employers usually hire skilled people for this position /* Los empleadores generalmente contratan a gente cualificada para este puesto.
- *He has a new employment /* Él tiene un nuevo trabajo.

Anotación

When you're hired, you become an employee of the company. The company becomes your employer.

The other employees in the company are your colleagues or coworkers. The person above you who is responsible for your work is your boss or supervisor.

2. Vocabulario básico para hablar sobre características de un empleo

Part-time job/worker	Trabajo/trabajador a media jornada
Full-time job/worker	Trabajo/trabajador a jornada completa
Temporary job	Trabajo temporal
Permanent job	Trabajo permanente
Shift work	Turno de trabajo
Notice period	Periodo de antelación
Volunteer	Voluntario
Trainee	Aprendiz
Internship	Prácticas
Managing Director	Director General
Colleague	Compañero de trabajo
Boss	Jefe
Salary figure	Sueldo anual
Monthly salary	Salario o sueldo mensual
Wage	Salario (por horas o semanas)
Gross salary	Salario bruto
Net salary	Salario neto
Minimum wage	Salario mínimo
Salary expectations	Expectativas económicas
Low salary	Salario bajo
Decent salary	Salario digno
Bonus	Bonificación
Base wage	Salario base
Perks	Ventajas (laborales)
Holiday pay	Paga de vacaciones
Payday	Día de pago
Salary increase	Aumento salarial
Sick pay	Paga por enfermedad
To fire	Despedir
To resign	Dimitir
To retire	Jubilarse
Maternity/paternity leave	Baja por maternidad/paternidad
Out of work	No tener trabajo, haber sido despedido
Day off work	Día libre
Overtime	Horas extras
Get promoted	Conseguir un ascenso
Health insurance	Seguro médico
Schedule	Horario
Strike	Huelga
Payroll	Nómina
Staff	Personal (de una empresa)
Fire drill	Simulacro de incendio
Timekeeping	Puntualidad

Saber más

You can work full-time *(usually about 40 hours per week) or* part-time *(usually 15-25 hours per week). A small number of companies offer* flex-time, *meaning the employee can set his/her own schedule.*

In some jobs, you work shifts meaning the hours aren't the same every day; instead, you work a specific block of hours that the manager schedules. If you work overtime, it means you work extra hours in addition to your normal schedule.

Ejemplo

- *He has a part-time job at the supermarket /* Él tiene un trabajo de media jornada en el supermercado.
- *We have 200 full-time employees at this time /* En la actualidad tenemos 200 empleados de jornada completa.
- *This is a temporary job, but I'm hoping it will be made permanente /* Este es un trabajo temporal, pero espero que se haga permanente.
- *All the machines are cleaned at the end of every evening shift /* Todas las máquinas se limpian al final del turno de tarde.
- *The thought of working night shifts put her off becoming a nurse /* La idea de trabajar en turnos de noche la desalentó de ser enfermera.
- *Pat works in the hairdresser's a trainee /* Pat trabaja en la peluquería como aprendiz.
- *The employees are expecting a rise in the minimum wages /* Los empleados están esperando un aumento en el salario mínimo.
- *Payday here is always every Friday /* El día de cobro aquí es siempre cada viernes.
- *The airline fired him for being rude to the passengers /* La aerolínea lo despidió por ser rudo con los pasajeros.
- *Richard Nixon resigned the presidency in 1974 /* Richard Nixon renunció a la presidencia en 1974.
- *If you're older than that and you've stopped working, you can describe your current situation by saying: I'm retired /* Si eres mayor y has dejado de trabajar, puedes describir tu situación diciendo: estoy jubilado.
- *Kate's been out of work since January /* Kate ha estado desempleada desde enero.

Para responder a la pregunta ***"Where do you work?"*** tenemos varias formas de responder:

- *I work at...*
- *I work in...*
- *I work for...*

- *I work with...*

Vamos a repasar el uso de cada una de estas preposiciones para cada uno de los casos.

- ***I WORK AT/FOR... (NAME OF COMPANY).*** Por ejemplo, *"I work at Espresso English"* or *"I work for Nike"*. También podemos usar *"for"* si trabajamos directamente para una persona famosa, por ejemplo: *"I work for Tom Cruise. I'm his public relations manager"*.

- ***I WORK IN...***

A place:	*A city/country:*	*A department:*	*A general area/industry:*
• *I work in an office.* • *I work in a school.* • *I work in a factory.*	• *I work in Paris.* • *I work in France.*	• *I work in the marketing department.* • *I work in human resources.* • *I work in sales.*	• *I work in finance.* • *I work in medical research.* • *I work in consulting.*

- ***I WORK WITH... (THINGS/PEOPLE THAT ARE THE OBJECTS OF YOUR DAY-TO-DAY WORK).*** Por ejemplo, *"I work with computers"*, *"I'm a teacher, I work with special-needs children"*.

Si queremos añadir más detalles sobre nuestro trabajo, podemos decir:

- *I'm responsible for...*
- *I'm in charge of...*
- *My job involves...*

Ejemplo

- *I'm responsible for updating the company website.*
- *I'm in charge of interviewing candidates for jobs.*
- *My job involves giving tours of the museum.*

Después de estas frases usamos el verbo siempre en su forma de gerundio, es decir le añadimos ***-ING.***

Resumen

En conversaciones coloquiales, la pregunta ***"Where do you work?"*** suele sustituirse por ***"What do you do?"*** o ***"What do you do for a living?"***, y podemos contestarla como hemos visto anteriormente:

- *I work at (a company).*
- *I work for (a company/a person).*
- *I work in (a place, city, country, department, or general area/industry).*
- *I work with (people/things).*

O con la siguiente estructura:

- *I'm a teacher.*
- *I'm an accountant.*

Si no tenemos trabajo, contestaremos:

- *I'm unemployed.*
- *I'm between jobs at the moment.*

También podemos expresar el motivo por el que no tenemos trabajo en este momento:

- *I'm a student.*
- *I'm a stay-at-home mom/dad.*

Si trabajas para ti mismo/a dirás *"I'm self-employed".*

Por otro lado, si tienes una empresa dirás *"I own a small business"*, o más específicamente *"I own a restaurant"* o *"I own a graphic design company".*

3. Describir tu trabajo

Cuando hablamos de nuestro trabajo, podemos hablar de sentimientos, expresando si nos gusta o no. Para ello haremos uso de los siguientes adjetivos a la hora de describirlo.

USEFUL ADJECTIVES ADJETIVOS ÚTILES			
MY JOB IS... MI TRABAJO ES...			
Interesting	Interesante	Boring	Aburrido
Exciting	Excitante	Repetitive	Repetitivo
Rewarding	Recompensante	Tough	Duro
Challenging	Desafiante	Stressful	Estresante
Difficult	Difícil	Well-paid	Bien pagado
Easy	Fácil	Badly-paid	Mal pagado
Tiring	Agotador	Funny	Divertido
Demanding	Exigente	Dangerous	Peligroso
Dull	Soso	Monotonous	Monótono

1.4. Tiempo libre y ocio: aficiones, intereses personales, actividades de tiempo libre, actividades intelectuales y artísticas, deportes, fiestas, la música, instrumentos musicales

A. Tiempo libre

En este apartado vamos a estudiar con más en detalle las actividades que realizamos en nuestro tiempo libre.

En inglés para expresar lo que nos gusta o no nos gusta, debemos hacerlo siguiendo la estructura: *"LIKE + noun/verb + ING".*

El verbo *"like"* suele ser el más común, pero debemos aprender que dependiendo de nuestro grado de preferencia debemos usar el correcto.

VERBS TO TALK ABOUT PREFERENCES / **VERBOS PARA EXPRESAR PREFERENCIAS:**

- *Like:* gustar.
- *Love:* encantar.
- *Prefer:* preferir.
- *Enjoy:* disfrutar.
- *Dislike:* no gustar.
- *Hate:* odiar.
- *Keen on:* interesado en.

Veamos varios ejemplos con los que entender mejor las dos opciones posibles para expresar la misma información.

- *I like tennis / I like playing tennis.*
- *He loves football / He loves watching football.*
- *She's keen on the cinema / going to the cinema.*
- *We enjoy sports / playing sports.*

I LIKE + NOUN/VERB + ING se utiliza para gustos generales. *E.g. "I like going to the cinema".*

Si queremos expresar nuestro gusto o preferencia en una ocasión específica usaremos la estructura: ***I´D LIKE TO + INFINITIVE VERB.*** *E.g. "I´d like to go to the cinema next weekend".*

Por otro lado, para enfatizar añadiremos ***"VERY MUCH".*** *E.g. "I like tennis very much".*

1. Aficiones

Para hablar del tiempo libre suelen usarse adverbios de frecuencia o expresiones de tiempo que indiquen la frecuencia en la que practicamos nuestra afición. Por ejemplo:

- *I always go to the gym in the afternoon.*
- *My father often goes running with his friends.*
- *I only watch football at the weekends.*
- *I go to the gym four times a week.*
- *I don't often have time to socialise with friends.*

Además, usaremos adjetivos que terminan en ***-ING*** para describir nuestro hobby.

- *I like swimming because it's relaxing.*
- *Watching football is exciting.*
- *It's interesting to surf the net.*

Algunas de las aficiones más comunes son las siguientes.

HOBBIES	**AFICIONES**
Watching television	Ver la televisión
Visiting friends	Visitar a amigos
Entertaining friends	Hacer planes con amigos
Listening to music	Escuchar música
Reading books	Leer
Going to the pub	Ir a un bar
Going to a restaurant	Ir a un restaurante
Gardening	Jardinería
Going for a drive, going for a walk	Ir a dar un paseo, salir a caminar
DIY	Bricolaje
Photography, taking photographs	Fotografía
Surfing the net	Navegar por la red

2. Actividades intelectuales y artísticas

Muy relacionado con el tiempo libre y las aficiones están las actividades intelectuales y artísticas, veamos el vocabulario con relación a cada área para poder expresar nuestros gustos por el arte o entender lo que alguien nos comente sobre este. Vamos a clasificar el vocabulario en cuatro grupos.

ART
ARTE

VISUAL ART	**ARTE VISUAL**	***WRITTEN ART***	***ARTE ESCRITO***
Ceramics	Cerámica	***Portrait***	Retrato
Drawing	Dibujo	***Brush stroke***	Pincelada
Painting	Pintura	***Canvas***	Lienzo
Sculpture	Escultura	***Landscape***	Paisaje
Printmaking	Grabado	***Still-life picture***	Bodegón
Design	Diseño	***Palette***	Paleta
Crafts	Manualidades	***Impressionism***	Impresionismo
Photography	Fotografía	***Expressionism***	Expresionismo
Video	Video	***Sketch***	Boceto
Film making	Hacer cine	***Sitter***	Modelo
Architecture	Arquitectura		

PERFORMING ART	***ARTE REPRESENTADO***	***PAINTING ART***	***ARTE EN PINTURA***
Dance	Baile	***Literature***	Literatura
Cinema	Cine	***Novels***	Novelas
Theatre	Teatro	***Drama***	Drama
Ballet	Ballet	***Short story***	Historias cortas
Concert	Concierto	***Biography, autobiography***	Biografía, autobiografía
Opera	Ópera	***Poetry***	Poesía

Algunas expresiones muy utilizadas para hablar sobre arte son:

- *The sets were incredible* / Las escenas fueron increíbles.
- Colorful, elaborate, lavish, national, traditional, period, eighteenth-century, Victorian costumes / Colorido, elaborado, lujoso, nacional, tradicional, period, siglo dieciocho, trajes victorianos.
- *A good cast* / Un buen reparto.
- *Give a fantastic performance* / Dar una fantástica actuación.

- *Do a performance* /Actuar.
- *Get a rave review* / Recibir una crítica positiva.
- *An exhibition by...* / Una exposición de...
- *To publish a book* / Publicar un libro.
- *Cinema is showing Steven Spielberg's latest film* / Van a echar en el cine la última película de Steven Spielberg.
- *What's on at the cinema/theater next weekend?* / ¿Qué hay en el cine/teatro el próximo fin de semana?

3. Deportes

Al igual que hemos categorizado el arte, vamos a categorizar los deportes en cinco grupos:

SPORT
DEPORTE

BALL GAMES
DEPORTES DE PELOTA

Football	Fútbol
Basketball	Baloncesto
Cricket	Críquet
Volleyball	Voleibol
Tennis	Tenis
Squash	Squash
Rugby	Rugby
Baseball	Béisbol
Hockey	Hockey
Golf	Golf
Table- tennis	Pin-pon

WATER SPORTS
DEPORTES ACUÁTICOS

Swimming	Nadar
Diving	Bucear
Sailing	Navegar
Canoeing	Piragüismo
Windsurfing	Windsurf
Snorkelling	Snorkel
Water-skiing	Esquí acuático

MARTIAL ARTS
ARTES MARCIALES

Judo	Judo
Karate	Karate
Boxing	Boxeo
Kick-boxing	Kickboxing

EXTREME SPORTS
DEPORTES EXTREMOS

Paragliding	Parapente
Rock climbing	Escalada
Caving	Espeleología
Mountaneering	Montañismo

OTHER ACTIVITIES
OTRAS ACTIVIDADES

Skiing	Esquí
Jogging	Footing
Keeping fit	Mantenerse en forma
Horse-riding	Montar a caballo
Hiking	Senderismo
Skateboarding	Monopatinaje
Gymnastics	Gimnasia
Athletics	Atletismo
Running	Correr
Snowboarding	Snowboard

Una vez clasificados los deportes y repasado su nombre, vamos a ver qué verbo debemos usar con cada uno de ellos: ***PLAY, DO*** y ***GO.***

Deportes que usan ***DO.*** Se utiliza, en general, para las actividades recreativas, es decir, que no implican competición en grupo. También coincide con prácticas deportivas que no requieren un balón, pelota u otros elementos para su realización. Por ejemplo:

- *To do athletics /* Hacer atletismo.
- *To do gymnastics /* Hacer gimnasia.
- *To do judo /* Hacer judo.
- *To do karate /* Hacer kárate.
- *To do kung fu /* Hacer kung fu.
- *To do yoga /* Hacer yoga.
- *To do ballet /* Hacer ballet.

Deportes que usan ***PLAY.*** Este verbo se utiliza para hablar de deportes o competiciones que utilizan objetos, como ***ball*** para su realización. Por ejemplo:

- *To play football /* Jugar al fútbol.
- *To play basketball /* Jugar al baloncesto.
- *To play volleyball /* Jugar al vóleibol.
- *To play tennis /* Jugar al tenis.
- *To play rugby /* Jugar al rugby.
- *To play hockey /* Jugar al hockey.
- *To play baseball /* Jugar al béisbol.

Este verbo se utiliza también con los juegos, como, por ejemplo:

- *To play poker /* Jugar al póker.
- *To play chess /* Jugar al ajedrez.

Deportes que usan ***GO.*** Este verbo se suele utilizar para deportes que terminan en *-ing.* Por ejemplo:

- *To go sailing /* Navegar.
- *To go cycling /* Montar en bicicleta.
- *To go riding /* Montar a caballo.
- *To go skiing /* Esquiar.
- *To go surfing /* Surfear.
- *To go swimming /* Nadar.

Esta es la regla general, pero existen excepciones como, por ejemplo:

- *To do boxing /* Boxear.
- *To go golfing /* Jugar al golf.

4. Fiestas

Otro evento importante al que dedicamos nuestro tiempo libre son las fiestas. Existen muchos tipos de fiesta y eventos. Las más conocidas son las celebraciones navideñas, pero son muchas las razones por las que podemos organizar una fiesta y dependiendo del tipo serán unos u otros nuestros preparativos.

Como hemos dicho anteriormente, el período vacacional de *"Christmas"* y *"New Year"* es tiempo para socializar, algunas fiestas son *"formal occasions"* mientras otras son *"informal parties for family or friends".*

Veamos el nombre que reciben las fiestas más comunes y su definición en inglés.

- **Concierto de villancicos *(carol concert).*** *A Christmas occasion where people often go to church to hear the religious songs called carols sung by a group of people or children.*

- **Obra de teatro en el colegio *(school play).*** *A play done at school by children representing a tale or a story.*

- **Fiesta en la oficina** ***(office party).*** A party organized at work where employees have lunch, or drinks, or a "secret santa" where each employee anonymously buys a present for another employee.

- **Reunión familiar** ***(family gathering).*** *Family meeting for lunch, dinner, coffee...*

- **Fiesta de cocktail** ***(cocktail party).*** *Party where people dress in a formal way and have drinks.*

- **Fiesta informal** ***(informal drinks).*** *Informal party at home where drinks and snacks are served.*

- **Fiesta de copas** ***(a drink-up).*** *Party organized by friends or workmates in a bar.*

- **Competición en un pub nocturno** ***(pub quiz night).*** *Party where people compete and they can win a prize.*

- **Evento caritativo** ***(fundraising event*** **or** ***charity do).*** Event where people sell and buy things with the aim of raising money for people who need it.

- **Fiesta de disfraces** ***(fancy-dress party).*** *Party where people wear costumes.*

- **Baile formal** ***(a ball).*** Formal dance in the evening.

- **Bingo** ***(bingo).*** *Event where people buy a card with numbers on it, then listen to the lucky numbers and if you have them on your card, you´ll win money.*

- **Cena de baile** ***(dinner dance).*** *Formal occasion, where couples eat dinner and dance.*

- **Fiesta de cumpleaños** ***(a birthday party).*** *To celebrate someone turning another year older.*

- **Fiesta de despedida** ***(a farewell party).*** *To say "goodbye" to someone who is leaving the area permanently or for a long time.*

- **Fiesta de inauguración** ***(a housewarming party).*** *To congratulate the owners of a new home or apartment.*

- **Fiesta sorpresa** ***(a surprise party).*** *It is one where the main person being honoured/celebrated does not know in advance that a party is being organized.*

- **Fiesta para recibir a un bebé que va a nacer** ***(baby shower)****. A party for a woman who is expecting a baby, at which party guests give presents for the baby.*

- **Fiesta barbacoa** ***(barbecue party).*** *An outdoor party where people cook and eat barbecued food.*

- **Despedida de soltera** ***(bridal shower).*** *A party to celebrate that a woman is going to celebrate her wedding.*

- **Despedida de soltero** ***(stag night).*** *A party that a man has with his male friends on the night before his wedding (British English). Same as bachelor party.*

- **Fiesta de Halloween** ***(Halloween party).*** *A party to celebrate Halloween night, the night of 31st October.*

- **Fiesta pijama** ***(slumber party).*** *A group of children stay the night at the house.*

- **Boda** ***(wedding party).*** *A party which is organized after the wedding ceremony.*

Cuando preparamos una fiesta solemos usar decoración, incluimos una serie de elementos e incluso enviamos invitaciones, veamos todo el vocabulario relacionado con ello.

Balloon	Globo
Banner	Pancarta
Bouquet	Ramo
Candy	Dulce
Cake	Tarta
Candle	Vela
Confetti	Confeti
Cookie	Galleta
Costume	Disfraz
Cupcake	Magdalena
Decoration	Decoración
Gift	Regalo
Greeting card	Tarjeta de felicitación
Guest	Invitado/a
Invitation	Invitación
Ribbon	Lazo
Sparkler	Bengala
Sweet	Caramelo
Wrapping paper	Papel de regalo

Cuando la celebración es formal, es común enviar o entregar en mano una invitación. En cambio, si es informal puede que recibamos un mensaje en el móvil, email o incluso una llamada de teléfono con la información. Vamos dos ejemplos con a la estructura de ambos tipos.

FORMAL INVITATION

We'd be delighted if you could attend our party on __________ (date) at ____________(place) at _____________(time). _________________ would like to invite _________________ (plus one guest) to the firm's annual dinner dance, to be held at, etc.

You're all cordially invited to attend the ________________ party.

INFORMAL INVITATION
Please come to our party/lunch/dinner on _____________(date) at ___________(time).
Don't forget to add any essential instructions, such as directions (how to get to your house/office) or to ask people to bring something (please bring a bottle) or on what to wear/do (i.e., if you're holding something like a Murder Mystery evening where guests need to wear a costume and perform a role).

5. Música

Cuando hablamos de música lo primero que debemos hacer es conocer el nombre de los estilos particulares; para ello vamos también a estudiar la información sobre cada uno de ellos.

MUSIC GENRES **GÉNEROS MUSICALES**	
POP MUSIC	*Music liked by a broad range of the population. Pop songs are enjoyed by lots of different types of people because they have a good rhythm, a catchy melody, and are easy to remember and sing along.*
ROCK MUSIC	*Music that is based on amplified instruments, especially the electric guitar and electric bass, and characterized by a strong bass line and strong rhythms. The Rolling Stones play some of the best rock music ever written.*
HEAVY METAL	*A type of highly amplified harsh-sounding rock music with a strong beat, characteristically using violent or fantasy imagery.*
RAP	*A type of music in which the words are not sung but are spoken in a rapid, rhythmic way.*
COUNTRY MUSIC	*A form of popular music originating in the rural southern US. It is a mixture of ballads and dance tunes played characteristically on fiddle, banjo, guitar, and pedal steel guitar.*
JAZZ	*A style of music that is generally loud and rhythmic, where the musicians often make the music up as they go along. Louis Armstrong is still a popular jazz musician many decades after his death.*

REGGAE	*A form of music with a distinct beat that originated in Jamaica and is still associated with the Caribbean. Bob Marley was the first internationally known reggae musician.*
AFRICAN-AMERICAN MUSIC	*It expresses grief or sorrow about injustice and a longing for a better life. Did you know that the blues is named after the expression 'to feel blue' which means to be sad or depressed?*
TRADITIONAL MUSIC	*Songs and tunes particular to a country or region which have been performed over a long period of time, usually several generations. Traditional music is part of our culture and should be preserved.*
FOLK MUSIC	*Traditional music which included songs written a long time ago and new songs written in the old style.*
CLASSICAL MUSIC	*A form of music developed in Europe mainly in the 18th and 19th centuries by musicians highly skilled in musical composition.*
MUSICAL	*A play or film that uses singing and dancing in the story but also includes a lot of spoken dialogue.*
OPERA	*A musical play, often very dramatic, in which most of the words are sung.*
INSTRUMENTAL MUSIC	*Music where you just hear instruments playing and there is no singing.*
BACKGROUND MUSIC	*Music that is playing while something else is happening.*

6. Instrumentos musicales

Los instrumentos musicales pueden ser clasificados en cuatro categorías principalmente de acuerdo con su forma de creación y al sonido que emiten.

- ***Stringed instruments.***
- ***Percussion instruments.***
- ***Wind instruments.***
- ***Electronic instruments.***

Veamos que instrumentos se encuentran de dicha clasificación.

- **Instrumentos de cuerda.** Son instrumentos que emiten el sonido a través de la vibración de las cuerdas.

  String instruments. *Are instruments that make sounds through the vibration of strings.*

  - Guitarra acústica / *Acoustic guitar.*
  - Piano / *Piano.*
  - Violín / *Violin.*
  - Guitarra eléctrica / *Electric guitar.*
  - Bajo / *Bass.*
  - Banjo / *Banjo.*
  - Arpa / *Harp.*
  - Laúd / *Lute.*
  - Lira / *Lyre.*
  - Mandolina / *Mandolin.*

- **Instrumentos de percusión.** Producen sonidos por el golpe de la mano u otros instrumentos. Aunque el piano se clasifica dentro de los instrumentos de cuerda, es también de percusión, ya que las cuerdas vibran cuando las teclas son presionadas por el pianista.

  The percussion instruments. *Produce sounds when it's struck or beaten by the hand or other instruments. Even though the piano is classified as a string instrument, it's also a percussion instrument since the strings vibrate when the keys are pressed by the pianist.*

  - Batería / *Drums.*
  - Conga / *Conga.*
  - Castañuelas / *Castanets.*
  - Campana / *Bell.*
  - Triángulo / *Triangle.*
  - Pandereta / *Tambourine.*
  - Xilófono / *Xylophone.*
  - Platillo / *Cymbal.*
  - Bombo / *Bass drum.*

- Campana china / *Chime.*
- Bongó / *Bongo drum.*

- **Instrumentos de viento**. La resonancia del viento dentro del instrumento produce sonidos en los llamados instrumentos de viento.

  Wind instruments. *The resonance of the wind inside the instrument produces sounds in the called wind instruments.*

  - Flauta / *Flute.*
  - Trompa / *French horn.*
  - Acordeón / *Accordion.*
  - Oboe / *Oboe.*
  - Gaita / *Bagpipe.*
  - Armónica / *Harmonica.*
  - Clarinete / *Clarinet.*
  - Tuba / *Tuba.*
  - Concertina / *Concertina.*
  - Saxofón / *Saxophone.*
  - Trompeta / *Trumpet.*
  - Trombón / *Trombone.*

- **Instrumentos electrónicos.** Los instrumentos electrónicos usan componentes eléctricos, que se escuchan a través de altavoces.

  Electronic instruments. *The electronic instruments use electrical components to produce sounds which are heard by loudspeakers.*

  - Sintetizador / *Synthesizer.*
  - Teclado / *Keyboard.*
  - Keytar / *Keytar.*
  - Sámpler / *Sampler.*
  - Tocadiscos / *Turntable.*

1.5. Viajes. Transporte público: aeropuerto, estaciones de tren, autobús, metro, taxi. Billetes, precios y horarios. Turismo: campo, playa, montaña. Vacaciones, tipos de alojamiento (alquiler, hotel, campismo), documentos, equipaje

Viajar es una de las actividades que la gente suele hacer en su tiempo libre, para visitar y conocer lugares que les atraen por alguna razón, además de conocer lugares y personas puede ser una ocasión excelente para practicar un idioma y así afianzar conocimientos.

Para ello, debemos intentar interactuar todo lo que se pueda con las personas locales y sin importar lo bien o mal que lo hagamos, pero siendo capaces de comunicar el mensaje que queramos y de entender lo que nos cuenten o expliquen.

Si queremos preguntarle a alguien cómo le ha ido su viaje, hay que recordar que ***TRIP*** es un sustantivo, y ***TRAVEL*** es un verbo. Por lo tanto, la forma correcta es: ***HOW WAS YOUR TRIP?*** Esta confusión es bastante habitual entre los hispanohablantes.

Por otra parte, ***JOURNEY*** es un nombre que se refiere a un trayecto más corto. Expresa un desplazamiento desde un punto a otro. Podríamos preguntarle a alguien: ***HOW WAS YOUR JOURNEY?*** De esta forma nos estamos refiriendo, por ejemplo, a un trayecto en coche de Barcelona a Madrid. Es decir, le preguntamos qué tal ha ido el trayecto. Si preguntamos ***HOW WAS YOUR TRIP?*** se presupone que se han pasado varios días en un destino.

Además, la palabra ***VOYAGE*** no se usa apenas en inglés y, si se usa, tiene una connotación relacionada con las aventuras.

Cuando hablamos de transportes en inglés, debemos hacerlo con la expresión ***means of travel*** o ***means of transport.*** Veamos algunos tipos de medios de transporte:

- ***Car /*** Coche.
- ***Train /*** Tren.
- ***Plane /*** Avión.
- ***Ship /*** Barco.
- ***Motorbike, motorcycle /*** Moto.
- ***Bike, bicycle /*** Bicicleta.
- ***Van /*** Furgoneta.
- ***Bus, coach /*** Autobús, autocar.
- ***Pick-up truck /*** Camioneta.

Dependiendo del medio de transporte, encontraremos diferente vocabulario relacionado con uno u otro.

TRAVELLING BY...
VIAJANDO POR/EN...

TRAIN **TREN**		***PLANE*** **AVIÓN**	
Station train	Estación de tren	***Airport***	Aeropuerto
Catch, get on	Subirse	***Aircraft***	Aeronave
Get off	Bajarse	***Get on, board***	Subirse
Platform	Plataforma	***Get off, disembark***	Bajarse
Passenger train	Tren de pasajeros	***Passenger jet, airplane***	Avión de pasajeros
Journey	Viaje	***Flight***	Vuelo
Depart, leave	Salir	***Take off***	Despegar
Arrive	Llegar	***Land***	Aterrizar
Engine	Motor	***Cockpit***	Cabina de mando
Engine driver	Maquinista	***Pilot***	Piloto
Corridor, aisle	Pasillo		

SHIP **BARCO**		***BUS/COACH*** **AUTOBÚS/AUTOCAR**	
Port	Puerto	***Bus terminal***	Terminal del autobús
Embark	Embarcar	***Catch, get on***	Subirse
Disembark	Desembarcar	***Board***	A bordo
Bay, dock	Dársena	***Get off***	Bajarse
Liner	Crucero	***Departure gate***	Puerta de salida
Sail	Navegar	***Journey***	Viaje
Bridge	Puente	***Driver's seat***	Asiento del conductor
Captain	Capitán	***Bus driver***	Conductor
Gangway	Pasarela		

Debemos utilizar la preposición correcta para indicar el tipo de transporte que usamos, dicha preposición es ***BY*** como regla general; a excepción de las expresiones *"on foot", "on horse"*.

Veamos algunos ejemplos:

- *I go by plane or I fly.*
- *I go by car or I drive.*
- *I go by ship or I sail.*
- *I go by bicycle/bike or I ride.*
- *I go on foot or I walk.*
- *I go on horse or I ride.*

El transporte público es un sistema de vehículos como son los autobuses, taxis o trenes que operan a unas horas determinadas por unas rutas específicas y son usados por el público.

Public transportation (British public transport) is a system of vehicles such as buses and trains which operate at regular times on fixed routes and are used by the public.

Pic. 9. At the airport
Fig. 9. En el aeropuerto

Debemos tener en cuenta cuando miramos el horario que los trenes y autobuses suelen dar la información teniendo en cuenta las 24 horas por lo que 5.15pm serían 17.15 y 9.05am serían 09.05 de la mañana.

Train times on timetables are always given in the twenty-four hour clock format. So, 5.15 pm would be 17.15 and 9.05 am would be 09.05.

- **Hora valle** ***(off-peak time).*** *It is the period of time when few people are taking the train. It is a very quiet time. It is cheaper to take the train during off-peak times.*
- **Hora punta** ***(peak time).*** *It is the period of time when lots of people are taking the train. It is the busy time. It is expensive to take the train during peak times.*

If you want to go somewhere and come back, you buy a ***return ticket****. If you want to go somewhere but NOT come back, you buy a* ***single ticket.*** *This is also called a one-way ticket.*

Si un tren o autobús viene con retraso, en la pantalla veremos la palabra ***DELAYED.*** *E.g. "The train to London is delayed due to bad weather".*

Si en la pantalla aparece ***ON TIME,*** significa que el tren o autobús llegará a la hora esperada, es decir, no llegará tarde. Si por el contrario, aparece la palabra ***CANCELLED*** significa que ha sido cancelado y por tanto no llegará.

Pic. 10. Timetable screen with cancellations
Fig. 10. Pantalla de cancelaciones

Concretamente en los trenes, debemos diferenciar diferentes tipos dependiendo de su ruta:

- **Tren directo.** *If you take 1 train to go from Bristol to Manchester, this is a **direct train**.*
- **Tren de conexión.** *If you take 2 trains to go from Bristol to Manchester, you have a connection in Birmingham. The train from Birmingham to Manchester is a **connecting train.***

También debemos distinguir entre:

- **Ticket de segunda clase o turista**. *A **second class** ticket will have minimum comfort and services and it will be cheaper.*
- **Ticket de primera clase o preferente**. *A **first class** ticket will have more comfort and services and it will be more expensive.*

Cuando hacemos uso de ellos es posible que debamos hacer alguna pregunta, por lo que vamos a repasar las más comunes:

- *How much is a ticket to...?* / ¿Cuánto vale un ticket hacia...?
- *Is there a reduced fare for children or large families?* / ¿Hay descuento para niños o familias numerosas?
- *Where is the station?* / ¿Dónde está la estación?
- *Where can we buy tickets?* / ¿Dónde puedo comprar los tickets?
- *What time will the train/bus leave?* / ¿ A qué hora sale el tren/autobús?
- *Where is platform number...?* / ¿Dónde está la plataforma...?
- *Where's the information desk, please?* / ¿Dónde está el mostrador de información, por favor?
- *When does the bus leave for...?* / ¿A qué hora sale el autobús hacia...?
- *How many stops before...?* / ¿Cuántas paradas hay hasta...?

1.6. Relaciones humanas y sociales: familia, amistades, vida social: citas, reuniones, invitaciones, contactos por correspondencia

Las relaciones humanas y sociales son un tema importante para los humanos. El término alma gemela o pareja ***(significant other)*** se refiere a la persona con la que tenemos una relación romántica. Otras palabras para referirnos a dicha persona son:

- **Persona que te gusta *(crush).*** *Feeling attraction to someone although you don´t have a relationship with him/her.*
- **Cita (date).** *"Going on a date" means to have a meeting with a person you like or love.*
- **Novio *(boyfriend).*** *Word used for male.*
- **Novia *(girlfriend).*** *Word used for female.*
- **Prometido *(fiancé).*** *The person you have an engagement with. It´s used for male.*
- **Prometida *(fiancée).*** *Woman who you have an engagement with.*
- **Compañero/a *(partner).*** *The person who you have a relationship with.*
- **Marido, esposo *(husband).*** *The man in a married couple.*
- **Mujer, esposa *(wife).*** *The woman in a married couple.*

Saber más

Sometimes, people use the expression ***"better half"*** *or* ***"other half"*** *to describe their husband or wife.*

A. Familia

Los miembros de la familia ***(family members),*** son también llamados familiares ***(relatives).*** En ellos incluimos a nuestro padre ***(father),*** madre ***(mother)*** y hermanos ***(siblings).***

Esta última palabra se utiliza tanto para hermano como para hermana. Por lo que si tienes un hermano ***(brother)*** y una hermana ***(sister)*** puedes expresarlo diciendo que tienes dos hermanos ***(two siblings).***

MASCULINE **MASCULINO**		***FEMININE*** **FEMENINO**	
Father	Padre	*Mother*	Madre
Son	Hijo	*Daughter*	Hija
Brother	Hermano	*Sister*	Hermana
Husband	Esposo	*Wife*	Esposa
Uncle	Tío	*Aunt*	Tía
Cousin	Primo	*Cousin*	Prima
Nephew	Sobrino	*Niece*	Sobrina

Veamos algunas definiciones donde aparecen dichos miembros de la familia.

- *When you have children, you are a parent.*
- *If you are a male parent, you are a father.*
- *If you are female parent, you are a mother.*
- *If one of your children is a boy, he is your son.*
- *If one of your children is a girl, she is your daughter.*
- *When a couple gets married, the man is the husband, and the woman is his wife.*
- *A brother and sister both have the same parents.*

Si los clasificamos por generaciones, los términos son los siguientes.

MASCULINE MASCULINO		*FEMININE* FEMENINO	
Great-great grandfather	Tatarabuelo	*Great-great grandmother*	Tatarabuela
Great grandfather	Bisabuelo	*Great grandmother*	Bisabuela
Grandfather	Abuelo	*Grandmother*	Abuela
Father	Padre	*Mother*	Madre
Son	Hijo	*Daughter*	Hija
Grandson	Nieto	*Granddaughter*	Nieta
Great grandson	Bisnieto	*Great granddaughter*	Bisnieta
Great-great grandson	Tataranieto	*Great-great granddaughter*	Tataranieta
NEUTRAL NEUTRAL			
Forefathers	Antepasados		
Descendents	Descendientes		

Para hablar de la familia política utilizan los mismos términos, pero le añaden ***in-law***, siendo:

- **Suegro** ***(father-in-law).*** *The father of your husband or wife.*
- **Suegra** ***(mother-in-law).*** *The mother of your husband or wife.*
- **Yerno** ***(son-in-law).*** *The husband of your daughter or son.*
- **Nuera** ***(daughter-in-law).*** *The wife of your daughter or son.*
- **Cuñado** ***(brother-in-law).*** *The husband of your sister or the brother of you husband.*
- **Cuñada** ***(sister-in-law).*** *The wife of your brother or the sister of your husband.*

Anotación

Para poner la forma plural, debemos añadir -s al miembro de la familia.
To refer to more than one brother-in-law or sister-in-law we add an -s to the brother/sister part. E.g. "My brothers-in-law are fun", "My sisters-in-law are crazy".

Por último, vamos a ver cómo se forman los términos relacionados con los nuevos miembros de la familia. Hoy en día, hay personas que se casan más de una vez. Para estos, se les añade el sufijo ***step-.***

- **Padrastro** ***(stepfather).*** *The (new) husband of your mother but not your biological father.*

- **Madrastra** ***(stepmother).*** *The (new) wife of your father but not your biological mother.*
- **Hijastro** ***(stepson).*** *The son of your (new) husband/wife (he is not your biological son).*
- **Hijastra** ***(stepdaughter).*** *The daughter of your (new) husband/wife (she is not your biological daughter).*
- **Hermanastra** ***(stepsister).*** *The daughter of your stepmother or stepfather.*
- **Hermanastro** ***(stepbrother).*** *The son of your stepmother or stepfather.*

También cuando los padres se casan de nuevo y tienen más hijos, existen los siguientes términos para dichos hermanos de padre o madre:

- **Medio hermano** ***(half-brother).*** *The brother you have only one parent in common with.*
- **Medio hermana** ***(half-sister).*** *The sister you only have one parent in common with.*

B. Amistades

Todos tenemos muchos amigos, pero no con todos el mismo tipo de relación, por ello, es importante prestar atención a la forma de expresar cada una de esas relaciones.

- **Amigo íntimo** ***(close friend).*** *A very good friend.*

- **Buen amigo** ***(good friend).*** *A friend who you get on really well.*

- **Viejo amigo** ***(old friend).*** *A friend with whom you have a relationship since many years ago.*

- **Disfrutar de la compañía de alguien** ***(enjoy each other's company).*** *To like spending time with each other. E. g. "Steve and Noah are always together, they definitely enjoy each other´s company".*

- **Amigo en las buenas *(fair-weather friend).*** *Someone who is your friend only when you are cheerful and successful. E. g. "A lot of John's friends turned out to be fair-weather friends. They were with him when he was rich and left him when he went bankrupt".*

- **Amigos que son como tu familia *(friends are like second family).*** *That is to say your friends love you and make you feel comfortable.*

- **Personas cercanas *(near and dear to someone).*** *Very important to someone. E. g. "Her parents are the only people who are near and dear to her".*

- **Alguien que siempre escucha nuestros problemas *(shoulder to cry on).*** *Someone who is always ready to listen to your problems. E.g. "I'm so glad my boyfriend is so kind and sympathetic, it's good to always have a shoulder to cry on".*

- **Amigo con intereses y gustos similares *(to be well-matched).*** *To be similar to somebody in interests. E. g. "They are well-matched".*

Pasamos muchas horas en nuestro **lugar de trabajo** y por tanto solemos relacionarnos con el resto de personas que allí trabajan. El nombre que se le da a los compañeros de trabajo es ***colleagues*** o ***workmates.*** También se utiliza el término colega ***"peer".***

- *I have some nice workmates and colleagues.*
- *I also try to have a good relationship with some of my peers in the insurance industry.*

Cuando compartimos piso con alguien, se pueden dar dos situaciones. Que él o ella sea el propietario de la casa y alquile una habitación, en ese caso la relación sería arrendador/a ***(landlord, landlady)*** y arrendatario/a ***(tenant)***; o que ambos estén alquilados en dicha casa, en ese caso la relación sería de compañeros de piso ***(flatmates or housemates)*** dependiendo del tipo de vivienda que habiten.

I was lucky with my last flatmate and we had a good time together.

C. Vida social: citas, reuniones, invitaciones, contactos por correspondencia

La vida social es otra parte fundamental para las personas y debemos saber comportarnos cuando estamos en diferentes situaciones. Todos interactuamos en una u otra medida, veamos cuales son los verbos más utilizados cuando socializamos.

- ***To meet:*** quedar.
- ***To talk:*** charlar.
- ***To argue:*** discutir.
- ***To share drinks:*** tomarse unas copas.
- ***To gather:*** juntarse.
- ***To knock at the door:*** llamar a la puerta.
- ***To welcome someone:*** dar la bienvenida a alguien.
- ***To introduce someone:*** presentar a alguien.
- ***To wave:*** saludar.
- ***To plan an appointment:*** planear una cita.
- ***A hug:*** un abrazo.
- ***A kiss:*** un beso.
- ***A handshake:*** un apretón de manos.

Cuando salimos vamos a diferentes eventos y tenemos experiencias distintas, profundicemos en este vocabulario.

APPOINTMENTS	***CITAS***
To have a fling	Tener una aventura
To ask someone out	Pedir de salir a alguien
Go out, hang out	Salir
Get together	Salir juntos
Have a fight	Discutir

Get to know	Conocerse
Break up	Romper con alguien
Blind date	Cita a ciegas
Double date	Cita doble
Affair	Aventura (mientras alguno está comprometido)

Las invitaciones son una herramienta muy útil tanto en español como en inglés. Si pensamos en invitar, es posible que a todos se nos venga a la mente la estructura ***"CAN YOU...?"***. Pero debemos usar una estructura más educada y flexible como puede ser ***"WOULD YOU LIKE TO...?"***. Esta última forma permite a la persona aceptar o rechazar la invitación.

Tenemos varias formas de proponer una invitación. Si queremos hacer una **invitación casual** usaremos cualquiera de las siguientes estructuras:

- ***Do you want + infinitive verb?***
  Do you want to go out?
- ***Why don't we + verb?***
  Why don't we have fast food for dinner?
- ***Let's + verb.***
  Let's go to the theatre.
- ***How about + verb** -ing?*
  How about spending more time together?

Si la situación requiere de **formalidad,** debemos usar frases más educadas y donde se exprese más respeto.

- ***Would you like + infinitive verb?***
  Would you like to come to the shopping center with me?
- ***I'd like to ask you + infinitive verb.***
  I'd like to ask you to stay at home tomorrow evening.
- ***It would be my pleasure if you would + verb.***
  It would be my pleasure if you would help us.
- ***May I have the honor of your + verb -ing?***
  May we have the honor of your staying with us?

Lo más importante a la hora de **contestar a una invitación** es agradecer la proposición recibida, incluso cuando vayamos a rechazarla. Es cuestión de cortesía. Vamos a ver algunos ejemplos para aceptar la invitación.

- ***Thank you very much, I'll be there.***
  Thank you very much for inviting me to your party. I'll be there.
- ***That would be nice.***
  Staying together would be nice.
- ***I'd love to.***
  I'd love to help you.
- ***Sure, that would be great! (informal)***
  Sure, it would be great to share it!

Si por el contrario vamos a rechazarla, utilizaremos alguna de las siguientes estructuras:

- ***Thank you, but I'm afraid I can't.***
  Thank you for the invitation, but I'm afraid I can't.
- ***I won't be able to come due to another engagement.***
  I appreciate the invitation but won't be able to come due to another engagement.
- ***I wish I could, but I've already agreed to...***
  I wish I could come and help you, but I've already agreed to pick my mum up.
- ***Sorry, but I have a conflicting commitment and don't think I'll make it.***

Sorry, but I have a conflicting commitment that day and don't think I'll make you that favour.

Para lo bueno y para lo malo, escribir emails es parte de nuestra vida diaria. Escribimos en el trabajo para negociar, proponer, pedir o informar. También escribimos para estar en contacto con amigos y familia, para enviar fotos y notas, para pedir y dar información.

Pero a veces es difícil encontrar las palabras o frases correctas, para ello vamos a ver algunas estructuras que os recomendamos uséis cuando tengáis la oportunidad.

1. Saludo

Estos saludos son comunes y apropiados para email formales, para usarlos en el lugar de trabajo, con gente con la que no tenemos confianza y personas a las que le ofrecemos un servicio o pedimos información:

- *Hello [first name],*
- *Good morning or good afternoon [first name],*

The last one, is a little more formal but also very friendly. Feel free to use this expression with someone you have already met (but I don't recommend it for the first time you email someone).

La fórmula que más se usa con amigos y conocidos es:

- *Hi [first name],*

This is the most informal and should be used with someone you know well.

Por último, hay una fórmula muy formal que se usa cuando no se conoce al receptor del correo electrónico. Por ejemplo, para escribir a una empresa por primera vez para pedir información, para una queja:

- *To whom it may concern, // Dear [job title],*

2. Cuerpo del mensaje

En este apartado, expresaremos cuál es el objetivo o motivo de nuestro email, así como presentarnos y explicar la situación. Algunas frases que podemos utilizar son:

- *I am writing in response to the email you sent on [date]...*
- *I am writing in response to your voicemail from [date]...*
- *I am responding to your request/inquiry/complaint about...*
- *I am writing in reference to your request/inquiry/complaint...*
- *I am writing in reference to the information you provided.*
- *I am writing in reference to your last newsletter/update/email.*
- *My name is [name]. I received your contact information from [insert name of the person who gave you the email address]. I am writing to request/to inquire... (here you state your purpose).*
- *My name is [name]. I noted your contact information on your company's website. I am writing in reference to...*

3. Agradecimiento

Algunas frases que podemos utilizar son:

- *Thank you for the information you provided.*
- *Thank you for responding to my request/inquiry/complaint so quickly.*
- *Thank you for your prompt reply.*
- *Thank you for contacting us.*
- *Thank you for your time and attention.*
- *Thank you for your time.*
- *If you have any questions or concerns, please do not hesitate to contact me.*
- *I look forward to hearing from you.*

4. Final y despedida

No os olvidéis de finalizar vuestro mail, usando algunas de estas expresiones:

- ***Formal.*** *Common, professional closings:*
  - *Best regards,*
  - *Warm regards,*
  - *Sincerely,*

- ***Informal.*** *For more casual, informal closings (with people you know), you can use:*
  - *Best wishes,*
  - *All the best,*
  - *Take care,*

1.7. Educación y formación: estudios, asignaturas, tipos de centros (colegio, instituto, universidad)

Hablar sobre educación es hablar sobre clases de colegios, edificios, materias y vocabulario relacionado con la adquisición de conocimientos.

Pic. 11. There are many chool types
Fig. 11. Hay muchos tipos de colegios

Por ello, vamos a clasificar los términos en función de esto.

Kindergarten	Guardería	*Private school*	Escuela privada
Primary school	Colegio de primaria	*Grant*	Beca
Secondary school	Colegio de secundaria	*School fee*	Tasa de pago
High school	Instituto	*School uniform*	Uniforme escolar
University, college	Universidad	*PE Kit*	Uniforme de educación física
Campus	Campus universitario	*Pupil*	Alumno/a
Mixed school	Escuela mixta	*Teacher*	Profesor/a
Single-sex school	Escuela no mixta	*Headmaster*	Jefe de estudios
State school	Escuela pública	*Headmistress*	Jefa de estudios
Syllabus	Programación didáctica	*Term*	Trimestre
SUBJECTS	**ASIGNATURAS**	***CLASSROOM OBJECTS***	**OBJETOS DE CLASE**
Language	Lengua	*Exam*	Examen
Literature	Literatura	*Dictionary*	Diccionario
Maths	Matemáticas	*Pencil*	Lápiz
Biology	Biología	*Pen*	Bolígrafo
History	Historia	*Crayons*	Ceras
English	Inglés	*Coloured pencils*	Lápices de colores
French	Francés	*Ruler*	Regla
Art	Dibujo	*Rubber*	Goma de borrar
PE (Physical Education)	Educación Física	*Pencil sharpener*	Sacapuntas
Music	Música	*Pencil case*	Estuche
Science	Ciencias	*Book*	Libro
Geography	Geografía	*Notebook*	Cuaderno
Physics	Física	*Marker*	Rotulador
Chemistry	Química	*Board*	Pizarra
ICT (Information and Communication Technology)	Informática	*Chalk*	Tiza
		Highlighter	Subrayador

Cuando hablamos de estudiantes, encontramos diferencias y para ello existen varios adjetivos con los que describirlos en inglés.

La pregunta sería: **¿Qué tipo de estudiante eres? / *What sort of student are you?*** Y las posibles respuestas serían:

- **Estelar / *Stellar.*** *A star performer.*
- **Trabajador / *Hard-working.*** *Someone who tries.*
- **Buen estudiante / *Straight.*** *A student who always gets top marks.*
- **Trabajador pero lento / *Plodder.*** *Someone who works consistently, but isn't particularly brilliant.*
- **Mediocre / *Mediocre.*** *Not bad, average.*
- **Pésimo / *Abysmal.*** *Terrible.*

1.8. Compras y actividades comerciales: tiendas, grandes almacenes, mercados, la ropa (tallas y colores), enseres básicos (casa, colegio, trabajo), precios, moneda, los bancos, restaurantes, bares, formas de pago

Cuando compramos nos comunicamos y eso significa que es una excelente oportunidad para poner en práctica todo lo aprendido en inglés.

No importa si cometemos errores o si nos ponemos nerviosos, lo importante es entender lo que el dependiente nos dice y que él o ella entienda lo que queremos o necesitamos.

Por ello, si nos familiarizamos e interiorizamos las siguientes palabras, expresiones y estructuras, será más fácil y disfrutaremos más de la experiencia de comprar.

En la siguiente imagen podemos ver algo de vocabulario general sobre el tema.

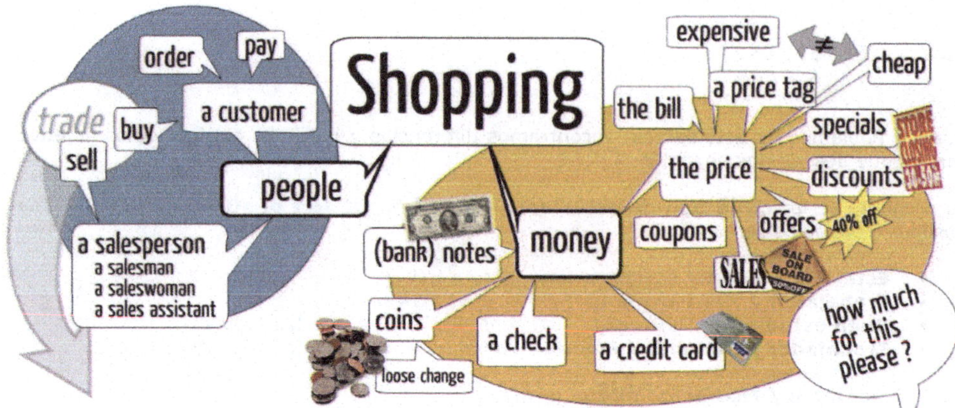

Pic. 12. Commerce is the exchange of goods or services, or both

Fig. 12. El comercio es el intercambio de bienes o servicios, o ambos

A. Tiendas y mercados

Dependiendo del artículo que queramos comprar nos dirigiremos a un establecimiento u otro. Algunos de ellos ya los estudiamos en el apartado de los lugares que podemos encontrar en la ciudad por lo que será un repaso.

Pic. 13. There are many kinds of shops and markets

Fig. 13. Hay muchos tipos de tiendas y mercados

A continuación, veremos vocabulario que podría sernos muy útil en una tienda.

Shop	Tienda	***Shelves***	Estanterías
Customer	Cliente	***Barcode***	Código de barras
Cashier	Cajero/a	***Trolley***	Carrito de la compra
Wallet	Cartera	***Lift***	Ascensor
Purse	Monedero	***Bag***	Bolsa
Scale	Báscula	***Basket***	Cesta
Till	Caja registradora	***Changing room***	Probadores
Shelf	Estantería	***Escalator***	Escalera mecánica

KIND OF SHOPS / **TIPOS DE TIENDAS**

Antique shop	Tienda de antigüedades	***Dry cleaner's***	Limpieza en seco
Bakery	Panadería	***Gift shop***	Tienda de regalos
Bookshop	Librería	***Hypermarket***	Hipermercado
Butchery	Carnicería	***Paper shop***	Papelería
Cash and carry	Autoservicio mayorista	***Perfumery***	Perfumería
Chain store	Cadena de tiendas	***Petrol station***	Gasolinera
Charity shop	Tienda benéfica	***Service centre***	Centro de servicio
Chemist, drugstore	Farmacia	***Stall***	Mercadillo
Cupcakery, patisserie	Pastelería	***Stationer***	Tienda de material de oficina
Delicatessen	Tienda delicatessen	***Supermarket***	Supermercado
Department store	Gran almacén	***Sweet shop***	Tienda de chucherías

B. La ropa (tallas y colores)

Existen diferentes tipos de ropa, tales como:

- ***Tops:*** son prendas de ropa que se usan en la parte superior del cuerpo, por ejemplo, blusas o camisas.
- ***Bottoms:*** prendas que se usan en la parte inferior del cuerpo.

Además, están los zapatos y accesorios, que, aunque no son prendas de vestir, se usan para complementar el estilo de cada persona.

Veamos el vocabulario de las prendas más usadas en inglés.

CLOTHES

ROPA

TOPS / **PARTES DE ARRIBA**		*BOTTOMS* / **PARTES DE ABAJO**	
T-shirt	Camiseta	*Trousers*	Pantalones
Sweater	Jersey	*Jeans*	Vaqueros
Jacket	Chaqueta	*Shorts*	Pantalones cortos
Coat	Abrigo	*Tracksuit*	Chándal
Vest	Chaleco	*Pyjamas*	Pijama
Raincoat	Chubasquero	*Skirt*	Falda
Tank top	Camiseta de tirantes	*Dress*	Vestido
Blouse	Blusa	*Suit*	Traje de chaqueta
Shirt	Camisa		

COMPLEMENTS
COMPLEMENTOS

Socks	Calcetines	*Glasses*	Gafas
Tights	Medias	*Sunglasses*	Gafas de sol
Swimsuit	Traje de baño	*Backpack*	Mochila
Bra	Sujetador	*Bag*	Bolso, bolsa
Panties	Bragas	*Earrings*	Pendientes
Tie	Corbata	*Bracelet*	Pulsera, brazalete
Bowtie	Pajarita	*Belt*	Cinturón
Briefs	Calzoncillos	*Handkerchief*	Pañuelo
Sun hat	Sombrero	*Purse*	Monedero
Hat	Gorro	*Wallet*	Cartera
Cap	Gorra	*Ring*	Anillo
Wool hat	Gorro de lana	*Watch*	Reloj
Scarf	Bufanda		

SHOES
ZAPATOS

Boots	Botas
Heels	Tacones
Flip-flops	Chanclas
Sandals	Sandalias
Trainers	Zapatillas de deporte

Cuando estemos en una tienda de ropa, veremos información sobre la distribución de los diferentes artículos, para ello debemos conocer las diferentes secciones:

- *Menswear* / Ropa de caballero.
- *Womenswear or ladieswear* / Ropa de señora o señorita.
- *Childrenswear* / Ropa de niños.
- *Babywear* / Ropa para bebés.
- *Fitting room* / Probador.

Hoy en día compramos ropa fabricada y distribuida por todo el mundo, por lo que la **nomenclatura de las tallas** ***(size)*** es conocida.

- S = *Small* / Pequeña.

- M = *Medium* / Mediana.
- L = *Large* / Larga, grande.
- XL= *Extra large* / Extra larga, grande.

Cuando buscamos nuestra talla de alguna prenda es posible que necesitemos hablar con alguna persona encargada de la tienda, y para ello debemos utilizar estructuras y frases hechas. Veamos algunas muy útiles dependiendo de la situación.

USEFUL QUESTIONS AND ANSWERS **PREGUNTAS Y RESPUESTAS ÚTILES**	
Could I try this on?	¿Me puedo probar esto?
Could I try these on?	¿Me puedo probar estos? (para zapatos, pantalones, o cuando quieres probarte más de una prenda)
Could I try these shoes on?	¿Puedo probarme estos zapatos?
Do you want to try it on?	¿Desea probárselo?
Do you want to try them on?	¿Desea probárselos?
What size are you?	¿Qué talla usa?
What size do you take?	¿Cuál es su talla?
I take a size...	Yo uso una talla...
Do you have this in a size...?	¿Tiene esto en una talla...?
Do you have these in a size ...?	¿Tiene estos en una talla...?
Do you have a fitting room?	¿Tienen probadores?
Where´s the fitting room?	¿Dónde está el probador?
Have you got this in a smaller/larger size?	¿Tienes esto en una talla más pequeña/grande?
Could you measure my... (waist, neck, chest)?	¿Podría medir mi... (cintura, cuello, pecho)?
Is that a good fit?	¿Es esa su talla?
It´s too small	Es demasiado pequeño
It´s a little too small	Es un poco pequeño/a
It´s a little big	Es un poco grande
It´s too big	Es demasiado grande
It´s just right	Está bien

They´re just right	Es justo mi talla (para plural)
It doesn´t fit	No me queda bien
They don´t fit	No me quedan bien

Aprender los colores en inglés puede parecer algo obvio, pero es algo importante ya que los usamos describir objetos, el pelo u ojos de las personas, si vamos a comprar algo, para decorar. En el tema que estamos abordando es muy importante poder expresar en una tienda el color del que queremos comprar la prenda.

Además de repasar la imagen, vamos a prestar especial atención a su grafía y pronunciación simplificada.

- Blanco / *White (/guáit/).*
- Negro / *Black (/blak/).*
- Gris / *Grey (UK) (/gréi/); Gray (USA) (/gréi/).*
- Rojo / *Red (/red/).*
- Azul / *Blue (/blu/).*
- Amarillo / *Yellow (/iélou/).*
- Verde / *Green (/griin/).*
- Naranja / *Orange (/órench/).*
- Marrón / *Brown (/bráon/).*
- Rosa / *Pink (/pink/).*
- Violeta / *Violet (/váielet/).*
- Morado / *Purple (/pérpol/).*
- Dorado / *Golden (/gólden/).*
- Plata / *Silver (/sílver/).*

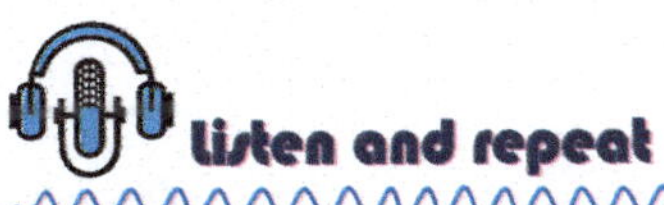

Escucha en el siguiente audio como se pronuncian algunos colores.

Para preguntar de qué color es algo decimos ***"WHAT COLOR IS...?"*** o si nos referimos a dos o más cosas ***"WHAT COLOR ARE...?"***, que significa "¿de qué color es...?" o "¿de qué color son...?" respectivamente.

- *What colour is your favourite T-shirt?*
- *What colour are your favourite trousers?*

Para preguntar sobre el color (o colores) favorito de alguien decimos ***"WHAT'S YOUR FAVOURITE COLOR?"*** o ***"WHAT ARE YOUR FAVOURITE COLORS?"*** (para plural).

Para expresar que un color es claro u oscuro utilizamos los adjetivos ***light*** (claro) y ***dark*** (oscuro). De esta manera azul claro sería ***light blue*** y azul oscuro ***dark blue***.

Para decir que algo es incoloro o que no tiene color decimos ***colorless***, por ejemplo, *"Water is colorless"*.

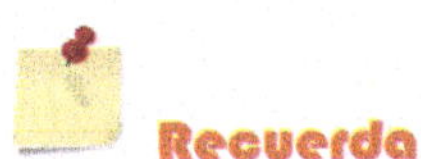

Recuerda que en inglés los adjetivos siempre van antes del nombre.

Otros colores comunes son:

- Azul marino / *Navy blue (/néivi blu/).*
- Azul cielo / *Sky blue (/skái blu/).*
- Turquesa / *Turquoise (/térkois/).*

En inglés es sencillo aprenderse los colores debido a que como el resto de los adjetivos son invariables, independientemente si el sustantivo al que acompaña es masculino o femenino, singular o plural, el color no cambia. Además, su posición en la frase es como un adjetivo, siempre delante del nombre que describen.

- *The dress is red /* El vestido es rojo.
- *The skirt is red /* La falda es roja.
- *The trousers are red /* Los pantalones son rojos.
- *The trainers are red /* Las zapatillas son rojas.

Pic. 14. English colours
Fig. 14. Colores en inglés

C. Enseres básicos (casa, colegio, trabajo)

Tanto en casa, en el colegio o en el trabajo que es donde más tiempo pasamos hacemos uso de muchos objetos, los cuales hemos ido estudiando en cada apartado, pero hagamos un repaso de nuevo.

HOUSE OBJECTS
OBJETOS DE LA CASA

Chimney	Chimenea	***Couch (sofa)***	Sofá
Window	Ventana	***Pillow***	Cojín
Full-length mirror	Espejo de cuerpo entero	***End table***	Mesa auxiliar
Lamp	Lámpara	***Armchair***	Sillón
Bed	Cama	***Vase***	Jarrón
Nightstand (bedside table)	Mesita de noche	***Bathtub***	Bañera
Wardrobe	Armario	***Sink***	Lavabo
Refrigerator (fridge)	Frigorífico	***Mirror***	Espejo
Clock	Reloj	***Washing machine***	Lavadora
Oven	Horno	***Medicine cabinet***	Botiquín
Cabinet	Armario	***Toilet***	Váter
Sink	Fregadero	***Shelf***	Estantería
Bookcase	Librería		

CLASSROOM OBJECTS
OBJETOS DE LA CLASE

Desk	Escritorio	***Rubber***	Goma de borrar
Chair	Silla	***Scotch tape***	Cinta adhesiva
Books	Libros	***Paint***	Pintura
Notebooks	Libretas	***Palette***	Caja de pinturas
Pencil case	Estuche	***Paint brushes***	Brochas de pintura
Backpack	Mochila	***Protractor***	Transportador
Scissors	Tijeras	***Set square***	Escuadra
Compass	Compás	***Glue***	Pegamento
Pins	Pines	***Beaker***	Matraz
Clips	Clips	***Flask***	Matraz
Pencils	Lápices	***Test tubes***	Tubos de ensayo
Coloured pencils	Lápices de colores	***Funnel***	Embudo
Pencil sharpener	Sacapuntas	***Binder***	Archivador, carpeta
Stapler	Grapadora	***Computer***	Ordenador
Calculator	Calculadora	***Papers***	Folios
Ballpoints	Bolígrafos	***File holder***	Archivador
Highlighter	Subrayador	***Map***	Mapa
Magnifying glass	Lupa	***Clock***	Reloj
Blackboard	Pizarra	***Globe***	Globo

OFFICE OBJECTS
OBJETOS DE LA OFICINA

Pen	Bolígrafo	***Computer***	Ordenador
Calculator	Calculadora	***Briefcase***	Maletín
Mobile phone	Teléfono móvil	***Screen***	Pantalla
Stapler	Grapadora	***Telephone***	Teléfono
Hole punch	Taladradora	***Chair***	Silla
Keyboard	Teclado	***Chest of drawers***	Cajonera
Mouse	Ratón	***Plant***	Planta
Bin	Papelera	***Printer***	Impresora
Post-it notes	Post-it	***Bookcase***	Librería, estantería
Photocopier	Fotocopiadora	***Files***	Archivadores
Clock	Reloj	***Cupboard***	Armario
Window blinds	Persianas	***Wi-fi router***	Router
Filing cabinet	Archivo		

D. Precios, moneda para usar en los bancos, restaurantes, bares y formas de pago

Cuando estamos en una tienda, banco o supermercado, hablamos de precios y dinero, y para ello usamos números. Vamos a aprender cómo decir los precios y qué debemos entender cuando nos digan uno. Para ello, vamos a usar algunos ejemplos.

*That one only costs **$1.89!** Let's get it!*	• *One dollar eighty-nine (cents)* • *One dollar and eighty-nine cents* • *One eighty-nine*
*They really wanted to sell the house for **£200.000,** but in the end, they had to accept half that*	• *Two hundred thousand pounds* • *Two hundred grand* • *Two hundred K*
*Wow... **€0.99?** That's cheap!*	• *Ninety-nine cents*

Hay una regla importante a tener en cuenta a la hora de decir correctamente el orden de los números de los precios, primero se dice el número correspondiente a la unidad, luego el tipo de moneda ***(currency)*** y después los céntimos.

Veamos en la siguiente imagen un ejemplo de cómo se pronunciaría correctamente un precio.

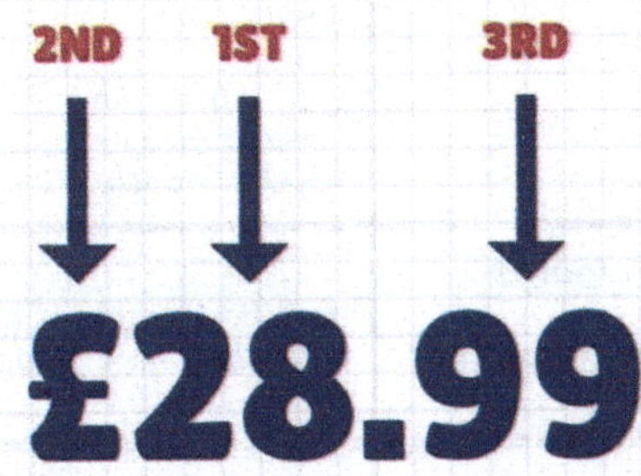

Pic. 15. Prices in English
Fig. 15. Precios en inglés

Anotación

No se dice la palabra céntimos ***(cents)*** o peniques ***(pence),*** se sobreentiende en el contexto.

Existen muchas expresiones en relación a los precios y por ello es conveniente estudiarlas y usarlas correctamente, veamos las más comunes.

EXPRESSIONS TO TALK ABOUT PRICE **EXPRESIONES PARA HABLAR SOBRE PRECIOS**	
That's a bit steep/pricey **Es un poco caro**	*Use these phrases to say that something is a little bit expensive*
It cost a fortune /an arm and a leg **Cuesta una fortuna**	*Use these phrases to say that something was VERY expensive*
I'm paying through the nose **Estoy pagando un riñón**	*This is an idiomatic expression that means you're paying too much for something, and it's painful* *E.g. "I'm paying through the nose to park my car in a private garage in New York City, it's $600 a month!"*
That's a little outside my budget. I can't afford it **Se me sale del presupuesto. No puedo permitírmelo**	*Use these phrases to say that you don't have enough money to buy something*
That's quite reasonable **Es razonable**	*If you describe a price as "reasonable", it means that you think it's a fair price for what you will receive*
It's 20% off **Tiene un veinte por ciento de descuento**	*The word "off" in the context of price means it's a discount*
I got two for the price of one **Conseguí dos por el precio de uno**	*Both the expressions "two for the price of one" and "buy one, get one free" are common phrases used to describe a special offer when you buy one product at normal price, and get another one of the same products for free*
It was a real bargain **Fué una ganga**	*You can use this phrase to describe something that was a VERY good price for the value; like you can't believe you received so much for the price you paid. This expression can be used for any amount, for example, buying a $50,000 car for $10,000 is "a real bargain", and buying a $100 shirt for $10 is also "a real bargain"*
I got it for a song **Lo compré regalado.**	*This is an idiomatic expression that means you bought something for a very low price*
It's dirt cheap **Es baratísimo**	*Use this phrase to say that something is extremely inexpensive. For example, If you can buy lunch for $1, that is dirt cheap!*

Cuando hacemos una compra en establecimientos como tiendas, restaurantes o recibimos un servicio en los bancos, siempre realizamos el pago ***(payment),*** a través de monedas ***(coins),*** billetes ***(notes)*** o tarjeta de crédito ***(credit card).*** Además, existen formas como que aparentemente son invisibles como pagar directamente desde la cuenta bancaria ***(bank account)*** o PayPal.

- **Efectivo.** Monedas y billetes. Fácil de usar y de ver cuánto dinero te queda. Pero también fácil de perder, ¡si te roban tu efectivo no puedes recuperarlo! Si estás comprando algo muy caro, como una casa o un coche, deberías usar otra forma de pago.
  Cash. *Notes and coins. Easy to use and easy to see how much money you have left. But also easy to lose, and if your cash is stolen, you can't get it back! If you are buying something really expensive, like a house or a car, you might use a different way to pay.*

- **Tarjetas de débito**. Cuando usas una tarjeta de débito para pagar, el dinero es descontado de tu cuenta bancaria en el momento. Puedes usar tarjetas de débito para compras o para sacar dinero del cajero automático.
  Debit cards. *When you use a debit card to pay, the money is taken out of your bank account straight away. You can use debit cards for shopping or for taking money out of cash machines.*

- **Tarjetas de crédito**. Las tarjetas de crédito te prestan dinero para que puedas comprar algo ahora y puedas pagarlo más tarde. Recibes un extracto de lo gastado mensualmente. Si pagas la factura de todo lo que has comprado, no tienes que pagar nada extra, pero si no lo pagas de una vez, tendrás que pagar más que la compañía de la tarjeta de crédito te cobrará por el servicio llamado interés.
  Credit cards. *Credit cards let you borrow money so you can buy something now, and pay it back later. You get a bill once a month. If you pay the whole bill, you won't pay any extra. But if you don't pay it all at once, you will have to pay more money to the credit card company and this added amount is called interest.*

- **Tarjetas regalo**. Normalmente las tarjetas regalo sólo pueden ser gastadas en ciertas tiendas o páginas web. La gente compra estas tarjetas regalo por un importe. Así que, si te dan una tarjeta con diez libras para una tienda de ropa como regalo, tú podrás gastarte diez libras, o si quieres gastarte más, tendrás que pagar la diferencia. Si por el contrario sobra, se queda en la tarjeta y podrás usarlo posteriormente. Dicha tarjeta no se convierte en monedas.

***Gift cards**. Normally gift cards can only be spent at particular shops or websites. People buy gift cards for a certain value. So, you might get given a £10 gift card for a clothes shop as a present. If you want to spend more than £10, you will need to add extra money. If you spend less than £10, usually the extra money just stays on the card and you won't be given coins for the difference.*

- **Domiciliaciones**. Las domiciliaciones son pagos regulares de facturas en tu cuenta bancaria. Se usa para las facturas de la electricidad, el teléfono, suscripciones.

  ***Direct debits.** Direct debits are regular payments from a bank account to pay bills. You might use direct debits to pay for things like electricity bills, phone bills and subscriptions.*

- **Servicios de pago como PayPal**. PayPal te permite pagar cosas y aceptar pagos sin decirle tus detalles de la cuenta bancaria al vendedor. PayPal coge dinero de tu cuenta bancaria, y tú le transfieres cuando lo necesites.

  ***Payment services like PayPal.** PayPal lets you pay for things and accept payments without telling people your bank details. PayPal then takes money from your bank account, which you can also transfer to whenever needed.*

- **Pagos con el móvil**. Aplicaciones como Apple Pay, Google Pay, Samsung Pay y WeChat Pay te permiten pagar cosas usando un móvil o incluso un reloj inteligente, luego el dinero es descontado de tu tarjeta de débito o crédito. Algunas aplicaciones te permiten pagar usando el número de teléfono y más tarde el importe es traspasado de tu cuenta bancaria a la de ellos.

  ***Mobile payments**. Apps like Apple Pay, Google Pay, Samsung Pay and WeChat Pay let you pay for things using a phone or even a smartwatch, then take the money from your debit or credit card. Some apps let you pay someone by choosing their mobile phone number and the money then moves from your bank account to theirs.*

Escucha el siguiente audio sobre compras y actividades comerciales.

Audio1_10

Shop assistant: Hello, Can I help you?
Customer: Hello, yes please. I'm looking for a T-shirt.
Shop assistant: What colour do you prefer?
Customer: I like blue or red.
Shop assistant: And what size do you need?
Customer: I usually use a large size.
Shop assistant: Ok. Do you want to try them on?
Customer: Yes, please. Where are the fitting rooms?
Shop assistant: Just at the end of the corridor.
Customer: Ok, thanks.
Shop assistant: Do they suit you?
Customer: Yes, I choose this one. How much is it?
Shop assistant: It is 20 euros.
Customer: Ok, I'll take it.
Shop assistant: How would you like to pay?
Customer: By cash. Here it is.
Shop assistant: Thank you. Here's your change.
Customer: Thank you. Good bye.
Shop assistant: Good bye.

1.9. Alimentación: tipos de comida y bebida, platos típicos, hábitos dietéticos, comida sana/comida basura, menús, locales de comidas y bebidas

Hablar de comida en inglés es algo muy común en cualquier ámbito. Empecemos por diferenciar las comidas principales ***(main meals)*** y sus nombres, así como los diferentes alimentos que solemos tomar en cada una de ellas.

- ***Main meals:***
  - *Breakfast /* Desayuno.
  - *Lunch /* Almuerzo.
  - *Dinner /* Cena.

- ***Other meal times:***
    - *Brunch /* Desayuno-almuerzo.
    - *Elevenses /* Merienda.
    - *Tea /* Té.
    - *Snack /* Aperitivo.

Analicemos cada comida y los ingredientes principales que se suelen tomar en ellas.

- **Desayuno.** Comida que se realiza en la mañana, su nombre indica un corte rápido en el ayuno que hemos realizado durante las horas de sueño.
  Breakfast. *This is a meal eaten in the morning. The word breakfast comes from the phrase to break fast. During sleeping hours we fast for eight hours, then we break the fast by eating the first meal of the day. Breakfast includes:*

    - *Cereal /* Cereales.
    - *Eggs /* Huevos.
    - *Toast /* Tostada.
    - *Coffee /* Café.
    - *Tea /* Té.
    - *Milk /* Leche.
    - *Fruit /* Fruta.
    - *Cookies /* Galletas.

- **Brunch.** Esta comida suele hacerse a media mañana, puede reemplazar el almuerzo ya que suele hacerse a partir de las 12,00 pm. Esta comida suele tomarse en restaurantes y en fin de semana.
  Brunch. *This is a meal served around mid-morning. Again, quite light but could be a meal to replace lunch. Usually, if people eat brunch, they will eat it in a restaurant and often at the weekend. It includes:*

    - *Waffles /* Gofres.
    - *Pancakes /* Panqueques.
    - *Salmon, eggs and toasted baguette /* Salmón, huevos y pan tostado.
    - *Hash browns, bacon, eggs and coffee /* Patatas fritas, bacon, huevos y café.

- **Almuerzo.** Comida realizada a mediodía. Dependiendo del tiempo disponible y donde se almuerce se tomarán unos u otros ingredientes.
  Lunch. *Lunch is usually served at midday. Depending on the available time and where you are, it might be something fast and light or a bigger meal. It can include:*

  - *Sandwich* / Bocadillo.
  - *Crisps (potato chips)* / Patatas fritas.
  - *Meat* / Carne.
  - *Fish* / Pescado.
  - *Stews* / Guisos.
  - *Pasta* / Pasta.
  - *Rice* / Arroz.
  - *Salad* / Ensalada.
  - *Vegetables* / Verdura.
  - *Fruit* / Fruta.

- **Cena.** Para la cena la gente suele tomar ingredientes que compenses el almuerzo. Así que pueden ser similares, aunque en menor cantidad.
  Dinner. *For dinner, people usually eat ingredients to compensate what they eat for lunch. So the can be similar but in a smaller quantity.*

- **Aperitivo.** El aperitivo es una pequeña comida entre horas. Suele ser algo ligero.
  Snack. *Snacks are a very light meal that can be eaten at any time of the day. Such as:*

  - *Biscuits* / Galletas.
  - *Chocolate bars* / Barritas de chocolate.
  - *Crisps* / Patatas fritas.
  - *Cakes* / Pasteles.
  - *Fruit* / Fruta.

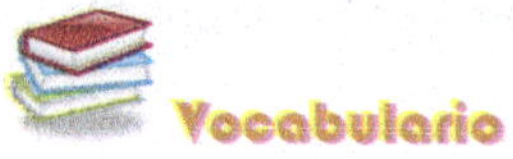

Food: *is any substance consumed to provide nutritional support for an organism.*

Drink or beverage: *is a liquid intended for human consumption.*

Food is divided into 4 main groups: **meat, poultry and seafood, fruits, fast food and vegetables.**

FOOD GROUPS **GRUPOS DE COMIDA**	
MEAT **CARNE**	*Rib, chop, sausage, ham, beef, lamb, pork* Costilla, chuleta, salchicha, jamón, ternera, cordero, cerdo
POULTRY **AVES**	*Chicken, duck, egg* Pollo, pato, huevos
SEAFOOD **MARISCO**	*Shrimp, fish, tuna, crab, clam, mussel, snail, squid, cuttlefish, octopus, cockle, scallop, lobster, oyster* Gamba, pescado, atún, cangrejo, almeja, mejillón, caracol, calamar, sepia, pulpo, berberecho, vieira, langosta, ostra
FAST FOOD **COMIDA RÁPIDA**	*Fish and chips, sandwich, hamburger, french fries, onion rings, chicken nuggets, taco, pizza, hot dog, ice cream* Pescado y patatas, sándwich, hamburguesa, patatas fritas, aros de cebolla, nuggets de pollo, taco, pizza, hot dog, helado

FRUIT **FRUTA**	*Apple, watermelon, orange, pear, cherry, strawberry, nectarine, grapes, mango, blueberry, pomegranate, plum, banana, raspberry, mandarin, papaya, kiwi, pineapple, lime, lemon, apricot, grapefruit, melon, coconut, avocado, peach* Manzana, sandía, naranja, pera, cereza, fresa, nectarina, uva, mango, arándano, granada, ciruela, plátano, frambuesa, mandarina, papaya, kiwi, piña, lima, limón, albaricoque, pomelo, melón, coco, aguacate, durazno
DRINKS TYPES **TIPOS DE BEBIDAS**	
Wine, coffee, lemonade, iced tea, hot chocolate, juice, milkshake, water, tea, milk, beer, soda, chocolate milk, tomato juice, smoothie, coconut milk, orange juice, lemonade, fruit juice, cocoa, water Vino, café, limonada, té helado, chocolate caliente, zumo, batido, agua, té, leche, cerveza, refrescos, batido de chocolate, zumo de tomate, batido, leche de coco, zumo de naranja, limonada, zumo de frutas, cacao, agua	

Probar diferentes tipos de comida y bebida nos ofrece la posibilidad de obtener diferentes sabores, los cuáles son diferentes dependiendo de la persona, pero en reglas generales, se dice que hay seis sabores que vamos a ver cómo expresarlos en inglés.

Comencemos por diferenciar entre las dos palabras generales:

- ***Taste,*** para hablar sobre comida, sobre un tipo de comida
- ***Flavour,*** es similar, pero se refiere a la reacción hacia los ingredientes preparados.

Por eso, es más común usar ***flavour*** que ***taste*** cuando estamos hablando de platos o comida preparada.

- *I like the taste of that ice-cream.*
- *The flavour of this pizza is just amazing.*

Los **seis sabores** son:

- ***Spicy*** **(picante).** *Any dishes that use peppers will be spicy. This includes dishes from countries like Mexico, India, Thailand, Malaysia. In China, places like Sichuan and Hunan are known for their spicy food because of the use of chili peppers.*

  Probably the most well-known spicy dish is curry. There are many styles of curry ranging from not-so-spicy to incredibly spicy!

  Other vegetables that can add a spicy flavour to most dishes include garlic (ajo) *and ginger* (jenjibre). *Cayenne pepper is used to make spicy dishes too.*

- ***Salty*** **(salado).** *The reason salty food is salty is that salt has been added. Too much salt is not good for our body, so we must be careful about how much of this kind of food we eat.*

  We have: pretzels, french fries, potato chips, fried fish, fish and chips, popcorn, salted nuts, etc.

- ***Sweet*** **(dulce).** *There is naturally sweet food, and there is food with added sugar. Many kinds of fruit are made from natural sugar. A little of this kind of sugar is good for us. That is why doctors advise us to eat five portions of fruit every day. Honey is also a naturally sweet food. The problem is that most sweet food is made from added sugar.*

  This includes: chocolate, candy, cheesecake, chocolate cake, ice cream, jam, cookies, doughnuts, trifle, popcorn, soda pop drinks like coca-cola.

Pretty much everything these days has added sugar in it. It is very harmful to our health and highly addictive — so be careful how much you eat!

- ***Sour*** **(agrio).** *Sour taste is usually created by citrus acid. So we can easily find a sour taste in fruit such as lemons, limes and sometimes oranges and grapefruit.*

  But it also exists in dairy products such as milk, cheese, yoghurt and sour cream. Then there are fermented products such as wine, vinegar, pickles and soy sauce. The sour taste is very strong and can make us pucker our lips in reaction to it!

- ***Bitter*** **(amargo).** *Bitterness is a strange taste that usually we try to avoid. The bitter taste is a warning for us to avoid certain things that could be poisonous. But over time, humans have come to find certain bitter-tasting foods to be quite agreeable.*

  These include: coffee, dark chocolate, cranberries, green tea, red wine, beer, etc.

  Dark leafy green vegetables are known for their bitter taste. But actually, very good for us.

- ***Savoury*** **(sabroso).** *Savoury taste can also be referred to as umami. It is used to describe food that we find tasty, without it being sweet, salty or overly spicy. Usually, savoury food includes dishes that have a strong, desirable taste.*

  Savoury food includes: meat, nuts and seeds, pizza, spaghetti Bolognese, potatoes, egg-fried rice, bread, soup, etc

Cuando viajamos disfrutamos de la gastronomía típica del lugar visitado, por lo que, en este curso de inglés, vamos a hacer un repaso por los 6 platos ingleses más tradicionales.

FISH AND CHIPS	Plato típico por excelencia, se recomienda tomarlo al aire libre o cerca del mar. 
FULL ENGLISH BREAKFAST	Se dice que el desayuno es la comida más importante del día, el desayuno inglés incluye: bacon, salchichas, huevos, judías, champiñones, tomates, patatas fritas y morcilla. 
MASHED POTATOES	Salchichas con puré de patatas, normalmente acompañado de guisantes y salsa. 
SUNDAY ROAST	Suele ser su cena típica de los domingos, pero hay que tener en cuenta que para ellos la cena es la comida más importante que realizan sobre las 18:30 pm. Plato compuesto por: carne asada, patata asada, verduras, relleno y salsa. 

SHEPHERD'S PIE OR COTTAGE PIE	Ambos pasteles son muy similares, la diferencia es que uno usa cordero y el otro ternera.
STEAK AND KIDNEY PIE	Este es el plato inglés estrella. Lleva ternera, riñones y salsa, todo dentro de una empanada.

La comida saludable ***(healthy food)*** se apoya en la idea de que una vida equilibrada depende en gran medida de la alimentación. Uno de cada cuatro hogares declara que algún miembro de la familia tiene un tipo de problema de alergia o intolerancia a ciertos alimentos. A este segmento de población se suman los nuevos consumidores con necesidades dietéticas especiales.

En el mundo de la restauración se ha instalado esta inquietud, que se verá impulsada por el incremento de propuestas de menús más ligeros, la introducción de nuevos alimentos y soluciones para responder a intolerancias ***(intolerances)*** o alergias alimentarias ***(allergies).***

Pic. 16. Healthy food
Fig. 16. Comida sana

Veamos algunos términos en relación con la comida saludable.

HEALTHY DIET
DIETA SALUDABLE

Proteins	Proteínas	***Lactose intolerant***	Intolerante a la lactosa
Carbohydrates	Carbohidratos	***Celiac***	Celíaco
Vitamins	Vitaminas	***Diabetic***	Diabético
Minerals	Minerales	***Vegetarian***	Vegetariano
Calories	Calorías	***Vegan***	Vegano
High fibre	Alto en fibra		

Cuando vamos a un restaurante o bar lo primero que vemos es la carta, en inglés ***"menu"***, donde podremos ver los diferentes platos que ofrece ese establecimiento. Normalmente la carta se divide en las siguientes secciones.

SECTION **SECCIÓN**	***ALSO KNOWN AS*** **TAMBIÉN CONOCIDO COMO**	***EXAMPLE*** **EJEMPLO**
Appetizers	*Appies, finger food, combo platters, snacks, starters*	*Garlic bread, cheese plate, nachos*
Salads and soups	*Garden fresh, greens, light fare, lighter favourites, low calorie choices, low-fat selections*	*Tossed salad, Caesar salad, soup of the day*
Sandwiches	*Burgers, from the deli, from the grill, lunch menu, wraps*	*Grilled chicken sandwich, veggie (garden) burger, steak sandwich*
Main course	*Entrée, dinners, main dish, main event*	*New York steak, chicken stir fry, hearty stew*
Seafood	*Catch of the day, fish, fresh from the sea*	*Fish and chips, battered shrimp, smoked salmon*
Specialties	*Signature items, favourites, pleasers, 5 stars*	*BBQ ribs, hot wings, chicken cordon bleu*
Desserts	*Sweets, treats, for the sweet tooth*	*Apple pie, mocha cheesecake, banana split*
Beverages	*Drinks, non-alcoholic beverages, refreshments*	*Soda pop, juice, milk*
Wine and beer	*Coolers, draft, liquor, specialty drinks, spirits, from the bar*	*House wine, jug of beer, peach cider*
Kids menu	*Juniors, kids stuff, little tikes, for the munchkins*	*Spaghetti and meatballs, cheeseburger, chicken fingers*

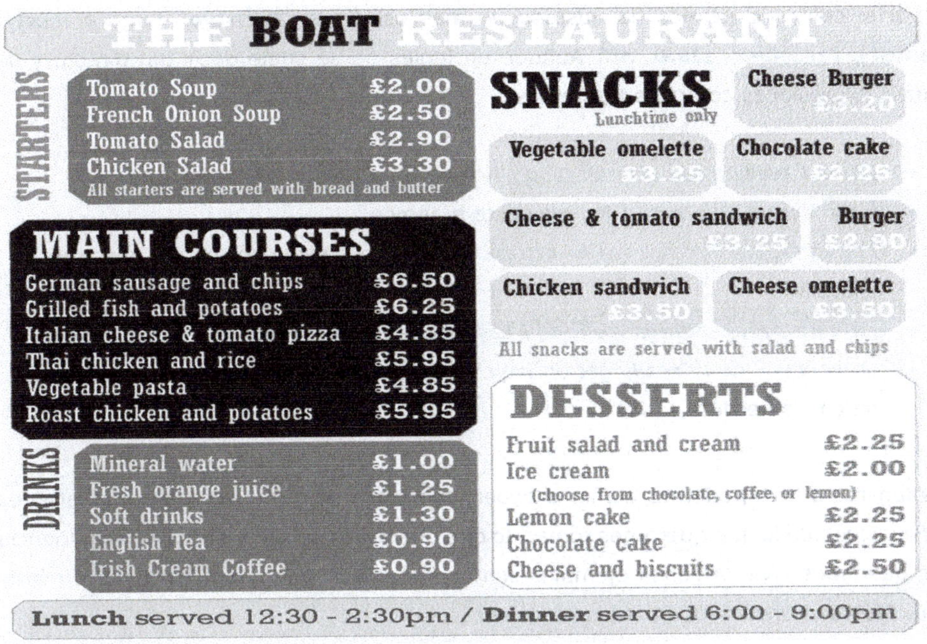

Pic. 17. Menu example in a bar

Fig. 17. Ejemplo de una carta de un bar

Una vez hemos terminado de comer lo que hemos pedido en el bar o restaurante, lo siguiente será que el camarero nos pregunte si nos ha gustado o cómo estaba y que nosotros le respondamos. Para ello, aquí tenemos unas frases dependiendo si me ha gustado o no.

Si queremos expresar que nos ha gustado, ***"delicious"*** es la palabra más utilizada. Pero tenemos otras expresiones como las siguientes.

- *This soup is really nice* / Esta sopa está realmente rica.
- *This meat tastes great!* / Esta carne sabe rica.
- *This is amazing* / Está fantástico.
- *This fish is really good!* / Este pescado está muy bueno.
- *This is yummy!* / Delicioso
- *This cake is just mouth-watering* / Esta tarta está que se me hace la boca agua.
- *These roasted vegetables are very tasty!* / Estas verduras asadas están muy ricas.

Si por el contrario no nos ha gustado, lo más usado es ***"terrible"*** junto a ***nasty, inedible, tasteless, stale, off.*** Aunque en inglés no se suele decir tan directo y se utilizan expresiones como las siguientes.

- *I'm not really a fan of fried food* / No soy muy fan de los fritos.
- *I don't really like ham* / No me gusta el jamón.
- *I'm sorry, but I'm not really into chocolate* / Lo siento pero no me gusta el chocolate.
- *Fruit kind of disagrees with me* / La fruta me desagrada.
- *Sorry, but I don't really get on with vegetables* / Lo siento pero no me gusta mucho la verdura.

Los lugares donde podemos comer o beber algo fuera de nuestra casa son diferentes dependiendo de lo que queramos tomar, lo que queramos gastar y el tipo de experiencia que queramos vivir. Algunos ejemplos son: ***café, snack bar, fast food restaurant, pub, bistro restaurant, hotel restaurant...***

Para reservar, pedir, quejarse, solicitar algo y pagar, se suelen usar las siguientes frases hechas.

BOOKING A TABLE **RESERVAR UNA MESA**	***PLACING YOUR ORDER*** **HACER UN PEDIDO**	***COMPLAINING*** **QUEJARSE**
• *I'd like to reserve / book a table for four at 8pm, please.* • *I'd like to reserve / book a table for a party of six at 8pm, please.* • *I'd like to book a table for two at 8 in the name of Hand, please.* • *Could we have a table by the window, please?* • *Could we have a non-smoking table, please?* • *Could we have a table away from the kitchen/toilets, please?* • *Could we have a booth, please?* • *Could you make sure it's a quiet table, please?*	• *I'd like the ___, please.* • *For starters I'll have the soup and for the main course I'd like the roast beef.* • *Could I have chips instead of new potatoes, please?* • *What is the house special today?* • *Is there anything you would recommend?* • *Could I see the wine menu, please?* • *I'll have a bottle of the South African Cabernet Sauvignon.* • *I'll have a glass of house red/white, please.* • *Which wine would you recommend?*	• *Excuse me, but my meal is cold.* • *Excuse me, we've been waiting for over half an hour for our drinks.* • *I'm sorry but I ordered the side salad not the vegetables.* • *Excuse me this steak is overdone, I ordered rare.* • *I'm afraid this wine tastes corked.* • *Excuse me this wine isn't chilled properly.*
ARRIVING AT THE RESTAURANT **LLEGANDO AL RESTAURANTE**	***DURING/AFTER THE MEAL*** **DURANTE/DESPUÉS DE LA COMIDA**	***PAYING*** **PAGANDO**
• *Good evening, the name is Hand. I have a table booked for six.* • *Do you have the menu in English/German/French, please?* • *Do you have a highchair for young children, please?* • *Could we have a table over there, please?* • *I'm sorry but I asked for a table by the window.* • *Could we have an extra chair, please?*	• *Could we have some more bread, please?* • *Do you have a pepper mill?* • *Could I have some dressing, please?* • *Could you pass me the salt, please?* • *That was delicious. My compliments to the chef.*	• *Could I have the bill, please?* • *Do you take Visa?* • *We'd like separate bills, please.* • *Is service included?* • *No, please. This is on me (when you wish to pay for everyone).*

1.10. Bienes y servicios: transportes, hospitales, centros educativos, talleres mecánicos, estaciones de servicio, policía, correos, teléfonos, oficinas de información turística

Una vez estudiadas todos los tipos de tiendas y establecimientos que podemos encontrar en la ciudad, así como los diferentes lugares públicos, es hora de ver algunas imágenes y ejemplos del vocabulario con los diferentes lugares públicos de los que podemos hacer uso.

CITY CENTRE **CENTRO CIUDAD**	*There's a shuttle service from the city center to the bus station.* Hay un servicio de transporte desde el centro de la ciudad hasta la estación de autobuses.
CROSSROADS **CRUCE**	*Be careful at the crossroads.* Ten cuidado en los cruces.
CAR PARK (UK), PARKING LOT (US) **APARCAMIENTO**	*The car park was full.* El aparcamiento estaba lleno.

FLYOVER (UK), OVERPASS (US) **PASO ELEVADO**	*The flyover decreases the traffic.* El paso elevado disminuye el tráfico. 
TELEPHONE BOX (UK), TELEPHONE BOOTH (US) **CABINA DE TELÉFONO**	*He vented his fury on a telephone box.* Descargó su furia en una cabina telefónica. 
UNDERPASS **PASO SUBTERRÁNEO**	*We were kept in the underpass during fifteen minutes.* Estuvimos en el paso subterráneo durante quince minutos. 
PAVEMENT (UK), SIDEWALK (US) **ACERA**	*The pavement is very clean.* El pavimento está muy limpio. 

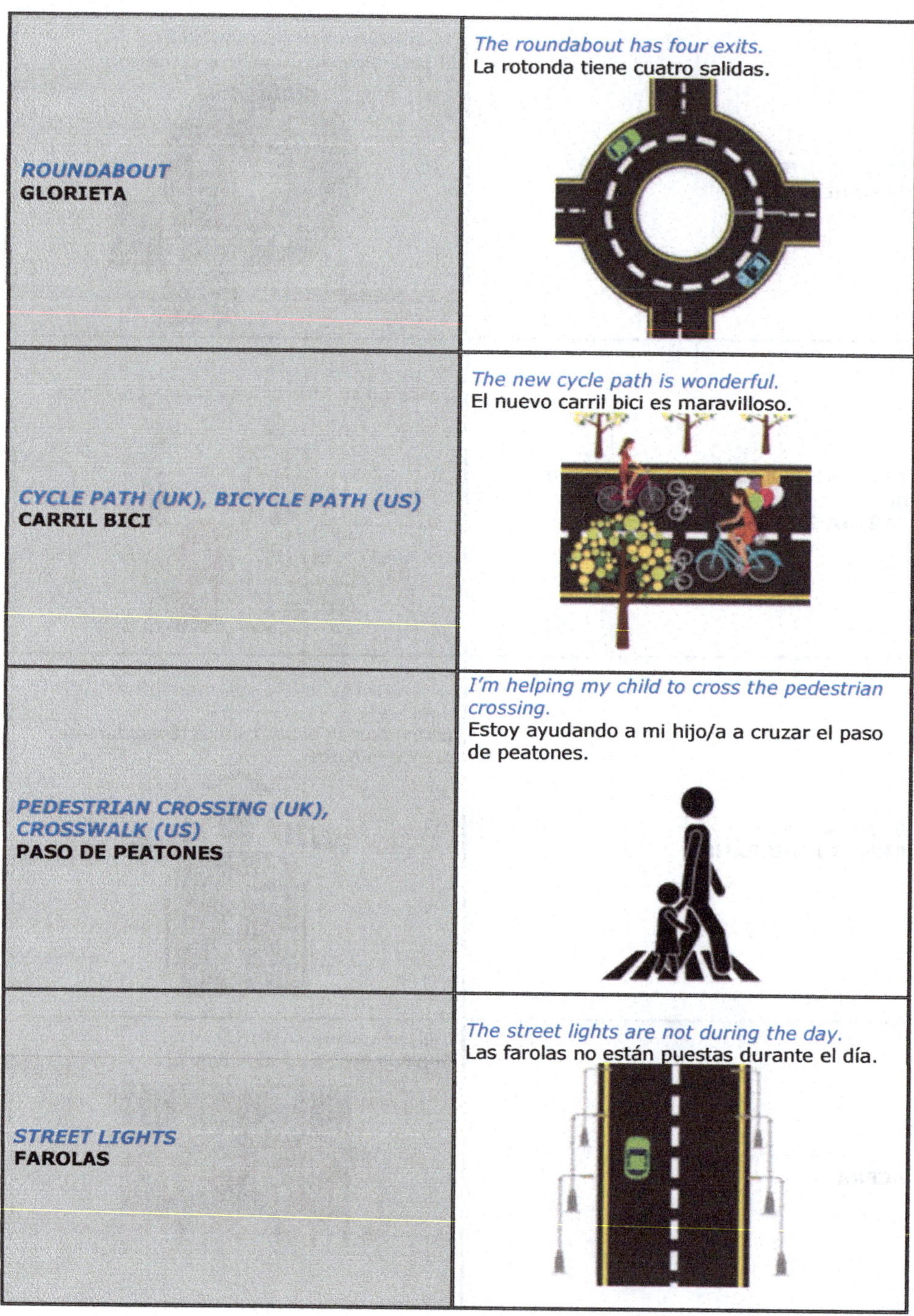

ROUNDABOUT **GLORIETA**	*The roundabout has four exits.* La rotonda tiene cuatro salidas.
CYCLE PATH (UK), BICYCLE PATH (US) **CARRIL BICI**	*The new cycle path is wonderful.* El nuevo carril bici es maravilloso.
PEDESTRIAN CROSSING (UK), CROSSWALK (US) **PASO DE PEATONES**	*I'm helping my child to cross the pedestrian crossing.* Estoy ayudando a mi hijo/a a cruzar el paso de peatones.
STREET LIGHTS **FAROLAS**	*The street lights are not during the day.* Las farolas no están puestas durante el día.

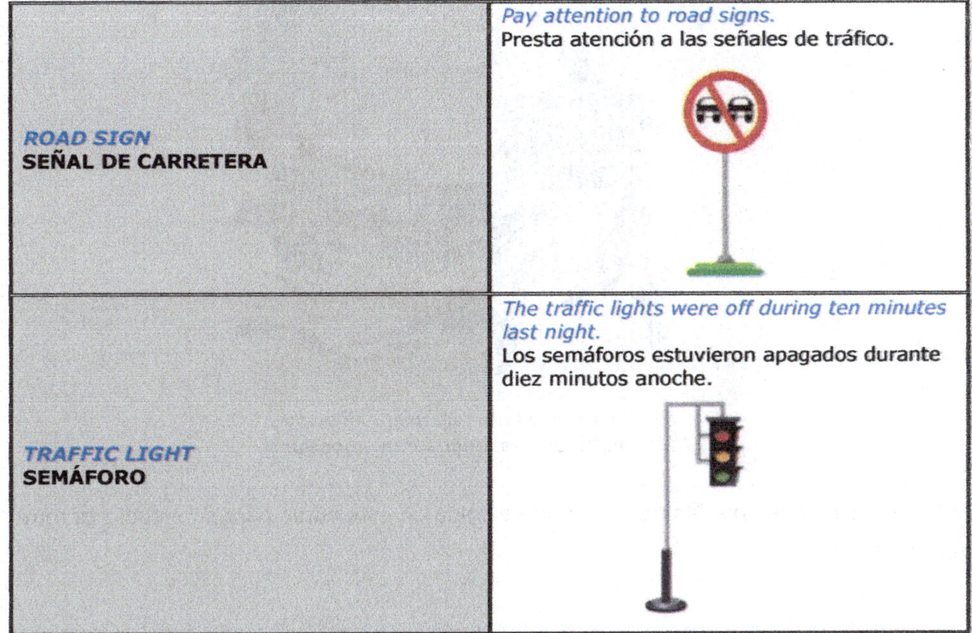

ROAD SIGN **SEÑAL DE CARRETERA**	*Pay attention to road signs.* Presta atención a las señales de tráfico.
TRAFFIC LIGHT **SEMÁFORO**	*The traffic lights were off during ten minutes last night.* Los semáforos estuvieron apagados durante diez minutos anoche.

1.11. Lengua y comunicación: la lengua que se estudia y su lugar en el mundo, los idiomas, las tecnologías de la información y la comunicación

Hoy en día más y más gente se adentra en el aprendizaje de la lengua inglesa. Se encuentra como asignatura en la mayoría de los países y los niños/as empiezan a estudiarla a una edad temprana como segunda lengua. El motivo de ello es que se trata de la lengua universal en el mundo globalizado en el que vivimos. El estudio y conocimiento del inglés te puede hacer progresar tanto en tu vida personal, viajando, conociendo otras culturas, comunicándote con las personas como a nivel profesional, ascendiendo, mejorando tu empleo o compitiendo con otros candidatos por un puesto de trabajo.

Pic. 18. English is a very important language
Fig. 18. El inglés es una lengua muy importante

Diez buenas razones por las que la lengua elegida en este curso para su estudio es muy importante.

- ***English is considered a global language.*** *The majority uses this language to communicate and so many people understand and study it.*
- ***Studying English is a good way to be ready for a better job.*** *English is used in many areas, such as science, aviation, computers, diplomacy, and tourism. So, when a person knows English, he or she has more chances to get a job or to promote.*
- ***Meeting new people.*** *As it is spoken all over the world, you can meet new people, make friends and communicate with them while you are improving your knowledge.*
- ***Many scientists write in English.*** *That´s mean that if you want to learn about new discoveries, products, innovation, you need to understand English. It is the language used by researchers in the scientific field.*
- ***Media industry uses this language.*** *Many films, Tv shows, series, songs are in English, so if you know it, you can watch and listen to in its original version, and that´s a pleasure!*
- ***English is the language of technology and social networks.*** *Speaking about online, English is needed.*

- ***Travelling is a better experience if you can speak English.*** *You´ll enjoy more if you understand what local people say and if you can express what you want.*
- ***English is very important for business.*** *The best businesses are treated in English, so if you know it, you could earn more in an easier way.*
- ***English can be studied all over the world.*** *As we have said English is spoken in many places, so there are many programmes to study it.*
- ***English is multicultural.*** *Studying English you can learn about culture.*

Determinar cuáles son las lenguas más habladas en el mundo es una cuestión más difícil de lo que parece. Con seguridad podríamos decir que son el inglés, el mandarín, el español y el árabe.

En la siguiente imagen tenemos la geografía de las lenguas más utilizadas y sus nombres en inglés.

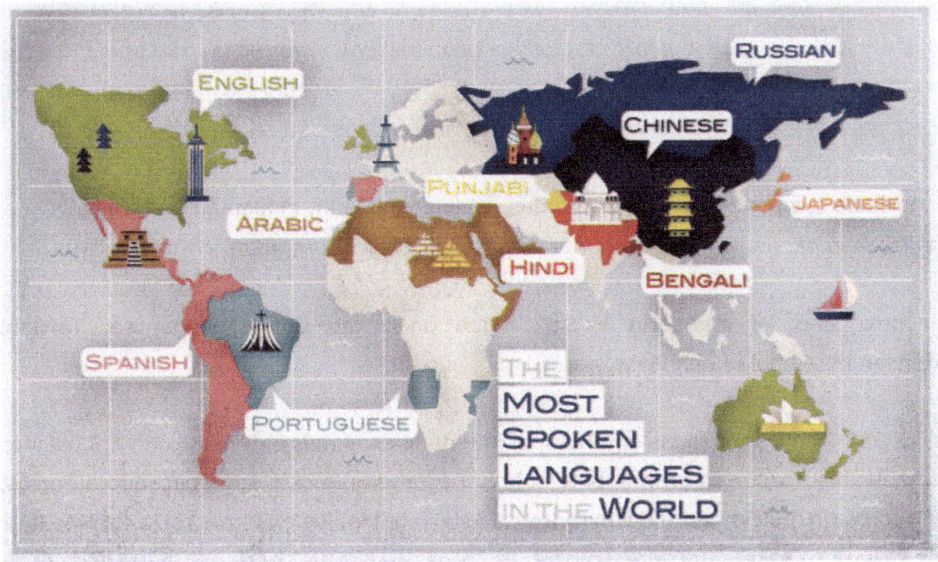

Pic. 19. The most spoken languages in the world
Fig. 19. Las lenguas más habladas en el mundo

Empezaremos analizando la lengua que nos ocupa, el inglés es la lengua oficial ***(official language)*** en: Antigua and Barbuda, Australia, Bahamas, Barbados, Botswana, Brunei, Burundi, Cameroon, Canada, Dominica, Eswatini, Fiji, Gambia, Ghana, Grenada, Guyana, Hong Kong, India, Ireland, Jamaica, Kenya, Kiribati, Lesotho, Liberia, Malawi, Malta, Marshall Islands, Mauritius, Namibia, Nauru, New Zealand, Nigeria, Pakistan, Palau, Papua New Guinea, Philippines, Rwanda, Saint Kitts and Nevis, Saint Lucia, Saint Vincent and the Grenadines, Samoa, Seychelles, Sierra Leone, Singapore, Solomon Islands, Somaliland, South Africa, South Sudan, Sudan, Tanzania, Tonga, Trinidad y Tobago, Tuvalu, Uganda, UK, United States, Vanuatu, Zambia, Honduras in the Bay Islands, Micronesia except for Kosrae, Netherlands in Saint Maarten, Saint Eustatius and Saba islands, Cyprus, Ethiopia, Indonesia, Israel, Palestine, Switzerland

Esta lengua data del siglo V a.C. cuando las tribus germánicas invadieron la isla de Bretaña. Hoy, casi un billón y medio de personas lo hablan, incluyendo 480 millones de nativos, eso es el 20% del mundo. Por ser la lengua más hablada en el mundo, es considerada la lengua internacional de los negocios.
The English language dates back to the 5th century AD, when Germanic tribes invaded the isle of Britain. Today, nearly 1.5 billion people speak it, including 480 million native English speakers. That's 20 percent of the world! As the world's most commonly spoken language, English is also considered the official language of international business.

El inglés se compone de muchos idiomas, incluidos el latín, el alemán y el francés.
English is made up of many languages, including Latin, German, and French.

Por otro lado, el mandarín es la lengua oficial en China, Singapore, Taiwan, extensamente hablado en Malaysia.

De las 297 lenguas habladas en China, el mandarín es el más extendido con 1,3 billones de hablantes. Existe un gran debate sobre si esta lengua está sobrepasando al inglés, pero como no mucha gente del exterior de Asia lo habla, los expertos no lo ven factible.
Of all the 297 living languages spoken in China, Mandarin Chinese is by far the most common, with 1.3 billion speakers. There is much debate about Mandarin eventually surpassing English to become the language of international business, but as most people outside of Asia do not have a basic understanding of Mandarin, experts do not predict this will happen.

El español es hablado por 661 millones de personas, es la lengua oficial en Argentina, Bolivia, Chile, Colombia, Costa Rica, Cuba, Dominican Republic, Ecuador, El Salvador, Equatorial Guinea, Guatemala, Honduras, Mexico, Nicaragua, Panama, Paraguay, Peru, Sahrawi Arab Democratic Republic, Spain, Uruguay, Venezuela, Andorra, Belize y extensamente hablado en Philippines, United States.

La lengua española se extendió rápidamente por el mundo ya que se realizaron conquistas para descubrir nuevas tierras.
The Spanish language extended its reach quickly around the world as conquests were made to discover new lands.

Recuerda que, en inglés, los nombres correspondientes a las lenguas y nacionalidades se inician siempre con mayúscula ***(Capital Letters).***

En otro orden de ideas, hoy en día, todos hacemos uso de la información, ordenadores y nuevas tecnologías a diario. Se dice que vivimos en la *Era de la Información* ***(The Information Age).*** Toda la información se mueve a través de las nuevas tecnologías, fuerza muy poderosa en el mundo de los negocios que afecta a nuestras vidas.

El término para ello en inglés es ***"Information and Communication Technology (ICT)",*** y se refiere al uso de los ordenadores e internet para almacenar, recuperar, transmitir y manipular la información, normalmente en un contexto de negocios o empresarial.
It is the application of computers and internet to store, retrieve, transmit, and manipulate information, often in the context of a business or other enterprise.

Veamos una lista de vocabulario en relación con este punto de la información y la comunicación.

- **Aplicación** ***(application)***. *Applications software (also called end-user programs) include database programs, word processors, spreadsheets, and multimedia programs.*

- **Blog** ***(blog).*** *Also called weblog. A website that displays in chronological order the postings by one or more individuals and usually has links to comments on specific postings.*

- **CPU** ***(abbreviation of Central Processing Unit).*** *This is the brains of the computer. This unit directs the computer's activities. Every instruction given by the operator must first pass through the CPU before it can be carried out.*

- **Escritorio** ***(desktop).*** *It's a metaphor to denote file systems on the computer's home screen. The background image of a display screen, on which windows, icons, and other graphical items appear.*

- **Disco duro** ***(hard drive).*** *A hardware device that reads data stored on hard disks. It is also called hard disk drive.*

- **Descargar** ***(download)***. *The process of transferring software/information from a server to a computer (the opposite is upload).*

- **FAQ, Preguntas y Respuestas Frecuentes** ***(FAQ, Frequently Asked Questions).*** *A list of questions and answers that are often asked by beginners to help them use a computer, an application or a website.*

- **Archivo** ***(file)***. *An aggregation of data on a storage device, identified by a name.*

- **Carpeta** ***(folder).*** *A virtual container in a computer's file system, in which files and other folders may be stored. The files and subfolders in a folder are usually related.*

- **HTML** ***(abbreviation of Hypertext Markup Language).*** *A computer language containing a set of tags and rules used in developing hypertext documents to be* *presented on web browsers, allowing incorporation of text, graphics, sound, video and hyperlinks.*

- **Internet** ***(internet).*** *Millions of computer networks that communicate together.*

- **Teclado** ***(keyboard).*** *A set of keys that allows you to type and enter information on the computer.*

- **Monitor** ***(monitor).*** *A device similar to a television set used as to give a graphical display of the output from a computer.*

- **Modem** ***(modem).*** *A device that encodes digital computer signals into analog/analogue telephone signals and vice versa and allows computers to communicate over a phone line.*

- **Ratón** ***(mouse).*** *An input device that is moved over a pad or other flat surface to produce a corresponding movement of a pointer on a graphical display.*

- **RAM** ***(Random Access Memory).*** *Computer memory that dynamically stores and retrieve program and data values during operation.*

- ***ROM*** ***(Read Only Memory).*** *A computer memory chip that stores values but does not allow updates, in which the values are nonvolatile in that they are retained even when the computer is unpowered.*

- **Servidor** ***(server).*** *A computer or a program which provides services to other programs or users.*

- ***URL*** ***(A Uniform Resource Locator).*** *The address of a web page, ftp site, audio stream or other Internet resource.*

- **Virus** ***(virus).*** *A program which can covertly transmit itself between computers via networks (especially the Internet) or removable storage such as CDs, USB drives, floppy disks, etc., often causing damage to systems and data.*

- **Página web** ***(website)***. *A set of interconnected web pages, usually including a homepage, generally located on the same server, and prepared and maintained as a collection of information by a person, group, or organization.*

- **WWW** ***(World Wide Web).*** *Collectively, all of the web pages on the Internet which hyperlink to each other and to other kinds of documents and media.*

1.12. Ciencia y tecnología: telefonía, internet (acciones, objetos y conceptos, comunicación)

El inglés es la lengua universal para comunicarse en el campo de la ciencia *(science)*. Aunque es común que cada país publique sus investigaciones en su lengua materna *(mother tongue)*, pero el inglés es actualmente la mejor forma de compartir los resultados y descubrimientos realizados por los científicos *(scientists)* de otras partes del mundo.

Existen muchos beneficios al usar una lengua universal *(universal language)*, ya que se puede acceder a los resultados de una manera muy amplia; pero para ello es necesario un conocimiento de la lengua por parte de todos.

Esta era *(computer age)* está caracterizada por el desarrollo, aplicaciones y las consecuencias sociopolíticas de la tecnología de los ordenadores. También existe una obsesión por las tecnologías que crean dependencia conocida como ***"computer addiction"***.

Veamos las definiciones de estas dos disciplinas para poder relacionar mejor todo el vocabulario.

- ***Technhology:***
  - *The application of science, especially to industrial or commercial objectives.*
  - *The scientific method and material used to achieve a commercial or industrial objective.*

- ***Science:***
  - *The observation, identification, description, experimental investigation, and theoretical explanation of phenomena.*
  - *Knowledge, especially knowledge that is gained through experience.*

Saber más

Existen unos sufijos comúnmente utilizados en el campo de la ciencia y la tecnología, por lo tanto, si somos capaces de reconocerlos en una palabra sabremos relacionar la palabra con el área correctamente.

***-OLOGY**. This suffix refers to the study of something. For example, "biology" is the study of organisms; "meteorology" is the study of weather patterns; "sociology" is the study of societies and so on.*
Sufijo que se refiere al estudio de algo.

***-ONOMY**. This suffix refers to a system of rules. It can also mean the body of knowledge on a particular subject. Some examples are "economy", the rules of money and money systems and "astronomy", the body of knowledge or laws behind space and the stars.*
Este sufijo se refiere a un sistema de reglas, también se refiere al conocimiento de la parte central de una asignatura.

El teléfono móvil, *mobile phone (UK)* o *cell phone (US),* es una herramienta muy importante para todos nosotros, los usamos a diario durante mucho tiempo y con ellos realizamos diferentes acciones.

Pic. 20. The mobile phone's use
Fig. 20. El uso del teléfono móvil

Cuando compramos un teléfono móvil debemos decidir si queremos un contrato *(contract)* con una serie de características o si preferimos un teléfono de prepago *(pay-as-you-go)* donde solo pagarás los servicios utilizados. La mayoría prefiere un teléfono inteligente *(smartphone)* que proporciona acceso a internet *(internet access).*

En la actualidad, utilizamos nuestro teléfono como cámara *(camera),* diario *(diarie),* alarma *(alarm clock),* navegador *(satnav)* y otras cosas al descargarnos aplicaciones *(download apps)* con un fin. La mayoría utilizamos una contraseña *(passcode)* por seguridad para desbloquear *(unlock)* el teléfono.

Podemos elegir nuestro tono de llamada *(ringtone),* cambiar los ajustes *(settings)* o subir o bajar el volumen *(volume).* Si queremos que no suene podemos ponerlo en silencio *(put it on silent)* o en vibración *(on vibrate).* Es importante recordar cargar *(charge)* el móvil cuando se quede sin batería *(out of charge)* y para ello usamos el cargador *(charger).*

Son muchas las acciones que podemos hacer con un teléfono, tablet u ordenador ***(phone, tablet and computer).*** Veamos los más comunes para entenderlas.

USEFUL VERBS **VERBOS ÚTILES**			
Tap an icon	Pinchar en un icono	***Turn down (volume/brightness)***	Bajar (volumen/brillo)
Double tap	Doble clic	***Plug (earphones/charger)***	Conectar (auriculares/cargador)
Swipe left	Deslizar hacia la izquierda	***Send***	Enviar
Swipe right	Deslizar hacia la derecha	***Post***	Publicar una entrada
Scroll up	Subir	***Reply***	Contestar
Scroll down	Bajar	***Browse***	Navegar
Turn on	Encender	***Edit***	Editar
Turn off	Apagar	***Make a call***	Hacer una llamada
Turn up (the volume/brightness)	Subir (volumen/brillo)	***Choose***	Elegir

Las partes de un ordenador son las siguientes.

- ***Desktop /*** Ordenador de sobre mesa.
- ***Laptop /*** Ordenador portátil.
- ***Hardware /*** Componentes físicos de una computadora.
- ***Software /*** Programa de computadora.
- ***Printer /*** Impresora.
- ***Scanner /*** Escáner.
- ***Mouse /*** Ratón.
- ***Headphones /*** Cascos.
- ***Speakers /*** Altavoces.
- ***Keyboard /*** Teclado.
- ***Microphone /*** Micrófono.
- ***Monitor /*** Monitor.
- ***Pc tower /*** Torre del ordenador.
- ***Screen /*** Pantalla.

Aunque como hemos visto anteriormente utilizamos el teléfono para muchas acciones, la principal al igual que la lengua es la comunicación, por ello vamos a prestar atención a las siguientes frases y expresiones más utilizadas.

- ***Making contact:***
    - *Hello/Good morning/Good afternoon.*
    - *This is __________ speaking*
    - *Could I speak to __________ please?*
    - *I'd like to speak to __________.*
    - *I'm trying to contact__________.*

- ***Giving more information:***
    - *I'm calling from Tokyo/Paris/New York/Sydney...*
    - *I'm calling on behalf of Mr. X...*

- ***Taking a call:***
    - *X speaking.*
    - *Can I help you?*

- ***Asking for a name or information:***
    - *Who's calling please?*
    - *Who's speaking?*
    - *Where are you calling from?*
    - *Are you sure you have the right number/name?*

- ***Asking the caller to wait:***
    - *Hold the line please.*
    - *Could you hold on please?*
    - *Just a moment please.*

- ***Connecting:***
    - *Thank you for holding.*
    - *The line's free now... I'll put you through.*
    - *I'll connect you now/I'm connecting you now.*

- ***Giving negative information:***
    - *I'm afraid the line's engaged. Could you call back later?*
    - *I'm afraid she's in a meeting at the moment.*
    - *I'm sorry. He's out of the office today.*
    - *He/she isn't in at the moment.*
    - *I'm afraid we don't have a Mr./Mrs./Ms./Miss. _____ here.*
    - *I'm sorry. There's nobody here by that name.*
    - *Sorry. I think you've dialled the wrong number.*
    - *I'm afraid you've got the wrong number.*

- ***Telephone problems:***
    - *The line is very bad... Could you speak up please?*
    - *Could you repeat that please?*
    - *I'm afraid I can't hear you.*
    - *Sorry. I didn't catch that. Could you say that again please?*

- ***Leaving or taking a message:***
    - *Can I leave/take a message?*
    - *Would you like to leave a message?*

- *Could you give him/her a message?*
- *Could you ask him/her to call me back?*
- *Could you tell him/her that I called?*
- *Could you give me your name please?*
- *Could you spell that please?*
- *What's your number please?*
- *Where can he/she reach you?*
- *When can he contact you?*
- *Could you make sure he/she gets my message please?*

Cuando nos comunicamos a través del teléfono móvil utilizamos un lenguaje informal lleno de contracciones ***(contractions)*** y abreviaturas ***(abbreviations).*** Conocerlos hará que podamos usarlos y hacernos entender, además de tener un mayor conocimiento de la comunicación.

- ***POS*** *(Parent Over Shoulder)* / Tener a los padres encima.
- ***LOL*** *(Laugh Out Loud)* / Reírse de forma notoria.
- ***BRB*** *(Be Right Back)* / Vuelvo enseguida.
- ***TYVM*** *(Thank You Very Much)* / Muchas gracias.
- ***BCNU*** *(Be Seeing You)* / Adiós.
- ***ASAP*** *(As Soon As Possible)* / Tan pronto como sea posible.
- ***OIC*** *(Oh I See)* / Te entiendo.
- ***TTFN*** *(Ta Ta For Now)* / Hasta luego.
- ***BFFL*** *(Best Friends For Life)* / Mejores amigos/as para siempre.

1.13. Clima, condiciones atmosféricas y medio ambiente: estaciones, temperatura, fenómenos atmosféricos más comunes

Para terminar este primer apartado de vocabulario, vamos a profundizar sobre uno de los temas más comunes y del que se habla a diario; el tiempo. Precisamente, los ingleses son conocidos por sus frecuentes conversaciones sobre el clima, por lo que puede ser un buen inicio para romper el hielo con cualquier nativo. Empezaremos por ver vocabulario referente al clima ***(climate).***

El clima es la media de condiciones climatológicas en un lugar o región durante un largo período de tiempo, 30 años o más. Hay diferentes tipos de climas en la Tierra.

Climate is the average weather conditions in a place over a long period of time, 30 years or more. And as you probably already know, there are lots of different types of climates on Earth.

Los principales tipos de climas son:

- **Tropical.** En esta zona húmeda y calurosa, la media de temperaturas es superior a 18ºC durante todo el año y hay más de 59 pulgadas de lluvias cada año.

  Tropical. *In this hot and humid zone, the average temperatures are greater than 64°F (18°C) year-round and there is more than 59 inches of precipitation each year.*

- **Seco.** Estas zonas climáticas son secas porque la humedad se evapora muy rápidamente en el aire y hay pocas precipitaciones.

  Dry. *These climate zones are so dry because moisture is rapidly evaporated from the air and there is very little precipitation.*

- **Templado.** En esta zona, los veranos son normalmente templados y húmedos con lluvias y los veranos son suaves.

  Temperate. *In this zone, there are typically warm and humid summers with thunderstorms and mild winters.*

- **Continental.** Estas regiones tienen templados y fríos veranos y muy fríos inviernos. En invierno, esta zona puede tener nevadas, Fuertes vientos y temperaturas muy frías- a veces por debajo de -30ºC.

  Continental.*These regions have warm to cool summers and very cold winters. In the winter, this zone can experience snowstorms, strong winds, and very cold temperatures—sometimes falling below -22°F (-30°C).*

- **Polar.** En las zonas de clima polar, hace un frio extremo. Incluso en verano, las temperaturas nunca suben de 10ºC.
  Polar. *In the polar climate zones, it's extremely cold. Even in summer, the temperatures here never go higher than 50°F (10°C)!*

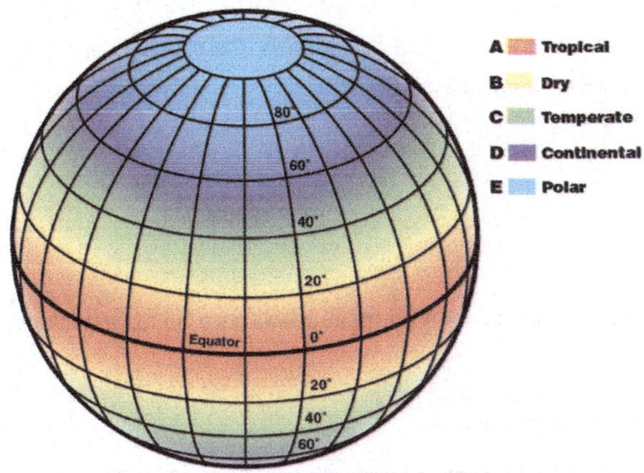

Pic. 21. Climate areas in the world
Fig. 21. Zonas climáticas en el mundo

En relación al clima y el tiempo meteorológico ***(weather)*** tenenos el apartado de las estaciones del año ***(seasons of the year).***

La estación es uno de los cuatro períodos del año que se caracterizan por condiciones particulares de clima, temperatura, etc.
Season is one of the four periods of the year which are characterized by particular conditions of weather, temperature, etc.

Hay cuatro estaciones en un año, estas son:

- **Verano** ***(summer).*** *The days are long and the nights are short. The weather is hot and dry. It is sunny. It takes place in June, July and August.*

- **Invierno** ***(winter).*** *The days are short and the nights are long. The weather is very cold and wet. It is snowy and rainy. It takes place in December, January and February.*

- **Primavera** ***(spring).*** *The days grow longer and the nights get shorter. The weather becomes warmer. It is often rainy. Leaves and plants start to grow. All the trees and plants are in green. Flowers appear everywhere. It takes place March, April and May.*

- **Otoño** ***(autumn, fall).*** *The days get shorter and the nights grow longer. The weather is cool. It is often windy. Leaves fall from the trees. It takes place in September, October and November.*

Importante

En inglés, los meses del año se escriben en mayúscula, pero no las estaciones del año, por ejemplo:

- *It has been very dry summer.*
- *He painted his house in January.*

Además, se usa la preposición ***IN*** tanto delante de los meses del año como de las estaciones, por ejemplo:

- *She likes swimming in summer.*
- *He loves to go to the beach in August.*

Para hablar correctamente del tiempo, debemos saber usar las siguientes estructuras y vocabulario.

WEATHER CONDITIONS **CONDICIONES CLIMÁTICAS**		***TEMPERATURES*** **TEMPERATURA**	
It's cloudy	Está nublado	***Below 0°C = very cold***	Por debajo de 0ºC = muy frío
There are clouds	Hay nubes	***0°C = freezing (point of water or melting point of ice)***	0ºC = congelado/a (punto de agua o punto de fusión del hielo)
It's raining	Está lloviendo	***0°C–10°C = cold***	0ºC-10ºC = frío
There are some showers	Hay lloviznas	***4°C = water has its smallest volume at this temperature***	4°C =el agua tiene su menor volumen a esta temperatura
It's windy	Hace viento	***10°C–15°C = cool***	10°C–15°C = fresco
It's foggy, there's fog	Hay niebla	***15°C–25°C = warm***	15°C–25°C = templado
It's snowing	Está nevando	***25°C = room temperature***	25°C = temperatura ambiente
There's snow on the ground	Hay nieve en el suelo	***25°C–35°C = hot***	25ºC-35ºC = calor
It's hailing	Está granizando	***Above 35°C = very hot***	Por encima de 35ºC = mucho calor
There's hail	Hay granizo	***37° = body temperature***	37° = temperatura corporal
It's drizzling	Está chispeando	***100°C = boiling point of water or condensation point of vapor***	100°C = punto de ebullición del agua o punto de condensación del vapor
It's stormy	Está tormentoso		
There's lightning	Hay relámpagos		
There's thunderstorm	Hay tormenta		

Cuando queremos preguntar por el tiempo debemos incluir la preposición ***LIKE*** usada también cuando queremos saber cómo es algo (o alguien). Por tanto, la estructura de la pregunta sería: ***What is the weather like today?***

No obstante, también está la opción de hacer una pregunta corta, donde la respuesta solo será sí o no: ***Is it ________ today?***

Para expresar qué tiempo hace existen varias opciones:

- Decir solo el nombre correspondiente a dicho tiempo meteorológico: ***The + name.***
- Usar la expresión ***It is + adjective*** para describir que tiempo hace.
- Usar ***It is + verb -ing*** para expresar lo que está haciendo justo ahora.

- *The rain (noun).*
- *It is rainy (adjective).*
- *What is happening now? It is raining (verb).*

Anotación

Debemos recordar que existen varias medidas para las temperaturas:

- ***Celsius (°C).*** *Also called Centigrade, is a temperature scale in which water freezes at zero degrees and boils at 100 degrees.*
- ***Fahrenheit (°F).*** *Is a temperature scale in which water freezes at 32 degrees and boils at 212 degrees.*
- ***Kelvin (°K).*** *Is a temperature scale in which water freezes at 273 degrees and boils at 373 degrees.*

Por otro lado, los fenómenos atmosféricos son menos utilizados en el vocabulario diario, pero sí que están presentes en las noticias y, por tanto, debemos aprenderlos.

Flood	Inundación
Drought	Sequía
Famine	Escasez
Earthquake	Terremoto
Tsunami	Tsunami
Blizzard	Ventisca
Squall	Borrasca
Mudslide	Alud
Avalanche	Avalancha
Volcanic eruption	Erupción volcánica
Typhoon	Tifón
Monsoon	Monzón
Tornado	Tornado
Hurricane	Huracán
Cyclone	Ciclón

Para finalizar, aprendamos algunas expresiones que harán que nuestro de nivel de inglés sea mejor.

- *To be wet through/soaking wet through.*
  Estar empapado, hecho una sopa.
- *To be drenched to the skin.*
  Estar calado hasta los huesos.
- *Pelting rain.*
  Chaparrón.
- *It's brass monkey weather.*
  Hace un frío que pela.
- *There's a nip in the air.*
  Hace un viento que corta la cara.
- *It's parky.*
  Hace un frío polar.
- *It's raining cats and dogs.*
  Llueve muchísimo.
- *It's pissing (it) down.*
  Llueve a base de bien.
- *It's coming down in buckets.*
  Está lloviendo a cántaros.

- *It's a scorcher!*
  ¡Qué calorazo!

2. Verbos con partícula de uso muy frecuente (turn on/off)

En este segundo epígrafe vamos a prestar especial atención a uno de los aspectos gramaticales más importantes del inglés y que además presenta una mayor dificultad para su aprendizaje. Se trata de los verbos frasales, en inglés, ***phrasal verbs.***

Estos verbos son verbos formados por una preposición o adverbio (partícula) y de esta forma el significado del verbo varía. Este tipo de verbos son muy comunes en conversaciones y su manejo demuestran un buen manejo de la lengua inglesa.

Vamos a concentrarnos en un número no muy elevado de ellos para poder retenerlos y usarlos de manera correcta.

PHRASAL VERB **VERBO FRASAL**	***EXAMPLE*** **EJEMPLO**
Be about to. *To be going to happen or do something very soon* Estar a punto de suceder o hacer algo muy pronto	*When we arrived the ceremony was about to begin*
Be out. *To lack or be short of something* Quedarse sin	*We are out of onions for supper! Can you go to the shop and get some?*
Be over. *To be ended, finished* Finalizarse, acabarse	*In two hours the exam will be over, and we will finally get some rest*
Blow up. *To explode* Estallar	*The police arrived before the bomb blew up, and no one was hurt*
Break down. *To stop working* Dejar de funcionar, averiarse	*The car broke down only 20km away from their destination*
Carry on. *To continue* Continuar	*Please, carry on working on your essays*
Carry out. *To perform, to complete a task* Llevar a cabo	*The hospital is carrying out tests to find out what's wrong with her*
Come back. *To return* Regresar	*We decided to come back to Scotland for another holiday*

Come in. *To enter* Entrar	*Everyone turned their eyes towards her as she came in the room*
Come up. *To occur, to happen unexpectedly* Surgir	*A problema came up and I had to stay at work until late*
Find out. *To discover, to learn a fact* Averiguar, descubrir	*He was fired after his company found out the truth about his sick leave*
Get off. *To leave a bus, plane, or train* Bajarse de un vehículo	*Remember to take all your personal items before you get off the bus*
Get on. *To get into a bus, plane, or train* Subirse a un vehículo	*I turned off my mobile phone before I got on the plane*
Get up. *To get out of bed after sleeping* Levantarse	*What time do you usually get up in the morning?*
Look after. *To take care of someone or something and make certain that they have everything they need* Cuidar de alguien o algo y asegurarse de que tengan todo lo que necesitan	*It's hardwork looking after three children all day*
Look for. *To search for someone or something* Buscar a alguien o algo	*I'm looking for Jim. Have you seen him?*
Turn on. *To switch* Encender	*Please can you turn on the TV to watch my favourite series*
Turn off. *To put off* Apagar	*My sister turned her laptop off after a busy afternoon*

3. Falsos amigos de uso frecuente (large, honest)

Otro grupo de palabras al que debemos prestarle una especial atención son los llamados "falsos amigos", en inglés ***false friends.*** Se trata de palabras que por su apariencia y similitud con el español pensamos que su significado va a ser el mismo, pero no lo es y por ello debemos hacer hincapié en su memorización.

FALSE FRIEND **FALSO AMIGO**	***EXAMPLE*** **EJEMPLO**
Library **(biblioteca)** ***Bookshop*** **(librería)**	*I went to buy a book at the bookshop while my brother reserved the same one at the library* Fui a comprar un libro a la librería mientras mi hermano reservaba el mismo en la biblioteca
Gang **(pandilla)** ***Bargain*** **(ganga)**	*I bought several bargains when I went to the shopping centre with my gang* Compré varias gangas cuando fui al centro comercial con mi pandilla
Lecture **(charla, conferencia)** ***Reading*** **(lectura)**	*The professor gave a lecture and then sent a reading as homework* El profesor dio una conferencia y luego envió una lectura como tarea
Record **(grabar)** ***Remember*** **(recordar)**	*I remember when I wanted to record your performance* Recuerdo cuando quise grabar tu actuación
Card **(tarjeta)** ***Letter*** **(carta)**	*I received a gift card and a letter for my birthday* Recibí una tarjeta de regalo y una carta por mi cumpleaños
Sensible **(sensato)** ***Sensitive*** **(sensible)**	*My brother´s babysitter is very sensible, and she is sensitive to the children's needs* La niñera de mi hermano es muy sensata y sensible con las necesidades de los niños
Rope **(cuerda)** ***Clothes*** **(ropa)**	*I can use a rope to hang these clothes* Puedo usar una cuerda para colgar esta ropa
Vase **(florero, jarrón)** ***Glass*** **(vaso)**	*I haven´t got a vase so I used a glass instead to put the flowers in* No tengo un jarrón, así que usaré un vaso para poner las flores
Large **(grande)** ***Long*** **(largo)**	*My father couldn´t find a large and long board* Mi padre no pudo encontrar una tabla grande y larga
Exit **(salida)** ***Success*** **(éxito)**	*My success was to find the correct exit in a record time* Mi éxito fue encontrar la salida correcta en un tiempo récord
College **(universidad)** ***School*** **(colegio)**	*I went to the school, then to high school and now I´m going to start college* Fui a la escuela, luego a la secundaria y ahora voy a entrar a la universidad
Realise **(darse cuenta)** ***Carry out, perform or achieve*** **(realizar)**	*He realized he can achieve what he wants if he make an effort* Se dio cuenta de que puede lograr lo que quiere si se esfuerza

Escucha en el siguiente audio la pronunciación de los *false friends* estudiados anteriormente.

4. Ampliación formación de palabras mediante afijos

Un área importante dentro del estudio del inglés es la formación de palabras ***(word formation),*** ya que con ella enriquecemos nuestro vocabulario y podemos entender palabras que es posible no hayamos visto antes, pero de las cuales podemos ser capaces de reconocer la raíz ***(root).*** Además, nos ayuda a clasificar las palabras según su función gramatical o tipo.

Analicemos el siguiente ejemplo.

Tenemos el siguiente grupo de palabras en inglés:

- **VERBO:** *Create.*
- **NOMBRE:** *Creation.*
- **ADJECTIVO:** *Creative.*
- **ADVERBIO:** *Creatively.*

De esta familia de palabras, podemos extraer como reglas que las palabras terminadas en *-ation* son nombres, en *-ive* son adjetivos y en *-ly* son adverbios.

Por tanto, si nos encontramos con alguna palabra con estas terminaciones podremos identificar más fácilmente qué tipo de palabra es y podremos a su vez interpretar el significado si conocemos la raíz.

Una vez entendido este primer ejemplo, clasifiquemos los afijos en prefijos ***(prefixes)*** y sufijos ***(suffixes).*** Ambos son elementos gramaticales que modifican el significado del término al que acompañan. Los prefijos se ubican inmediatamente antes de la palabra que se va a modificar (raíz) y los sufijos se ubican inmediatamente después de la raíz.

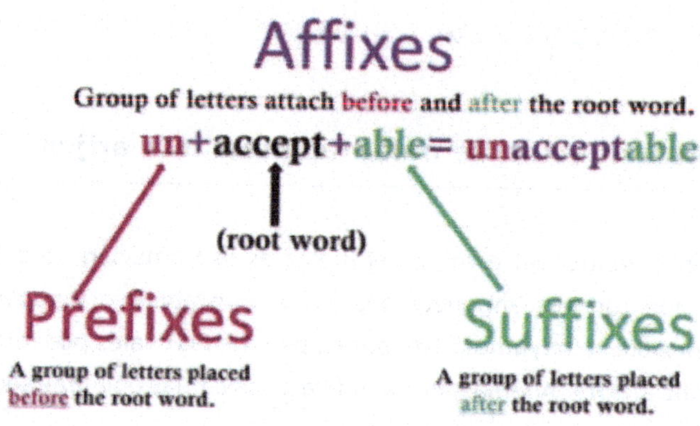

Pic. 22. Affixes classification

Fig. 22. Clasificación de los afijos

Los **prefijos** que principalmente debemos aprender, ya que son los más comunes, son los que indican un significado negativo ***(negative meaning)*** u opuesto ***(opposite meaning).*** Estos prefijos se añaden a palabras del tipo nombres, verbos, adjetivos y adverbios.

PREFIXE **PREFIJO**	*EXAMPLES* **EJEMPLOS**
UN-	*Happy – Unhappy* Feliz - Infeliz
IM-	*Possible – Impossible* Posible - Imposible
DIS-	*Able – Disable* Capaz - Incapaz
IR-	*Regular – Irregular* Regular - Irregular
IL-	*Legal – Illegal* Legal – Ilegal
IN-	*Convenient -Incovenient* Conveniente - Inconveniente

Los **sufijos** se usan mucho más que los prefijos y ayudan a clasificar el tipo de palabra. Vamos a hacer una pequeña clasificación de los más usados dependiendo del tipo de palabra. Hay una larga lista, pero lo más utilizados son:

SUFIXE **SUFIJO**	***EXAMPLES*** **EJEMPLOS**
-MENT	• *Management* / Manejo • *Arrangement* / Cita • *Development* / Desarrollo
-ISM	• *Racism* / Racismo • *Communism* / Comunismo
-NESS	• *Happiness* / Felicidad • *Sadness* / Tristeza
-SHIP	• *Friendship* / Amistad • *Relationship* / Relación • *Membership* / Afiliación
-ER, -OR	• *Director* / Director • *Teacher* / Profesor • *Driver* / Conductor
-TION	• *Communication* / Comunicación • *Education* / Educación • *Translation* / Traducción

La lista para los verbos es más pequeña, pero aun así podemos identificar algunos:

SUFIXE **SUFIJO**	***EXAMPLES*** **EJEMPLOS**
-ATE	• *Create* / Crear • *Activate* / Activar
-IFY	• *Verify* / Verificar • *Solidify* / Solidificar
-ISE, -IZE	• *Authorize* / Autorizar • *Categorise* / Categorizar
-EN	• *Strengthen* / Fortalecer • *Lengthen* / Alargar

Los adjetivos son fáciles de reconocer a través de los sufijos, siendo los más usados:

SUFIXE **SUFIJO**	*EXAMPLES* **EJEMPLOS**
-ABLE	• *Reliable /* Fiable • *Capable /* Capaz
-AL	• *Accidental /* Accidental • *Universal /* Universal
-FUL	• *Useful /* Útil • *Wonderful /* Maravilloso
-OUS, -IOUS	• *Dangerous /* Peligroso • *Nervous /* Nervioso
-IVE	• *Creative /* Creativo • *Sensitive /* Sensible

Por último, destacar que el sufijo utilizado para transformar un adjetivo en adverbio es ***-LY***. Por ejemplo, *quick - quickly* (rápidamente), *careful - carefully* (cuidadosamente).

Resumen

El vocabulario inglés es muy amplio y en esta unidad hemos hecho un repaso de los temas más importantes y del vocabulario más utilizado en cada uno de ellos, hemos estudiado las reglas más importantes a tener en cuenta, así como las excepciones que están siempre presentes.

Conocer los términos más usados nos ayuda a comunicarnos, a entender lo que nos escuchemos y a expresarnos, de ahí la importancia de hacer uso de dicho vocabulario, para ser capaces de transmitir mensajes, ya sean escritos o hablados.

Con estos términos tenemos la posibilidad de utilizar un registro formal e informal, básico pero cuidado, en lengua estándar y reconocer algunas expresiones coloquiales de uso frecuente, así como referencias culturales elementales relacionadas con la vida cotidiana.

El conocimiento de la escritura correcta del vocabulario estudiado nos capacita para escribir notas, mensajes breves, así como mensajes rutinarios de carácter social, adecuados a la situación de comunicación, utilizando una organización y cohesión elemental, así como un registro neutro.

Glosario

Afijo

Partícula que se une a una palabra o a una base para formar palabras derivadas. Puede aparecer al principio, en medio o al final de la palabra.

Capital letter

Letra mayúscula, conocida simplemente como mayúscula, es aquella que se diferencia de la minúscula por tener mayor tamaño. Las mayúsculas se emplean al principio de una oración, después de un punto y como letra inicial en un nombre propio.

Check in

El registro es el proceso mediante el cual un recepcionista asienta la llegada de un cliente a un hotel, estación de alta velocidad, aeropuerto o puerto. Recientemente, el término se ha extendido también a algunas redes sociales que permiten a un usuario comunicar dónde se encuentra en un momento determinado al resto de usuarios de la red.

Connecting train

Tren que te lleva hasta la estación a coger otro tren que te llevará al destino deseado.

Dial

Acción de marcar, en este caso, los números de teléfono.

Hold

Acción de mantener o hacer que una cosa continúe en determinado estado, situación o funcionamiento. Utilizado para la expresión de "manténgase a la espera".

Knowledge

Es el conocimiento de hechos o información adquiridos por una persona a través de la experiencia o la educación, la comprensión teórica o práctica de un asunto referente a la realidad. Lo que se adquiere como contenido intelectual relativo a un campo determinado o a la totalidad del universo.

Marital status

Estado civil es la situación estable o permanente en la que se encuentra una persona física en relación con sus circunstancias personales y con la legislación, y que va a determinar la capacidad de obrar y los efectos jurídicos que posee cada individuo. Por lo tanto, el estado civil puede contener los siguientes aspectos relacionados con la vida de una persona: nacimiento y defunción, filiación y matrimonio, nombre y apellidos, emancipación y edad, la nacionalidad y la vecindad, patria potestad y tutela, entre otras.

Minifundio

Trozo de terreno o propiedad agrícola de pequeña extensión que resulta poco rentable porque no puede dar el fruto suficiente para pagar el trabajo que exige su explotación.

Verbos frasales

Verbos compuestos por dos o más palabras, normalmente una preposición o adverbio, que cambia completamente el significado de dicho verbo solo.

Actividades

Listening activity

Listen to a conversation in a tourist information centre. Choose the correct option.

Archivo: **Listening-U. A. 1.**

1. Where's the Queen's Theatre?

a. It's next to the cinema.
b. It´s behind Market´s Street
c. It´s opposite the cinema.

2. Where's the City Museum?

a. It's near the station.
b. It´s in Station Road.
c. In the park.

3. When is the museum open?

a. From 9.00 to 6.30.
b. From 9.30 to 6.00.
c. From 9.00 to 6.00.

4. When is the museum closed?

a. On Mondays.
b. On Sundays.
c. On Saturdays.

5. How much is a walking tour?

a. £12 per person.
b. £11 per person.
c. £10 per person.

Speaking activity

Answer the following questions:

- What´s your favourite free- time activity?
- What do you normally do at weekends?
- Do you prefer to spend time with friends? Family? On your own?
- What´s your favourite TV programme? Why?
- Do you practise any sport? Which one, where and when?

Reading activity

Read the following text and choose the correct answer for each question.

My name´s Ricardo and I 'm from Cuzco in Peru. I'm married and my wife´s name is Cecilia. We live in a very nice flat in the centre of the city. I work for a car company but I don´t have a new car. My car is nine years old! We have two sons, Carlos and Diego but we don´t have a daughter. Carlos and Diego study English at school, they´re very good. They like football, rock music and Chinese food, but they don´t like homework.

1. Where is Ricardo from?

a. Perú.
b. Colombia.
c. Ecuador.

2. Is he single?

a. Yes, he is.
b. He isn´t married.
c. No, he isn´t.

3. How old is his car?

a. It´s seven years old.
b. It´s nine years old.
c. It´s eight years old.

4. What do Carlos and Diego like?

a. Football, pop music and Chinese food.
b. Football, rock music and Italian food.
c. Football, rock music and Chinese food.

Writing activity

Read this topic and write your answer using at least 80 words.

You have just moved to a new house, write a letter to your friend including where your new house is, how it is and which new furniture you have.

Ejercicios de autoevaluación

1. ¿Dónde se puede comprar "bread"?

a. Butcher.
b. Bakery.
c. Newsagent.
d. Kindergarten.

2. ¿Qué palabra se define como "the area of land that borders the sea"?

a. Forest.
b. Cottage.
c. Hill.
d. Coast.

3. ¿Cuál de los siguientes deportes se utiliza con el verbo "do"?

a. Gymnastics.
b. Horse-riding.
c. Swimming.
d. Golf.

4. ¿Qué palabra se define como "my mother's brother"?

a. Cousin.
b. Aunt.
c. Uncle.
d. Niece.

5. ¿Qué opción se corresponde con calzado?

a. Gloves.
b. Underwear.
c. Trainers.
d. Tracksuit.

6. ¿Cuál de los siguientes ingredientes no es una fruta?

a. Peas.
b. Plums.
c. Grapes.
d. Watermelon.

7. ¿Cuál es la finalidad de "headphones"?

a. To print.
b. To watch.
c. To listen to.
d. To write.

8. ¿Cuál de las siguientes expresiones no es correcta?

a. It´s sun.
b. It´s snowing.
c. It´s raining.
d. There are clouds in the sky.

9. ¿Cuál de los siguientes "phrasal verbs" tiene el significado de cuidar?

a. Look for.
b. Look after.
c. Get up.
d. Turn off.

10. ¿Cuál de estos sufijos se utiliza para la formación de adjetivos?

a. -ment.
b. -en.
c. -ly.
d. -ous.

U. A. 1. Contenidos léxico-semánticos

U. A. 2. Contenidos gramaticales

Introducción

En esta unidad de aprendizaje trataremos todo lo referente a los contenidos gramaticales correspondiente al nivel A2. Haremos un estudio de todos los tipos de palabra en detalle para poder expresarnos correctamente y al mismo tiempo entender los mensajes transmitidos por otras personas.

Como hemos ido viendo en la unidad anterior, la gramática es otra destreza importante dentro del aprendizaje del idioma.

Objetivos

Comprensión oral

- Extraer la información esencial, los puntos principales e información específica de textos orales breves, de estructura sencilla y léxico de uso frecuente, sobre asuntos cotidianos, transmitidos de viva voz o por medios técnicos, articulados con claridad a una velocidad lenta, en un registro formal o neutro, en contextos no interactivos.
- Comprender mensajes breves, claros y sencillos, en lengua estándar, dentro de un contexto conversacional y sobre asuntos y aspectos conocidos, en un grado que permita satisfacer las necesidades básicas e identificar el tema, los puntos principales y las intenciones comunicativas, así como el registro formal o informal, con posibilidad de solicitar repeticiones o aclaraciones.

Expresión e interacción oral

- Realizar intervenciones breves y sencillas, comprensibles, adecuadas y coherentes, relacionadas con sus intereses y con las necesidades de comunicación más inmediatas previstas en el programa, en un registro neutro, todavía con pausas e interrupciones, con un repertorio y control limitado de los recursos lingüísticos y con el apoyo de comunicación gestual.
- Participar en conversaciones relacionadas con las situaciones de comunicación más habituales, previstas en el programa, de forma sencilla pero adecuada, reaccionando y cooperando, siempre que su interlocutor también coopere, hable despacio, con claridad y se puedan solicitar aclaraciones.

Comprensión escrita

- Extraer el sentido general, los puntos principales e información específica de textos escritos breves, de estructura sencilla y léxico de uso frecuente, en un registro formal o neutro, sobre asuntos cotidianos, pudiendo releer cuando lo necesite.

- Localizar e identificar información específica y relevante en material publicitario, divulgativo, de consulta, etc. así como comprender instrucciones de uso sencillas sobre aspectos de ámbito común.
- Identificar el sentido general e información relevante de textos descriptivos, explicativos y argumentativos, escritos con claridad y bien organizados, en los que se utilicen estructuras sencillas.

Expresión e interacción escrita

- Escribir textos sencillos, relativos a aspectos cotidianos concretos, adecuados a la situación de comunicación, con una organización y cohesión básicas, en un registro neutro y con un control limitado de los recursos lingüísticos.
- Comprender y escribir notas, cartas y mensajes sencillos, así como mensajes rutinarios de carácter social, adecuados a la situación de comunicación, con una organización y cohesión básicas, utilizando un registro neutro y con un repertorio y control limitado de los recursos, mostrando una actitud positiva y respetuosa hacia las opiniones y los rasgos culturales distintos de los propios.

1. Oración

Una oración es un grupo de palabras que se dice o, como en este caso, se escribe. Las oraciones siempre inician con una mayúscula y usualmente, terminan con un punto. Esto no significa que todo lo que comienza con una mayúscula y finaliza con un punto sea una oración.

Las oraciones deben tener al menos tres partes:

- **Subject / Sujeto.** Es la persona u objeto principal de la oración. Puede ser la persona u objeto que realiza o sobre quien recae la acción de la oración. Regularmente es un pronombre personal, un nombre propio o un sustantivo.
- **Predicate / Predicado.** El predicado te dice qué está haciendo el sujeto o cómo es este. Está formado por el verbo y el complemento de la oración.
- **Verb / Verbo.** Es la acción de la oración. El verbo en una oración puede participar de dos formas: /verbo principal *(principal verb)* y verbo auxiliar *(auxiliary verb).*
- **Complements / Complementos.** El complemento es el contenido restante de la oración fuera del sujeto y el verbo. Puede conformarse por adverbios, adjetivos, preposiciones o nombres, dependiendo del tipo de oración y el sentido que esta tenga dentro de un discurso.

1.1. Orden de los elementos: posición final de los complementos circunstanciales

El orden es primordial para expresarnos correctamente en inglés, a diferencia del español, en inglés cada palabra ocupa un lugar y siempre debe ser ese, teniendo en cuenta sus excepciones. Vamos a analizar la oración que aparece en la siguiente imagen.

Subject Predicate

Ned and I aren't talking anymore.

Subject + Subject + Verb + Verb + Complement

(Ned y yo ya no hablamos.)

Pic. 1. Simple sentence
Fig. 1. Oración simple

Se trata de una oración simple *(simple sentence)* donde el sujeto está formado por un nombre propio y un pronombre seguido del predicado formado por el verbo auxiliar *TO BE* seguido de otro verbo en gerundio y los complementos. Este es el orden que siempre seguiremos en inglés, introduciendo más complementos según lo que queremos expresar, pero incluyendo siempre un sujeto.

En lo que al predicado se refiere siempre va encabezado por el verbo seguido de complemento indirecto *(indirect object),* complemento directo *(direct object),* y complementos circunstanciales *(adverbial object)* que pueden ser de diferentes tipos y pueden o no aparecer en la oración. En caso de que no hay complemento indirecto, el verbo va seguido del complemento directo.

Analicemos en detalle cada uno de estos complementos.

***Direct object** is a persono r thing that is affected by the action of the verb. You could say that the direct object "receives the action of the verb."*
El complemento directo es una persona o cosa que se ve afectada por la acción del verbo. Se podría decir que el objeto directo "recibe la acción del verbo".

- *He broke the window /* Rompió la ventana.
- *Tim fixed the computer yesterday /* Tim arregló ayer el ordenador.

Indirect object *is a person or thing that the action is done: TO or FOR. The indirect object usually comes just before the direct object. You could also say that the indirect object is the "receiver of the direct object".*

El complemento indirecto es una persona o cosa para la que se realiza la acción: *TO* o *FOR.* El objeto indirecto suele ir justo antes del objeto directo. También se podría decir que el objeto indirecto es el "receptor del objeto directo".

- *He gave his mother flowers /* Le regaló flores a su madre.
- *He bake his family some cookies /* Horneó algunas galletas a su familia.

In adverbial object, *adverbials are words that we use to give more information about a verb. They can be one word (angrily, here) or phrases (at home, in a few hours) and often say how, where, when or how often something happens or is done, though they can also have other uses. The position of adverbials in English is after the verb if there is no other object in the sentence.*

El **complemento circunstancial** son palabras que usamos para dar más información sobre un verbo. Pueden ser una sola palabra (enojado, aquí) o frases (en casa, en unas horas) y suelen decir cómo, dónde, cuándo o cada cuánto pasa o se hace algo, aunque también pueden tener otros usos. La posición de los complementos circunstanciales en inglés es detrás del verbo si no hay otro complemento en la oración.

- *He spoke angrily /* Habló enojado.
- *He will go in a few minutes /* Iremos en unos minutos.

If there is another object in the sentence, the adverbial goes after it.

Si en la oración hay otro objeto, el complemento circunstancial va detrás de este.

- *He opened the door quietly* / Abrió la puerta en silencio.
- *She left the money on the table* / Dejó el dinero sobre la mesa.
- *We saw our friends last night* / Vimos a nuestras amigas anoche.
- *You are looking tired tonight* / Te ves cansada esta noche.

If we want to emphasize we 166ill166t at the beginning of the sentence.

Si queremos enfatizar lo ponemos al principio de la oración.

- *Last night we saw our friends* / Anoche vimos a nuestras amigas.
- *In a few minutes we will go* / En unos minutos iremos.
- *Very quietly he opened the door* / Muy silenciosamente abrió la puerta.

Los complementos circunstanciales hacen la función de un adverbio, de ahí su nombre, pero no siempre están formados por un adverbio, pueden ser un conjunto de palabras o construcciones (como el gerundio) que pueden tener la misma función que el adverbio. Indican lugar, tiempo, modo, probabilidad, etc.

Dentro de los complementos circunstanciales podemos diferenciar:

- **Complemento circunstancia de modo.** Son normalmente adverbios, es decir, palabras que terminan en -ly. Por ejemplo: *bad-badly, quiet-quietly, sudden-suddenly...* Aunque también existen excepciones, por ejemplo: *good-well.*

- **Complemento circunstancial de lugar.** La mayoría de estos complementos son sintagmas preposicionales del tipo, por ejemplo: *in France, next to me, inside...* Utilizamos los complementos circunstanciales de lugar para describir:

- Localización. Utilizamos este complemento para decir donde está algo o alguien. Por ejemplo: *He was standing by the table /* Estaba de pie junto a la mesa.
- Dirección. Para expresar en qué dirección alguien o algo se está moviendo. Por ejemplo: *Walk past the bank and keep going to the end of the Street /* Pasa el banco y sigue hasta el final de la calle.
- Distancia. Se utiliza para indicar a qué distancia está algo o alguien. Por ejemplo: *Birmingham is 250 kilometres from London /* Birmingham está a 250 kilómetros de Londres.

1.2. Oraciones exclamativas. Interjecciones más usuales

Las exclamaciones *(exclamations)* son una manera de enfatizar. Para enfatizar un sustantivo se utiliza *WHAT* y el signo de admiración final:

- *What a beauty! /* ¡Qué belleza!
- *What a beautiful landscape! /* ¡Qué bello paisaje!
- *What a cold day! /* ¡Qué día tan frío!

Para enfatizar un adjetivo o adverbio se utiliza *HOW* y el signo de admiración de cierre:

- *How fast he runs! /* ¡Qué rápido corre!
- *How fantastic! /* ¡Qué fantástico!
- *How well you swim! /* ¡Qué bien nadas!

A continuación, vamos a mencionar las **interjecciones** más comunes.

- **Para expresar alegría:**
  - ***Yeah!*** E.g. *Yeah! I got the job /* ¡Sí! Conseguí el trabajo.
  - ***Bingo!*** Se utiliza en cualquier circunstancia en que hay un golpe de suerte o se descubre algo. E.g. *I was looking everywhere for the perfect dress until, bingo! I found it in the new store /* Busqué por todas partes el vestido perfecto hasta que, ¡bingo!, lo encontré en el local nuevo.

- **Para hacer callar a alguien:**
  - ***Shh!*** E.g. *Shh, don't talk during the movie /* Shh, no hablen durante la película.

- **Para llamar la atención:**
  - ***Ahem***. E.g. *Ahem... excuse me, is this seat taken? /* Ejem... disculpe, ¿esta silla está ocupada?
  - ***Hey!*** E.g. *Hey! Michael! What a surprise to see you here /* ¡Oye! ¡Michael! Qué sorpresa verte aquí.

- **Para expresar enojo:**
  - ***Argh!*** E.g. *I will spend the whole summer in the city, argh! /* Pasaré todo el verano en la ciudad, ¡argh!

- **Para expresar indiferencia:**
  - ***Bah...*** E.g. *Bah, you will fail this test if you don't study /* Bah, suspenderás el examen si no estudias.
  - ***Meh****...* E.g. *Did you like the movie? Meh... /* ¿Te gustó la película? Me dio igual.

- **Para expresar duda o incredulidad:**
  - ***Eh?*** E.g. *Did you drop this? Eh? I asked if you dropped this /* ¿Se le cayó esto? ¿Eh? Le pregunté si se le cayó esto.

- **Para expresar dolor:**
  - ***Ouch!*** E.g. *Ouch! That hurts! /* ¡Auch! ¡Eso duele!
  - ***Ow!*** E.g. *Ow! He says he's not coming to the party /* ¡Oh! Dice que no viene a la fiesta.

- **Expresar sorpresa:**
  - ***Oh!*** E.g. *Oh! I didn't know you were here /* ¡Oh! No sabía que estabas aquí.
  - ***Wow!*** E.g. *Wow! That's a great car! /* ¡Wow! ¡Ese es un coche genial!

Pic. 2. Common Interjections
Fig. 2. Interjecciones más comunes

1.3. Oraciones de relativo especificativas (I know a lot of people that / who speak English)

Las oraciones de relativo *(relative sentences)* son unas oraciones en las que existe una cláusula que nos da información esencial para identificar a la persona o cosa de la que estamos hablando, en definitiva, para entender el significado de la frase.

Dicha información es sobre un sujeto y sin dicha información la frase no estaría completa. Estas reciben el nombre de *"defining relative clauses"* y no van separadas del resto de la oración por comas.

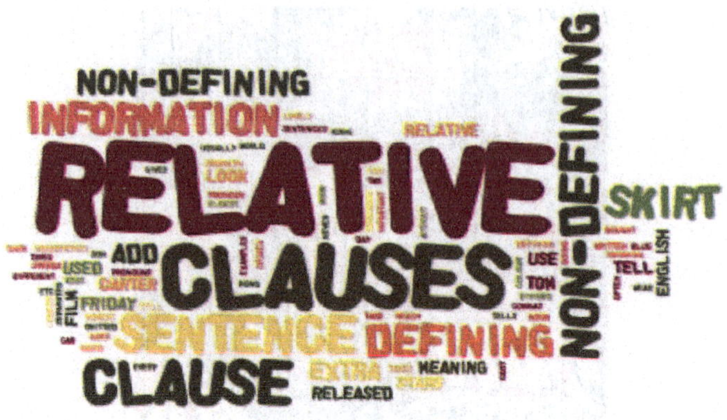

Pic. 3. Relative clauses
Fig. 3. Oraciones de relativo

Analicemos la siguiente oración: *"Dogs **that like cats** are very unusual"*. En esta oración entendemos que hay muchos perros en el mundo, pero solo nos estamos refiriendo a aquellos a los que les gustan los gatos. La proposición relativa especificativa nos ofrece dicha información. Si eliminamos esta proposición relativa, la oración principal seguiría siendo gramaticalmente correcta pero su significado habría cambiado de manera considerable.

Las *"defining relative clauses"* están compuestas por un pronombre relativo (que a veces se omite), un verbo y otros elementos opcionales, como el sujeto o el objeto del verbo.

- *The woman **who visited me in the hospital** was very kind.*
- *The umbrella **that I bought last week** is already broken.*
- *The man **whose car is grey** needs help.*
- *The month **when I met my husband** is my favourite.*

Los siguientes **pronombres relativos** se utilizan en las proposiciones relativas especificativas. Se colocan al principio de la oración de relativo y hacen referencia a un nombre que los precede en la oración principal.

	Person Persona	*Thing, place, time* Cosa, lugar, tiempo	*Place* Lugar	*Time* Tiempo	*Reason* Motivo
***SUBJECT* SUJETO**	***who, that***	***which, that***			
***OBJECT* OBJETO**	***who, whom, than***	***which, that***	***where***	***when***	***why***
***POSSESION* POSESIÓN**	***whose***	***whose***			

Los pronombres *who*, *whom* y *which* suelen reemplazarse con *that,* y *whom* es muy formal y se emplea únicamente en la lengua escrita. En su lugar, es posible utilizar *who* o *that,* o bien omitir el pronombre. En los ejemplos que figuran más abajo se ilustra el uso oral corriente, con la oración de relativo especificativa destacada en negrita. Se incluye entre paréntesis el pronombre que sustituiría a *that* en un contexto escrito formal.

- *The dish that I ordered was delicious (which).*
- *That man that came with her has already left (who).*
- *The doctor that I was hoping to see wasn´t on duty (whom).*

El pronombre relativo solo puede omitirse cuando funciona como **objeto** de la proposición. Si el pronombre relativo es el **sujeto** de la oración de relativo, no puede omitirse. Normalmente, podemos saber cuándo funciona el pronombre relativo como objeto de la proposición porque va seguido de otro sujeto + verbo.

Veamos dos ejemplos que representen ambos casos, en la primera frase el pronombre relativo no puede omitirse porque es el sujeto de la proposición relativa *"the woman spoke".* En la segunda oración, el pronombre puede omitirse porque *"the woman"* funciona como objeto del verbo *"loved"*; ya que la proposición tiene el sujeto *"the man".*

Nombre, sujeto de la oración principal	**+pronombre relativo**	**+verbo + resto de la subordinada relativa**	**+verbo + resto de la oración principal**
The woman	*that*	*spoke at the meeting*	*was very knowledgeable.*
The woman	*(that)*	*the man loved*	*was living in New York.*

1.4. Subordinación condicional: if+ pasado (If I were you); final: to + infinitivo

Las estructuras condicionales, o *"If clauses"* son un tipo de oraciones subordinadas y son mucho más utilizadas de lo que parece en el día a día. Se usan para expresar algo que podría ocurrir (en presente o futuro) o que podría haber ocurrido (en pasado).

Los conectores condicionales son aquellas palabras que indican una condición para que otra acción pueda llevarse a cabo.

CONDITIONALS LINKERS **CONECTORES CONDICIONALES**	
IF *If my mom gives money, I will go to the cinema with my friends.*	**SI** Si mi madre me da dinero, iré al cine con mis amigos.
WHETHER *I wonder whether my boss will promote me.*	**SI** Me pregunto si mi jefe me dará un ascenso.
UNLESS *He will not pass the Math test unless he studies really hard.*	**A MENOS QUE** Él no aprobará el examen de matemáticas a menos que estudie muy duro.
AS LONG AS *You can eat ice cream as long as you finish your vegetables.*	**SIEMPRE QUE** Puedes comer helado siempre que termines tus vegetales.
PROVIDED (THAT), PROVIDING • *They will have a picnic provided (that) the day is sunny.* • *He will have a new car providing he works really hard.*	**SIEMPRE QUE** • Ellos tendrán un picnic siempre que el día este soleado. • Él tendrá un auto nuevo siempre que trabaje muy duro.
IN CASE *I will buy extra food in case you come to dinner with us.*	**EN CASO DE QUE** Compraré comida extra en caso de que vengas a cenar con nosotros.

Truco

Podemos usar los conectores *if* y *whether* para expresar lo que podría ocurrir de cumplirse la condición.

El conector *unless* también sirve para expresar lo que podría ocurrir de ser cierta la condición que expresa la oración.

Los conectores *as long as* y *provided/providing* te permiten expresar que la condición es necesaria para que la acción pueda realizarse.

Por último, el conector *in case* se puede usar este conector para expresar una condición que debe realizarse si la acción final se cumple.

Existen cuatro tipos de condicionales y lo mejor es estudiarse las estructuras ya que el uso del subjuntivo en inglés y en español no tiene nada que ver. Veamos cómo funcionan.

A. Condicional tipo 0 / The zero conditional

Se forma con dos verbos en presente simple, uno en la oración principal *(main clause)*, también llamada resultado, y otro en la subordinada *(if clause)* que se corresponde con la condición.

If + present simple, ... present simple

Este condicional se usa para verdades universales, por ejemplo, *If water boils, it evaporates* / Si el agua hierve, se evapora.

Como vemos, se conocen las consecuencias de la condición, es una situación verdadera en todos los casos.

Ejemplo

- *If you eat too much, you get fat* / Si comes mucho, engordas.
- *If you scare a snake, it bites you* / Si asustas a una serpiente, te muerde.

B. Condicional tipo 1 / The first conditional

Se forma con un verbo en futuro en la oración principal y con otro en presente simple en la subordinada.

If + present simple, ... will + infinitive

Este tipo se usa para hablar de situaciones reales o posibles, por ejemplo, *If you come for the weekend, we will go to the cinema* / Si vienes para el fin de semana, iremos al cine.

Se trata de situaciones probables o muy factibles, pero no podemos estar al 100% seguros de que se darán. Al contrario que con el anterior, no se trata de una verdad universal sino de una situación particular.

Ejemplo

- *If you park here, you will get a fine* / Si aparcas aquí, te multarán.
- *If I save enough money this month, I will buy a new laptop* / Si ahorro suficiente este mes, me compraré un portátil.

C. Condicional tipo 2 / The second conditional

Esta condicional se forma con *would* seguido de infinitivo en la oración principal y otro en pasado simple *(-ed / 2nd column irregular verbs)* en la subordinada.

If + past simple, ...would + infinitive

Esta estructura tiene dos usos. El primero es hablar de situaciones en el futuro que no es probable que ocurran, por ejemplo, *If I won the lottery, I would spend my life travelling* / Si ganara la lotería, me pasaría la vida viajando.

En este sentido, las condicionales se utilizan para hablar de nuestros sueños, nuestros deseos, etc.

- *If you didn't live so far away, I would visit you more often* / Si no vivieras tan lejos, te visitaría más a menudo.
- *If I had a bigger salary, I would buy a house* / Si tuviese un salario mayor, me compraría una casa.

El segundo uso es para hablar de situaciones en el presente que no se pueden dar, porque son imposibles, por ejemplo, *If I were younger, I would travel more* / Si fuera más joven, viajaría más.

Se trata de situaciones que no se pueden dar, pero con las que intentamos expresar nuestro punto de vista sobre algo que ha ocurrido (o no), arrepentimientos, deseos y para dar consejo.

- *If I were you, I would quit my job* / Si yo fuera tú, dejaría mi trabajo.
- *If I had her number, I would phone her right now* /Si tuviese su número, la llamaría ahora mismo.

En este tipo de condicional, el verbo *TO BE* usa su forma del pasado *WERE* para todas las personas gramaticales, es decir, los sujetos. Sin embargo, muchos estadounidenses e incluso algunos británicos dicen incorrectamente en tal caso *"If I was rich..."*.

D. Condicional tipo 3 / The third conditional

Este condicional se forma con un verbo en participio de pasado *"had + past participle" (-ed / 3rd column irregular vebs)* en la oración principal y seguido por *"would + have + past participle (-ed / 3rd column irregular verbs)* en la subordinada.

If + past perfect, ... would + have + past participle

Se utiliza para hablar del pasado, describiendo una situación que no sucedió y de sus posibles consecuencias, por ejemplo, *If I had woken up earlier, I would have arrived on time* / Si me hubiera levantado antes, habría llegado a tiempo.

Se trata de situaciones hipotéticas y que ya no hay forma de cambiar. Se usan a menudo para hablar de nuestros arrepentimientos, y también de situaciones en las que el resultado fue positivo.

- *If I had stayed in my hometown, I would have never found my job* / Si me hubiese quedado en mi ciudad, jamás habría encontrado mi trabajo.
- *If I hadn't taken the risk, I would have lost a great opportunity* / Si no me hubiese arriesgado, habría perdido una gran oportunidad.

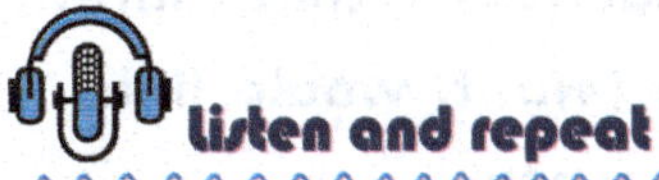

La pronunciación de *would* puede resultar complicada. Escucha el siguiente audio y practica su pronunciación.

D. Expresar finalidad con to + infinitivo

El infinitivo de finalidad *(infinitive of purpose)* se usa para expresar el motivo por el que se hace algo. Se forma con la estructura: **Sujeto + verbo + to+ infinitivo.**

- *Why do you go to the gym* / ¿Por qué vas al gimnasio?
  - *I go to the gym* ***to get*** *fit* / Voy al gimnasio para estar en forma.

En inglés, las siguientes frases contienen siempre la preposición *to.* En todos estos casos, el segundo verbo es el propósito o la finalidad del primer verbo:

- *He bought some flowers to give to his wife.*
- *She has to get up early to go to the airport.*
- *I called to make a reservation.*
- *I went to the post office to pick up the package.*
- *Susan is here to see you.*

1.5. Subordinación nominal con verbos frecuentes + that (sure, know, think, believe, hope); to + infinitive (want, would like). Iniciación en el estilo indirecto con say, tell, y ask

A. Verbos frecuentes + that

Cuando queremos transmitir la información que alguien ha dicho o pensado, usamos verbos que reporten *"reporting verbs"*, como pueden ser *"promise"*, *"warn"*, *"advice"* y *"recommend"*. Estos pueden hacer que vuestras frases, tanto al hablar como al escribir, suenen más interesantes y elaboradas que simplemente reproduciendo lo que aquella persona dijo. Además, es una forma también más eficiente. Por ejemplo: *"He assured me that everything would be alright"* / Él me aseguró que todo estaría bien.

Cada verbo, sin embargo, sigue uno de estos patrones:

- ***Subject + Reporting Verb + (that) + Clause.*** *I explained (that) I had been at the bank all this time* / Yo expliqué que había estado en el banco todo este tiempo.
- ***Subject + Reporting Verb + Direct Object + (that) + Clause.*** *The airline reassured me that this had never happened before* / La línea aérea me aseguró que esto no había pasado nunca antes.

Algunos de los *reporting verbs* más utilizados son:

- ***ADVISE* / ACONSEJAR**. *The staff advised me that you carried water at all times* / El personal me aconsejó que llevara agua en todo momento.

- ***AGREE /*** **ESTAR DE ACUERDO.** *She agreed that we could leave earlier today* / Ella estaba de acuerdo en que podíamos salir antes hoy.
- ***DECIDE /*** **DECIDIR.** *We decided that we could have lunch at two o´clock* / Decidimos que podíamos almorzar a las dos en punto.
- ***EXPLAIN /*** **EXPLICAR.** *I explained that it wasn´t too late* / Expliqué que no era muy tarde.
- ***INSIST /*** **INSISTIR.** *He insisted that he came to our party* / Él insistió que viniera a nuestra fiesta.
- ***PROMISE /*** **PROMETER.** *I promised him that I would work harder* / Yo le prometí a él que trabajaría más duro.
- ***RECOMMEND /*** **RECOMENDAR**. *I recommend that you start as soon as possible* / Te recomiendo que empieces lo antes posible.
- ***REMIND /*** **RECORDAR.** *She reminded him that it was important to start* / Ella le recordó a él que era importante empezar.
- ***SUGGEST /*** **SUGERIR**. *She suggested that he started soon* / Ella sugirió que él empezara pronto.

Anotación

Podemos omitir *that*, especialmente cuando hablamos de forma coloquial y con los verbos *"guess"*, *"think"*, *"hope"* y *"reckon"*.

- *I think he's on holiday this week.*
- *I reckon it's going to be a long, hot summer.*

B. Verbos + to + infinitive

Existen diferentes verbos van o pueden ir seguidos por otro verbo en infinitivo. La función más común de ese infinitivo es complemento directo o complemento indirecto del verbo principal. Se usa *"to infinitive"* detrás de ciertos verbos que se deben estudiar, y que se pueden clasificar de la siguiente forma.

Verbs of thinking and feeling / **Verbos de pensamiento y sentimiento:**

- *Choose* / Elegir.
- *Decide* / Decidir.
- *Expect* / Esperar con expectativa.
- *Forget* / Olvidar.
- *Hate* / Odiar.
- *Hope* / Esperar con esperanza.
- *Intend* / Intentar.
- *Learn* / Aprender.
- *Like* / Gustar.
- *Love* / Amar.
- *Mean* / Significar, querer decir.
- *Plan* / Planear.
- *Prefer* / Preferir.
- *Remember* / Recordar.
- *Want* / Querer.
- *Would like, love* / Gustaría, querría.

Ejemplo

- *They decided to start a business together* / Ellos decidieron empezar un negocio juntos.
- *He doesn´t remember to turn the lights off* / Él no recuerda apagar las luces.

***Verbs of saying* / Verbos de decir:**

- *Agree* / Estar de acuerdo.
- *Promise* / Prometer.
- *Refuse* / Negar.
- *Threaten* / Amenazar.

- *We agreed to meet at the cinema* / Estuvimos de acuerdo en vernos en el cine.
- *I promised to call her everyday* / Prometí llamarla todos los días.

***Verbs followed by direct object and to infinitive* / Verbos seguidos de complemento directo y "to infinitivo":**

- *Advise* / Aconsejar.
- *Ask* / Preguntar.
- *Encourage* / Animar.
- *Expect* / Esperar con expectative.
- *Intend* / Intentar.
- *Invite* / Invitar.
- *Order* / Ordenar.
- *Persuade* / Persuadir.
- *Remind* / Recordar algo a alguien.
- *Tell* / Decir, contar.
- *Want* / Querer.
- *Warn* / Advertir.
- *Would like, love* / Gustaría, querría.
- *Would prefer* / Preferiría.

Ejemplo

- *He encouraged his Friends to vote for him* / Animó a sus amigos a votar por él.
- *I remind her to give her parents a call* / Le recuerdo a ella que llame a sus padres.

C. Iniciación al estilo indirecto con say, tell y ask

El estilo indirecto *(reported speech),* consiste en expresar algo dicho antes por alguien, es decir, en contar lo que alguien dijo acerca de algo. El estilo indirecto en inglés es muy similar al español, por lo que no tiene gran dificultad para los españoles. En este estilo no se usan las comillas, a diferencia del estilo directo *(direct speech).*

En una frase en estilo indirecto podemos encontrar dos partes. Por un lado, una primera parte introductoria que incluye el verbo que en inglés se denomina *"reporting verb"* y que es el que introduce lo que se va a contar:

- *Say /* Decir.
- *Tell /* Contar.
- *Mention /* Mencionar.
- *Suggest /* Sugerir.
- *Ask /* Pedir.
- *Wonder /* Preguntarse.

Por ejemplo, *"Peter said that...", "Mary told me that..."*

Por otro lado, una segunda parte que es lo que alguien dijo sobre algo, por ejemplo, *"Peter said that he had suffered a terrible accident that morning", "Mary told me that she was looking for her brother all morning".*

Podemos traducir *say* y *tell* en español como "decir". Sin embargo, en inglés usamos estos verbos de distinta manera. Existen unas reglas que indican el uso de uno sobre el otro en inglés, aunque en general usamos *say* para "decir algo" y *tell* para "decir algo a alguien."

- *"I'm tired," she said* / "Estoy cansada," dijo.
- *She told me, "I'm tired"* / Me dijo, "Estoy cansada".

Usamos *say* en el estilo directo y el indirecto. Si lo usamos con un objeto personal necesitamos usar ***TO.***

- *He said he was hungry* / Él dijo que tenía hambre.
- *Glen said to Mary that he needed her help* / Peter dijo a María que necesitaba su ayuda.
- *She asked me if I liked to dance* / Me preguntó si me gustaba bailar.

También podemos usar *tell* con el estilo directo o el indirecto, aunque el uso con el estilo directo no es tan común. Cuando usamos *tell* necesitamos usar SIEMPRE un objeto indirecto que va detrás del verbo sin ninguna preposición.

- *He told **me** that he was hungry /* Me dijo que él tenía hambre.
- *Peter told **Mary** that he needed his help /* Peter dijo a María que necesitaba su ayuda.

Por otro lado, usamos *tell* cuando damos órdenes o instrucciones.

- *He told me to shut up* / Me dijo que me callara.
- *She told us to hurry* / Nos dijo que nos diéramos prisa.
- *They told us to come in* / Nos dijeron que entráramos.

También, se usa para dar o pedir información.

- *Can you tell me your name please?* / Dime tu nombre, por favor.
- *You told him the address of the office?* / ¿Le dijiste la dirección de la oficina?

Además, usamos *tell* con cuentos o bromas. En estos casos, podemos traducirlo como "contar".

- *He told us a funny story /* Nos contó un cuento divertido.
- *"Tell me a joke," she said /* "Cuéntame un chiste," dijo ella.

También se puede usar de la siguiente forma.

- *"Tell me the truth," she said* /"Dime la verdad," dijo ella.
- *"Could you tell me the time, please?" she asked* /"¿Podrías decirme la hora, por favor?" me preguntó.

Por otra parte, cuando hacemos una petición *(request)* tenemos como objetivo conseguir que alguien haga algo, es decir, el objetivo es el mismo que en una orden, pero lo hacemos de forma más suave, sin ordenar, pidiéndolo. Por eso, como también esperamos que de ello resulte una acción de aquel a quien pedimos, para ello el verbo usado es *ask* que en estos casos se traduce por "pedir" y no por preguntar, por ejemplo, *My father asked me to wash his car* / Mi padre me pidió que lavara su coche.

A continuación, se muestran cuáles son las estructuras *(collocations)* usadas con los verbos *say, tell* y *ask.*

SAY	*TELL*	*ASK*
• *Hello, so* • *A prayer* • *A few words* • *No more* • *Good morning/afternoon, etc.* • *Something/nothing* • *For certain/suer, etc.*	• *Somebody one's name* • *Somebody the way* • *Somebody so* • *Someone's fortune* • *One from another* • *The difference* • *The truth, the time* • *A lie, a story, a secret, a joke*	• *A question* • *A favour* • *The price* • *After somebody* • *The time* • *Around* • *For something/ somebody, etc.*

1.6. Subordinación: causal (because); consecutiva (so); temporal (when)

Las oraciones subordinadas pueden ser también adverbiales, en este caso, su función es similar a la de un adverbio. Se subordinan a la oración principal complementando el sentido del verbo. En su forma desarrollada, las cláusulas subordinadas adverbiales se introducen mediante conjunciones, y existen diversos tipos de conjunciones subordinadas adverbiales dependiendo de lo que queremos expresar.

De lugar	*Where, wherever*
De tiempo	*After, before, since, until, when, while*
De modo	*As, as if, as though, like*
Comparativas	*As...as, not as, such...as, so that, less...than*
Finales	*In order to, so as to, so that, so, in case*
Causales	*Because, as, for, in case, since*
Consecutivas	*So, so that, so much, so many, such*
Condicionales	*If, in case, supposing, unless, on condition*

Una de las conjunciones más usadas en inglés es ***BECAUSE*** cuyo significado es "porque" y con ella se permite introducir información causal de la cláusula principal de la oración.

- *He doesn't want to go out because it's raining* / Él no quiere salir porque está lloviendo.
- *I couldn't go into home because I lost my keys* / No pude entrar en casa porque perdí mis llaves.

Las oraciones subordinadas consecutivas *(adverbial clauses of result)* son aquellas que sirven para expresar el resultado de la acción indicada en la oración principal. El principal conector *(linker)* utilizado para introducir este tipo de oraciones es ***SO,*** aunque se puede estructurar siguiendo diferentes patrones:

- **So + clause.** *I was exhausted, so I went to bed at 9 p.m. /* Estaba muy cansado, así que me fui a la cama a las 9 (como resultado de estar cansado).

- **So + adjetivo / adverbio + that + clause.** *I was so tired that I went to bed at 9 p.m. /* Estaba tan cansado que me fui a la cama a las 9.

- **So much (para sustantivos incontables) o "many" (para sustantivos contables) + sustantivo + that + clause.** *There were so many people there that they couldn't all fit in the room /* Había tanta gente allí que todos no cabían en la habitación.

Las oraciones subordinadas de tiempo *(time clauses)* son aquellas frases que dan información sobre el momento en que ha ocurrido la acción, por ejemplo, *When I go to the cinema, I always buy popcorn* / Cuando voy al cine siempre compro palomitas.

Cuando hablamos de oraciones de tiempo hacemos referencia a aquellas frases introducidas por palabras como ***when, while, after, before, until,*** etc.

Específicamente, la partícula temporal *WHEN* se utiliza para indicar lo que haces en un momento preciso.

- *When she had a disease, she felt bad* / Cuando estuvo enferma, se encontró mal.
- *The light was on when they were sleeping* / La luz estuvo encendida cuando ellos estuvieron durmiendo.

Cuando hacemos frases temporales debemos tener en cuenta que están formadas por una frase principal y otra subordinada (de tiempo). Debes tener en cuenta esto para colocar la coma si la subordinada va antes. E.g. *When you finish, turn off the TV* / Apaga la tele cuando termines.

2. Nombres y adjetivos

El sustantivo es una parte de la oración que nombra a una persona, lugar, cosa, idea o acción; mientras que el adjetivo es una palabra que describe o clarifica el sustantivo. Los adjetivos describen los sustantivos al dar cierta información sobre un objeto como el tamaño, la forma, la edad, el color, el origen o el material.

A continuación, se detallan los contenidos gramaticales más relevantes en relación a estos dos grupos.

2.1. El número del nombre y su formación. Plurales irregulares (feet, shelves). Nombres que se usan sólo en plural (jeans, police). Nombres solo incontables (information)

Los nombres *(nouns)* forman una gran proporción del vocabulario inglés y existen varios tipos dependiendo a lo que se refiera. Por un lado, los nombres se usan para nombrar a una persona, por ejemplo, *Albert Einstein, the president, my mother, a girl.* También se usan para nombrar un lugar, por ejemplo, *Mount Vesuvius, Disneyland, my bedroom.*

Por último, los nombres pueden nombrar cosas, aunque a veces pueden ser cosas intangibles como conceptos, actividades o procesos. Algunos incluso podrían ser cosas hipotéticas o imaginarias. Algunos ejemplos son: *shoe, faucet, freedom, the Elder Wand, basketball.*

Los nombres singulares *(singular nouns)* se usan cuando el nombre se refiere solo a una cosa, mientras que los plurales *(plural nouns)* se usan cuando el nombre se refiere a más de una cosa.

Los nombres contables *(countable nouns)* tienen tanto singular como plural, mientras que los incontables *(uncountable nouns or mass nouns)* no tienen forma plural.

La terminación regular para la formación del plural es -s *(Cat - Cats).* Pero, existen excepciones *(exceptions)* a este patron *(pattern).*

Singular noun ending **Terminación del nombre en singular**	***Plural noun ending*** **Terminación del nombre en plural**	***Traduction*** **Traducción**
-s, -ss, -ch, -x, -zz • *Focus* • *Princess* • *Church* • *Box* • *Buzz*	**-es** • *Focuses* • *Princesses* • *Churches* • *Boxes* • *Buzzes*	• Enfoque/s • Princesa/s • Iglesia/s • Caja/s • Zumbido/s
-o • *Hero* • *Piano* • *Potato*	**-s o -es** • *Heroes* • *Pianos* • *Potatoes*	• Héroe/s • Piano/s • Patata/s

consonante + y • *Baby* • *Hobby*	**-ies** • *Babies* • *Hobbies*	• Bebé/s • Afición/es
vocal + y • *Key* • *Ray*	**-s** • *Keys* • *Rays*	• Llave/s • Rayo/s
-f • *Hoof* • *Dwarf* • *Thief* • *Roof*	**-s o -ves** • *Hoofs or hooves* • *Dwarfs or dwarves* • *Thieves* • *Roofs*	• Casco/s • Enano/s • Ladrón/es • Tejado/s
-fe • *Knife* • *Life*	**-ves** • *Knives* • *Lives*	• Cuchillo/s • Vida/s

Por otro lado, los nombres con **plural irregular** son aquellos a los que no se les añade -s o -es para formar su plural, como hacen la mayoría de los nombres en inglés. Un ejemplo es el plural de ***man*** que no es ~~***mans***~~ sino ***men.***

Algunas palabras forman su plural cambiando solo la vocal. En el siguiente audio puedes escuchar algunos ejemplos.

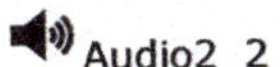
Audio2_2

Singular	Plural	Traducción
Foot	*Feet*	Pie/s
Tooth	*Teeth*	Diente/s
Goose	*Geese*	Ganso/s
Man	*Men*	Hombre/s
Woman	*Women*	Mujer/es

Por otro lado, existen otras palabras que cambian mucho tanto su pronunciación como su escritura. En el siguiente audio puedes escuchar algunos ejemplos.

Singular	Plural	Traducción
Mouse	*Mice*	Ratón/es
Die	*Dice*	Dado/s
Ox	*Oxen*	Buey/es
Child	*Children*	Niño/s, niña/as
Person	*People*	Persona/s
Penny	*Pence*	Penique/s

Algunas palabras son idénticas en ambas formas singular y plural. Muchas de ellas son palabras utilizadas para designar animales, por ejemplo:

Sheep	Oveja/s	***Shrimp***	Camarón/es
Fish	Pescado/s	***Trout***	Trucha/s
Deer	Ciervo/s	***Aircraft***	Aeronave/s
Moose	Alce/s	***Watercraft***	Embarcación/es
Swine	Cerdo/s	***Hovercraft***	Aerodeslizador/es
Buffalo	Bufalo/s	***Spacecraft***	Astronave/s

Por otra parte, para formar el plural irregular de una palabra que termina en -us se cambia por -i.

Singular	Plural	Traducción
Focus	*Foci or focuses*	Foco/s
Radius	*Radii or radiuses*	Radio/s
Fungus	*Fungi*	Hongo/s
Nucleus	*Nuclei*	Núcleo/s
Cactus	*Cacti*	Cactus
Alumnus	*Alumni*	Alumno/s
Octopus	*Octopuses or octopi*	Pulpo/s
Hippopotamus	*Hippopotami or hippopotamuses*	Hipopótamo/s

Muchos plurales de palabras terminadas en -us tienen una versión anglicana en la que forman el plural simplemente añadiendo -es. Esta última versión es más usada en un entorno informal.

Dentro de los irregulares, también cabe señalar que las palabras griegas que terminan en -on cambian a la terminación -a para su forma plural.

Singular	Plural	Traducción
Phenomenon	*Phenomena*	Fenómeno/s
Criterion	*Criteria*	Criterio/s

Las palabras que terminan en -um también cambian a -a para su forma del plural.

Singular	Plural	Traducción
Datum	*Data*	Dato/s
Memorandum	*Memoranda*	Memorándum/s
Bacterium	*Bacteria*	Bacteria/s
Stratum	*Strata*	Estrato/s
Curriculum	*Curricula or curriculums*	Curriculum/s

Existen nombres en inglés que terminan en -s pero no tienen forma plural, es decir, dicha -s aparece en su forma del singular y son nombres incontables. En estos casos se debe prestar mucha atención para conjugar el verbo de la forma correcta, es decir, como tercera persona del singular.

The kiss was long ***NOT*** ~~*The kiss were long.*~~

Algunos ejemplos de estos **nombres que se usan solo en plural** son:

- ***NEWS.*** *The news is being broadcast by all major TV stations.*
- ***SERIES.***
    - *My favourite TV series has been cancelled.*
    - *All the series of the Unknown Channel are good.*
- ***MEANS.***
    - *Railway is a means of transportation.*
    - *There are also several other good means of transportation.*
- ***MEASLES.*** *Measles is especially common among children.*

Las siguientes palabras son nombres que pueden llevar a confusión ya que en nuestra lengua materna sí tienen forma singular y plural, pero en inglés son solo usados en su forma plural ya que vienen en parejas (por ejemplo, para las piernas, los ojos, etc.): ***shorts, pants, jeans, tights, trousers, pyjamas, glasses, binoculars, thongs.***

Her new jeans/tights/trousers/pants are black ***NOT*** ~~*Her new jeans/tights/trousers/pants is black.*~~

Por último, hay **nombres que son solo incontables.** En inglés algunas palabras son cosas que se refieren a un todo *(whole)* o a la masa *(mass),* los llamados nombres incontables *(uncountable nouns),* ya que no pueden ser separados ni contados. Algunos ejemplos clasificados por tema son los siguientes.

IDEAS AND EXPERIENCES		WEATHER	
Advice	Consejo	**Weather**	Tiempo metereológico
Information	Información	**Thunder**	Trueno
Progress	Progreso	**Lightning**	Relámpago
News	Noticias	**Rain**	Lluvia
Luck	Suerte	**Snow**	Nieve
Fun	Diversión		
Work	Trabajo		

MATERIALS AND SUBSTANCES		NAMES FOR GROUPS	
Water	Agua	**Furniture**	Mobiliario
Rice	Arroz	**Equipment**	Equipamiento
Cement	Cemento	**Rubbish**	Basura
Gold	Oro	**Luggage**	Equipaje
Milk	Leche		

Otros nombres comunes incontables son:

Accommodation	Alojamiento	**Permission**	Permiso
Baggage	Equipaje	**Research**	Búsqueda
Homework	Tareas	**Traffic**	Tráfico
Knowledge	Conocimiento	**Travel**	Viaje
Money	Dinero		

Estos nombres incontables no se pueden usar con el determinante *a/an* o con números, por ejemplo:

- *We're going to get new furniture for the living room* ***NOT*** ~~*We're going to get a new furniture for the living room or We're going to get new furnitures for the living room.*~~
- *We had terrible weather last week* ***NOT*** ~~*We had a terrible weather last week.*~~

2.2. Repaso y ampliación del genitivo 's/s' (my brother's friends). Otra forma de expresar la posesión (a friend of mine)

El genitivo sajón es una construcción gramatical utilizada para indicar relación de posesión. No es la única manera de indicar posesión en inglés, otras alternativas a este son los posesivos y la preposición ***OF.***

Este es complicado ya que en español no lo usamos. Para indicar posesión nos limitamos al "de" (el primo de mi madre, la puerta del coche, la silla de mi abuelo) y, por eso puede ser algo más complejo usarlo correctamente, ya que hay que entender la estructura y su uso.

Para la estructura del genitivo sajón se añade el apóstrofo al poseedor + -s seguido de la posesión. Esta estructura es para los sustantivos en singular y el apóstrofo solo para los sustantivos en plural. Por tanto, serían tres elementos:

1. La persona.
2. 's.
3. El objeto o la cosa.

Un ejemplo sería *Peter's car,* y esta estructura es totalmente contraria al español, ya que primero decimos 'El coche' y después 'de Pedro'.

Anotación

El genitivo sajón se limita (con algunas excepciones) para personas y animales (sustantivos animados).

A continuación, se exponen algunos ejemplos para entender mejor la traducción del genitivo sajón:

- *A woman's hat = a hat for a woman* / Un sombrero de mujer.
- *A boy's name = a name for a boy* / Un nombre de chico.
- *A bird's egg = an egg laid by a bird* / Un huevo de pájaro.

Si el poseedor termina en -s, solo se añade el apóstrofe.

- *Marcos´house = The house of Marcos* / La casa de Marcos.
- *Cats´tail = The tail of the cats* / El rabo de los gatos.

Si estamos ante plurales irregulares que no acaban en -s, se sigue la regla general: *The chidren's toys are in the pool /* Los juguetes de los niños están en la piscina.

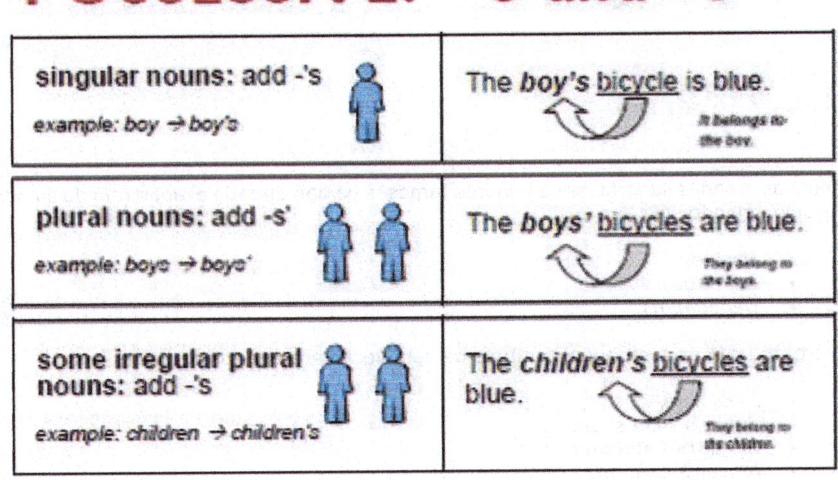

Pic. 4. Saxon genitive structure
Fig. 4. Estructura del genitivo sajón

Por tanto, usamos genitivo sajón cuando:

- El primer elemento es una persona. E.g. *John´s job is boring* / El trabajo de John es aburrido.

- El primer elemento es un animal. E.g. *The bird´s legs* / Las piernas del pájaro.

- El primer elemento es un país, ciudad, pueblo... *E.g. Spain´s monuments are very nice* / Los monumentos de España son muy bonitos.

- Para expresiones de tiempo y actividades humanas con referencia a los períodos de tiempo y las fechas. E.g. *A day's wait* / Un día de espera; Monday's meeting / La reunión del lunes.

- Para nombres de tiendas E.g. *The butcher's* / La carnicería; *A greengrocer's* / Una frutería; *A fishmonger's* / Una pescadería; The baker's / La panadería; *A stationer's* / Una papelería.

Saber más

Muchas grandes superficies de Londres famosas ya han quitado el apóstrofo de su nombre propio dejando solo la s:

- *Harrods.*
- *Selfridges.*
- *Debenhams.*

Pero, todavía es común ver nombres de establecimientos y edificios tales como:

- *Joe's café.*
- *Sylvia's shoe shop.*
- *St Paul's Cathedral.*
- *Nelson's Column.*

- Para hablar del domicilio, es decir, para hablar de la casa donde vive alguien. E.g. *I'm going to John's (house)* / Voy a la casa de John; *There's a party at Mary's (house)* / Hay una fiesta en la casa de Mary.

- Para señalar una relación en cadena. E.g. *My father's brother's son is my cousin* / El hijo del hermano de mi padre es mi primo.

A los hispanohablantes nos cuesta aprender el genitivo sajón porque no estamos acostumbrados a que el poseedor vaya antes que lo poseído en la oración. Entendemos mejor las oraciones con la preposición ***OF*** porque tiene una forma equivalente en español, por ejemplo, *The car of my mother* / El coche de mi madre.

Se usa principalmente esta preposición (y no el genitivo sajón) cuando el poseedor es un objeto y lo poseído es abstracto, por ejemplo, *I like the size of the Iphone* / Me gusta el tamaño del Iphone.

En los demás casos, dependiendo de la expresión, a veces se usa el genitivo sajón y otras la preposición. Incluso a veces ambas formas son posibles, por ejemplo, *I work in the financial district of New York or I work in New York's financial district* / Trabajo en el distrito financiero de Nueva York.

Truco

Existe un truco para entender mejor cuando usar el genitivo sajón y cuando la preposición. Para ello, debemos traducir como "su" o "sus", por ejemplo, *My mother´s car is broken* / Mi madre su coche está averiado.

2.3. Contraste entre los adjetivos –ing / -ed (interesting/interested)

En inglés existen una serie de adjetivos que tienen dos terminaciones posibles con un significado diferente. Dichas terminaciones *(endings)* son -ed *(bored, interested)* e -ing *(boring, interesting)*. Veamos las diferencias y usos:

- ***-ed adjectives.*** *Adjectives that end in -ed generally describe emotions, they tell us how people feel and for that they are expressing something temporary.*
  Los adjetivos que terminan en -ed generalmente describen emociones, nos dicen como la gente se siente y por ello son temporales.
  - *I was so bored in that lesson; I almost fell asleep /* Estaba tan aburrido en esa clase, casi me quedé dormido.
  - *He was surprised to see Helen after all those years /* Él estaba sorprendido de ver a Helen después de todos esos años.

- ***-ing adjectives.*** *Adjectives that end in -ing generally describe the thing that causes the emotion, it´s a characteristic and for that, it´s permanent.*
  Los adjetivos que terminan en -ing generalmente describen la cosa que causa la emoción, es una característica y por tanto algo permanente.
  - *Have you seen that film? It's really frightening /* ¿ Has visto esa pelicula? Es muy atemorizante.
  - *I could listen to her for hours. She's so interesting /* Podría escucharla durante horas. Ella es muy interesante.

Además de prestar atención al nombre al que el adjetivo se refiere, podemos traducir la frase y si el verbo ***TO BE*** se traduce por "ser" el adjetivo debe terminar con -ing, mientras que si se traduce por "estar" la forma a usar es -ed.

Ejemplo

- *My brother is boring, he doesn´t like to hang out /* Mi hermano es aburrido, a él no le gusta salir.
- *My brother is bored, there´s nothing interesting on TV /* Mi hermano está aburrido, no hay nada interesante en la television.

Por otro lado, existe una serie de adjetivos que pueden ser usados con ambas terminaciones, tanto -ed como -ing dependiendo del nombre al que se refiera.

Annoyed	*Annoying*	Molesto/a
Bored	*Boring*	Aburrido/a
Confused	*Confusing*	Confundido/a
Disappointed	*Disappointing*	Decepcionado/a
Excited	*Exciting*	Excitado/a
Frightened	*Frightening*	Temeroso/a
Interested	*Interesting*	Interesado/a
Surprised	*Surprising*	Sorprendido/a
Tired	*Tiring*	Cansado/a
Worried	*Worrying*	Preocupado/a

2.4. Adjetivos: el comparativo de superioridad: adj + er/ more + adj than; formas irregulares; el superlativo the adj + est / the most + adj y formas irregulares. El comparativo de igualdad (not) as...as

Es muy común comparar cosas utilizando adjetivos, por ejemplo, *The buffalo is bigger that the crocodile but the elephant is the biggest /* El búfalo es más grande que el cocodrilo, pero el elefante es el más grande. Estos se llaman adjetivos comparativos y superlativos, ambas formas están relacionadas.

Hay que saber que los adjetivos tienen tres grados diferentes:

- Un adjetivo en grado positivo se limita a describir una cualidad. E.g. *Sandra is tall.*
- Un adjetivo en grado comparativo destaca la inferioridad, igualdad o superioridad de una persona o cosa respecto de otra. E.g. *Sandra is taller than Mike.*
- Un adjetivo en grado superlativo indica que el sujeto posee la cualidad en el grado más alto y por encima de todos los demás. E.g. *Sandra is the tallest person in her office.*

A. Comparativo de superioridad: adj + er/ more + adj than

El comparativo de superioridad *(comparative of superiority)* sirve para expresar que algo es "más que". Los comparativos en inglés funcionan de forma muy parecida a como lo hacen en español, es solo cuestión de memorizar las terminaciones.

Lo primero, es agrupar los adjetivos en inglés según el número de sílabas, ya que estas son las que van a ser la regla para formarlo siguiendo una u otra estructura:

NÚMERO DE SÍLABAS	ESTRUCTURA	EJEMPLO
SHORT ADJECTIVES • *1 syllable in pronuntiation* • *All adjectives ending -y*	***ADJECTIVE + -ER + THAN***	• *Small → smaller than* • *Nice → nicer than* • *Pretty → prettier than*
LONG ADJECTIVES • *2 or more syllables*	***MORE + ADJECTIVE + THAN***	• *Interesting → more interesting than* • *Wonderful → more wonderful than*

Del esquema anterior, se deduce lo siguiente:

- Si el adjetivo tiene solo una sílaba se añade **-ER** *(cheap - cheaper).* Hay que recordar prestar atención a su pronunciación ya que, por ejemplo, el adjetivo *safe* puede parecer que tiene dos sílabas, pero al pronunciarlo está compuesto por solo una y, por tanto, para formar su comparativo solo habrá que añadir -r por terminar en -e *(safe - safer).*
- Si tiene solo una sílaba, pero termina en consonante + vocal + consonante, la última consonante debe repetirse antes de añadir la terminación *(thin - thinner).*
- Si el adjetivo acaba en -y siempre se añade **-ER** y esa -y se transforma en -i, sin importar el número de sílabas *(easy - easier).*
- Si el adjetivo tiene dos sílabas o más se añade ***MORE*** delante del adjetivo *(boring - more boring).*
- En cuanto al "más que" es siempre ***THAN,*** pronunciado */dzan/.*

- *That room is smaller than this one* / Aquella habitación es más pequeña que esta.
- *These chairs are cheaper than those* / Estas sillas son más caras que aquellas.
- *Dan´s cat is fatter than mine* / El gato de Dan está más gordo que el mío.
- *Japan is more expensive than China* / Japón es más caro que China.
- *This photo is more beautiful than that one* / Esta foto es más bonita que aquella.
- *This book is more interesting than that one* / Este libro es más interesante que aquel.

Debemos prestar especial atención a los adjetivos que son considerados irregulares por no seguir las reglas explicadas anteriormente, los más comunes en esta forma son:

Good	*Better*	Bueno
Bad	*Worse*	Malo
Far	*Farther (BE) / Further (AE)*	Lejos
Old	*Elder / Older*	Viejo
A lot	*More*	Mucho
A little	*Less*	Poco

B. Superlativo the adj + est / the most + adj

Como se ha visto anteriormente en líneas generales, usamos el superlativo (superlative) cuando queremos destacar que el sujeto se encuentra en el extremo superior o inferior de una cualidad.

Las reglas para formar el superlativo correctamente se basan en la misma clasificación que en la formación del comparativo de superioridad:

- El superlativo siempre va precedido del artículo determinado ***THE*** *(the fastest, the tallest, the most intelligent).*
- En el caso de los adjetivos de una sílaba, se forma añadiendo **-EST** al final *(tall - the tallest).*
- Cuando el adjetivo de una sílaba termina en consonante + vocal + consonante, la última consonante debe repetirse antes de añadir la terminación *(fat - the fattest).*

- Si el adjetivo acaba en -y se cambia por -i *(happy - the happiest).*
- Si el adjetivo tiene dos sílabas o más se pone ***MOST*** delante del adjetivo *(important - the most important).*

Al igual que en el de superioridad, los adjetivos irregulares tienen una forma diferente. En el caso del superlativo algunos ejemplos son:

Good	*The best*	Bueno
Bad	*The worst*	Malo
Far	*The farthest / furthest*	Lejos
Old	*The eldest / oldest*	Viejo
A lot	*The most*	Mucho
A little	*The least*	Poco

C. Comparativo de igualdad (not) as...as

La estructura que se usa para formar los comparativos de igualdad en inglés es ***as...as.*** Cubre los usos en español de tan, como y de tanto...como. En este caso, el adjetivo va en su forma base, sin añadirle ninguna terminación ni teniendo que clasificarlos según el número de sílabas o sin son irregulares o no.

- *I´m as tall as Peter /* Soy tan alto como Pedro.
- *She sings as beautiful as her teacher /* Ella canta tan bonito como su profe.

Cuando el verbo está en negativo, la traducción es también negando el verbo y la información dada es diferente; no estando ambas cosas que están siendo comparadas al mismo nivel. Además, cuando el verbo va en negativo la estructura también puede ser ***so...as.***

English isn´t as difficult as Chinese or English isn´t so difficult as Chinese / El inglés no es tan difícil como el chino.

Recuerda que ***SO*** solo se puede usar con el verbo en negativo.

2.5. El adjetivo modificado por el adverbio (quite fast) y enfatización (really cheap)

Los adverbios se utilizan para describir a los verbos; sin embargo, también se pueden utilizar para intensificar o graduar adjetivos *(adverbs of degree),* a otros adverbios o incluso al verbo. Se colocan generalmente antes del adjetivo, verbo o adverbio al que modifican. Un ejemplo es ***QUITE*** que se traduce como bastante o completamente y se pronuncia */kuáit/.*

Por otro lado, están los adverbios de certeza *(adverbs of certainty)* que son el tipo de adverbios que usamos cuando lo que queremos es expresar verdad, seguridad o certidumbre para ciertas y determinadas acciones. Para saber cuál es el grado de seguridad o certeza la pregunta que nos hacemos es *"How sure?" /* "¿Cómo de seguro?".

REALLY, por su parte, se traduce por realmente, por ejemplo, *I am really sorry for what happened to you /* Realmente siento lo que te ocurrió. Existe otro uso de este que debemos conocer y es cuando se traduce como "bien" o "muy". En ese caso su significado y uso es similar al que se hace de ***VERY.*** Ambos, básicamente, hacen que el significado de los adjetivos sea más fuerte. Además, ambos son usados cuando el significado de la oración es positivo o neutral, es decir, cuando la idea de la oración tiene un efecto positivo en el que la dice.

- *I'm really excited about my new apartment because it's located in a very convenient area* / Estoy muy emocionado por mi departamento nuevo porque (este) está ubicado en un área bien conveniente.
- *The apartment is really cheap. I don't have to spend a lot of money on rent* / El departamento está bien barato. No tengo que gastar mucho dinero en renta.
- *My bedroom is very big. There is enough room for a pool table* / Mi cuarto es bien grande. Hay suficiente espacio para una mesa de billar.

3. Determinantes

Los determinantes son términos que preceden al nombre para aclarar a qué se refiere dicho nombre.

A continuación, se detallan los contenidos gramaticales más relevantes en relación a este grupo.

3.1. Interrogativos: what, which, whose (whose book is that?)

Los determinantes interrogativos son las partículas del inglés ***what, which*** y ***whose.*** Van al principio de la frase, antes del sustantivo para preguntar sobre las cosas o las personas. También se las conoce como adjetivos interrogativos, por lo que aparecen en oraciones interrogativas.

- ***WHAT.*** Se usa para preguntar y pedir información general.
  - *What time is it? /* ¿Qué hora es?
  - *What color is her hair? /* ¿De qué color es su pelo?
- ***WHICH.*** Se usa para especificar.
  - *Which school do you go to? /* ¿A qué escuela vas tú?
- ***WHOSE.*** Se usa para indicar posesión.
  - *Whose footprints are these? /* ¿De quién son estas huellas?

Hay partículas como ***WHAT*** que adquieren el significado de "qué" o "de qué" según el contexto, pero en inglés solo tiene el significado de qué. Incluso puede adquirir el significado de "cuál" para que denote sentido a la traducción en castellano. Por ejemplo en *What's your name? /* ¿Cuál es tu nombre?

3.2. Indefinidos más frecuentes: some, any

SOME y ***ANY*** son determinantes en inglés que indican una cantidad no específica del sustantivo al que acompañan. Se utilizan cuando se desconoce la cantidad exacta de algo o es irrelevante. Veamos sus usos a continuación.

Por un lado, ***SOME*** se utiliza en oraciones afirmativas cuyo significado es "algunas/os" o "algo de", dependiendo si se usa acompañando a nombres contables o incontables.

- *There are some strawberries in the fridge* / Hay algunas fresas en el frigorífico.
- *There is some milk in the cupboard* / Hay algo de leche en el armario.

También, en oraciones interrogativas cuando se espera que la respuesta sea positiva, por ejemplo, en ofrecimientos o peticiones.

Would you like some tea? / ¿Quieres algo de té?

Por otro lado, ***ANY*** se utiliza en oraciones negativas cuyo significado es "ningún/a" o "nada", e interrogativas donde se traduce por "algunos/as" o "algo de" del mismo modo dependiendo de si el nombre es contable o incontable.

- There aren´t any eggs to cook / No hay ningún huevo para cocinar.
- Is there any milk in the fridge? / ¿Hay algo de leche en el frigorifico?

En oraciones afirmativas puede usarse con el significado de "cualquiera" y después de palabras con un significado negativo, como ***never, hardly, without, little,*** etc., con un significado similar a las oraciones negativas.

- *Choose any restaurant, I only want to eat something!* / Elige un restaurante, ¡yo solo quiero algo!
- *You never have any time for me* / Nunca tienes nada de tiempo para mí.

3.3. Indefinidos más frecuentes: some, any, no, much, many, (a) little, (a) few, more, enough

Para usar correctamente los cuantificadores en inglés, debemos recordar la clasificación que repasamos anteriormente donde existen nombres contables (que se pueden contar, es decir, que tienen plural) e incontables (nombres que carecen de plural por ser indefinidos). Teniendo esto en cuenta, veamos los usos de los determinantes indefinidos más comunes.

En primer lugar, con nombres incontables, ***SOME*** se usa delante de ellos para indicar "algo de" (aunque en español pueda no usarse ningún cuantificador en estos casos). Se utiliza en oraciones afirmativas como se ha mencionado anteriormente.

- *I have some money /* Tengo (algo de) dinero.
- *There is some water in the bottle /* Hay (algo de) agua en la botella.

Con nombres contables, se usa delante de ellos para indicar "algunos/as".

- *There are some pictures on the wall /* Hay (algunos) cuadros en la pared.
- *She is playing with some friends /* Ella está jugando con (algunas) amigas.

El indefinido ***ANY*** con nombres incontables se usa delante de ellos para indicar "nada de" (cuando la oración es negativa) o "algo de" (cuando se usa en una pregunta), aunque en español pueda no usarse ningún cuantificador en estos casos.

- *I don't have any money /* No tengo (nada de) dinero.
- *There isn't any water in the bottle /* No hay (nada de) agua en la botella.
- *Do you have any money? /* ¿Tienes (algo de) dinero?
- *Is there any water in the bottle? /* ¿Hay (algo de) agua en la botella?

Con nombres contables se usa delante de ellos para indicar "ningún/ninguna" (cuando la oración es negativa) o "algunos/algunas" (cuando se usa en una pregunta).

- *There aren't any pictures on the wall /* No hay cuadros (ningún cuadro) en la pared.
- *Are there any chairs in the room? /* ¿Hay (algunas) sillas en la habitación.

NO se usa para negar sustantivos (cosas) y con algunas palabras terminadas en -ING que hacen la función de sustantivos, normalmente se trata siempre de prohibiciones. Además, el verbo debe ir siempre en afirmativo.

- *They had no time /* Ellos no tenían tiempo.
- *No doctors went on strike /* Ningún médico fue a la huelga.
- *There was no answer /* No hubo respuesta.
- *No smoking please /* No se puede fumar, por favor.
- *No parking any time /* No se permite aparcar a ninguna hora.

Se utiliza ***MUCH*** con nombres incontables para indicar mucha cantidad. Se usa en oraciones negativas y preguntas.

- *I don't have much money /* No tengo mucho dinero.
- *Is there much water in the bottle? /* ¿Hay mucha agua en la botella?

MANY se usa con nombres contables para indicar mucha cantidad. Se usa en oraciones negativas e interrogativas, aunque a veces también se puede usar en oraciones afirmativas.

- *There aren't many pictures on the wall /* No hay muchos cuadros en la pared.
- *Are there many chairs in the room? /* ¿Hay muchas sillas en la habitación?

A LOT OF se usa tanto con nombres contables como incontables para indicar mucha cantidad.

- *There are a lot of pictures on the wall* / Hay muchos cuadros en la pared.
- *I have a lot of money* / Tengo mucho dinero.

Se puede utilizar ***A LOT OF*** si el contexto es informal, por ejemplo:

- *Lots of old movies and songs are in the public domain* / Muchas películas y canciones están en el dominio público.
- *Lots of people came to the house to see the new baby* / Mucha gente vino a casa a conocer al nuevo bebé.

A FEW y ***FEW*** se usan con nombres contables en plural para indicar poca cantidad. La diferencia entre ambas expresiones radica en que ***A FEW*** (unos pocos/unas pocas) implica que la cantidad es pequeña, pero suficiente, es decir, es una idea positiva; mientras que ***FEW*** (pocos/pocas) indica que la cantidad es pequeña e insuficiente, por lo que implica una idea negativa.

- *I have a few friends* / Tengo unos pocos amigos (son suficientes).
- *There are few books in the library* / Hay pocos libros en la biblioteca (son insuficientes).

A LITTLE y ***LITTLE*** se usan con nombres incontables para indicar poca cantidad. Al igual que en el caso anterior, la diferencia entre ambas expresiones radica en que ***A LITTLE*** (un poco/una poca) implica que la cantidad es pequeña, pero suficiente, es decir, es una idea positiva; mientras que ***LITTLE*** (poco/poca) indica que la cantidad es pequeña e insuficiente, por lo que implica una idea negativa.

- *I have a little free time today /* Hoy tengo un poco de tiempo libre (es suficiente).
- *John has very little money /* John tiene muy poco dinero (es insuficiente).

MORE significa "más" y puede acompañar tanto a sustantivos contables como incontables en oraciones afirmativas, negativas e interrogativas.

- *There´s more milk in the cellar /* Hay más leche en la bodega.
- *There aren´t more plates to wash /* No hay más platos para fregar.

Por último, ***ENOUGH*** significa "suficiente" y se usa delante de nombres con oraciones afirmativas, negativas e interrogativas.

- *I don't have enough space in my house /* No tengo espacio suficiente en casa.
- *Is there enough cold water in the fridge? /* Hay suficiente agua fría en la nevera?

También puede usarse solo, sin el sustantivo cuando se sobreentiende el objeto a cuantificar, por ejemplo, *I don't want to eat more. I've had enough /* No quiero comer más. He tenido suficiente. Y puede ir seguido de la preposición ***ENOUGH OF,*** como, por ejemplo, *I have heard enough of your poems to know you have a great talent /* He escuchado suficientes de tus poemas, como para saber que tienes un gran talento.

3.4. Numerales cardinales hasta cuatro dígitos y ordinales hasta dos dígitos. Partitivos más comunes (a dozen, a quarter)

Los números pueden ser de dos tipos (ordinales y cardinales) y se usan con objetivos diferentes. Por un lado, los *"cardinal numbers"* o números cardinales son aquellos que usamos para contar: uno, dos, tres...; mientras que los *"ordinal numbers"* o números ordinales se emplean para indicar el orden de una secuencia.

A. Numerales cardinales

Respecto al uso que tienen los números cardinales en inglés, los más comunes son:

- **Para contar.** *I have two friends* / Tengo dos amigos.
- **Para decir la edad.** *I am forty-five years old* / Tengo cuarenta y cinco años.
- **Para decir un número de teléfono.** *My phone number is two, six, two, nine, four...* / Mi número de teléfono es dos, seis, dos, nueve, cuatro...
- **Para decir fechas.** *She was born in nineteen seventy five* / Ella nació en mil novecientos setenta y cinco.

Para saber cómo se escriben, las siguientes pautas nos ayudarán a recordarlos con facilidad:

- Los primeros doce números son sencillos: ***one, two, three, four, five, six, seven, eight, nine, ten, eleven, twelve.***
- Después están los números comprendidos entre el 13 y el 19, estos se escriben añadiendo la terminación **-TEEN:** ***thirteen, fourteen, fifteen, sixteen, seventeen, eighteen, nineteen.***
- Los números 20, 30, 40, 50, 60, 70, 80, 90 terminan en **-TY:** ***twenty, thirty, forty, fifty, sixty, seventy, eighty, ninety.***
- Si un número está en el rango de 21 a 99 y su segundo dígito no es un cero, entonces añadimos el número escrito como unidad al número escrito como decena, es decir, 25 = 20 + 5 *(twenty five).* Así, por ejemplo, escribiríamos *forty one* para 41 o *eighty eight* para 88.

En muchos casos, al escribir los números en inglés algunas reglas de estilo colocan un guion. E.g. *Eighty-six, fifty-five...*

Por otro lado, la palabra ***HUNDRED*** es utilizada para nombrar las centenas, va después del número y suele ir precedido de ***AND,*** por ejemplo, para el número 568 sería *five hundred and sixty eight.*

En caso de tener un cero en la decena, solo decimos la unidad, como sucede con el número 408 que sería *four hundred and eight.*

THOUSAND es la palabra que indica mil y su funcionamiento es igual que para el cien, añadimos al número la palabra y así indicamos el millar, por ejemplo, 5972 sería *five thousand nine hundred and seventy-two.*

Hay que tener en cuenta que en inglés los números se escriben utilizando una coma para separar los millares y el millón, por ejemplo, 1,287,790 sería *one million two hundred and eighty-seven thousand seven hundred and ninety.*

Es relativamente complejo decir bien los años en inglés. De forma general, si el año tiene 4 cifras, leemos las 2 primeras como un número entero y las dos siguientes como otro. Aunque existen algunas excepciones. Los 100 primeros años de un milenio pueden leerse como números de 4 cifras o de 2 en 2 cifras. Los milenios como tales siempre se leen como números de 4 cifras. Los nuevos siglos se expresan como centenas enteras. No se emplea la palabra ***THOUSAND,*** al menos para las cifras pertenecientes a los últimos 1000 años.

En cuanto a los años que tienen tres cifras, se pueden leer como un número de tres cifras o cómo un número de una cifra seguido de un número de 2 cifras. Los años de una o dos cifras se expresan como números enteros. Podemos decir ***THE YEAR*** antes de un año particular para dar más claridad al sentido de la frase, algo corriente con años de dos y tres cifras. Los años anteriores al año 0 van seguidos de BC, pronunciado como dos letras del abecedario.

Curiosamente, estas reglas de lectura también se aplican para decir números de calles en los países anglófonos. En Estados Unidos, las direcciones tienen a menudo números superiores a 1000.

- *2014 - Twenty fourteen or two thousand fourteen.*
- *2008 - Two thousand eight.*
- *2000 - Two thousand.*

B. Numerales ordinales

Se pueden escribir los números ordinales como en la imagen que se muestra a continuación, pero también se pueden usar las cifras y añadir la terminación **-TH** para indicar que es un número ordinal.

0th	zeroth	**10th**	tenth	**20th**	twentieth
1st	first	**11th**	eleventh	**21st**	twenty-first
2nd	second	**12th**	twelfth	**22nd**	twenty-second
3rd	third	**13th**	thirteenth	**23rd**	twenty-third
4th	fourth	**14th**	fourteenth	**24th**	twenty-fourth
5th	fifth	**15th**	fifteenth	**25th**	twenty-fifth
6th	sixth	**16th**	sixteenth	**26th**	twenty-sixth
7th	seventh	**17th**	seventeenth	**27th**	twenty-seventh
8th	eighth	**18th**	eighteenth	**28th**	twenty-eighth
9th	ninth	**19th**	nineteenth	**29th**	twenty-ninth
30th	thirtieth	**40th**	fortieth	**50th**	fiftieth
31st	thirty-first	**41st**	forty-first	**51st**	fifty-first
32nd	thirty-second	**42nd**	forty-second	**52nd**	fifty-second
33rd	thirty-third	**43rd**	forty-third	**53rd**	fifty-third
34th	thirty-fourth	**44th**	forty-fourth	**54th**	fifty-fourth
35th	thirty-fifth	**45th**	forty-fifth	**55th**	fifty-fifth
36th	thirty-sixth	**46th**	forty-sixth	**56th**	fifty-sixth
37th	thirty-seventh	**47th**	forty-seventh	**57th**	fifty-seventh
38th	thirty-eighth	**48th**	forty-eighth	**58th**	fifty-eighth
39th	thirty-ninth	**49th**	forty-ninth	**59th**	fifty-ninth
60th	sixtieth	**70th**	seventieth	**80th**	eightieth
61st	sixty-first	**71st**	seventy-first	**81st**	eighty-first
62nd	sixty-second	**72nd**	seventy-second	**82nd**	eighty-second
63rd	sixty-third	**73rd**	seventy-third	**83rd**	eighty-third
64th	sixty-fourth	**74th**	seventy-fourth	**84th**	eighty-fourth
65th	sixty-fifth	**75th**	seventy-fifth	**85th**	eighty-fifth
66th	sixty-sixth	**76th**	seventy-sixth	**86th**	eighty-sixth
67th	sixty-seventh	**77th**	seventy-seventh	**87th**	eighty-seventh
68th	sixty-eighth	**78th**	seventy-eighth	**88th**	eighty-eighth
69th	sixty-ninth	**79th**	seventy-ninth	**89th**	eighty-ninth

Pic. 5. Ordinal numbers

Fig. 5. Números ordinales

Por lo general, los números ordinales en inglés se emplean para los siguientes casos:

- **Fechas.** Si queremos decir una fecha como el día de nuestro cumpleaños lo habitual es usar la terminación -th y el número, por ejemplo, *4th May* / El cuatro de mayo. Aquí hay que hacer una distinción, los números en inglés para fechas se escriben en orden diferente según si es inglés británico o estadounidense. Los británicos dicen *"the fourth of May"* o *"4th May"*, mientras que los estadounidenses lo hacen al revés poniendo primero el mes y luego el número *"May the fourth"* o *"May 4th"*.
- **Ordenar.** Cuando queremos indicar la posición de algo, por ejemplo, *Your football team came fourth in the league this year* / Tu equipo de fútbol es cuarto en la liga este año.
- **Indicar la planta de un edificio.** *His office is on the second floor* / Su oficina está en la segunda planta.

Los primeros números ordinales en inglés son una excepción debiendo recordar su terminación por ser diferente su escritura:

- *1st - First.*
- *2nd - Second.*
- *3rd - Third.*

El resto hasta el 20 mantienen su forma original de escribirse, pero al final se agrega la abreviación –th *(4th - Fourth).*

- *11th - Eleventh.*
- *12th - Twelfth.*
- *13th - Thirteenth.*
- *14th - Fourteenth.*
- *15th - Fifteenth.*
- *16th - Sixteenth.*
- *17th - Seventeenth.*
- *18th - Eighteenth.*
- *19th - Nineteenth.*

- *20th - Twentieth.*

Los números ordinales del 20 al 99 siguen la regla de compaginar la decena con la unidad.

- *21st - Twenty first.*
- *22nd - Twenty-second.*
- *23th - Twenty-third.*
- *24th - Twenty-fourth.*

Los números ordinales desde el 100 siguen la misma norma dada con los números cardinales, las cifras compuestas como millares y decenas, se unen utilizando el artículo **AND** o una coma.

- *100th - One hundredth.*
- *101st - One hundred and first.*
- *200th - Two hundredth.*
- *1,000th - One thousandth.*
- *10,000th - Ten thousandth.*
- *100,000th - One hundred thousandth.*
- *1,000,000th - Millionth.*
- *10,000,000th - Ten millionth.*

C. Partitivos (a dozen, a quarter)

Los números partitivos o fraccionarios expresan cantidades a partir de las fracciones o partes en que se divide una unidad, los más comunes son:

- **Decimales.** Los decimales en inglés utilizan un punto y no una coma para separar el número entero del resto. Para expresar oralmente un decimal en inglés, leemos la cifra entera si la hay, luego decimos "punto" y leemos cada cifra decimal individualmente. Por lo general, no se dice el cero antes del punto.
    - *0.5 - Point five.*

  - *0.25 - Point two five.*

- **Fracciones.** En inglés, expresamos oralmente una fracción empleando el número cardinal para el numerador y el ordinal para el denominador. Si el numerador es mayor que 1, el denominador va en plural. La única excepción es el 2, que se lee "half" cuando el numerador es 1 y "halves" cuando es mayor de 1.
  - *1/3 - One third.*
  - *¾ - Three fourths.*
  - *5/6 - Five sixths.*
  - *½ - One half.*
  - *3/2 - Three halves.*

- **Porcentajes.** Expresar oralmente porcentajes en inglés es fácil. Decimos la cifra y luego añadimos la palabra "percent".
  - *5% - Five percent.*
  - *25% - Twenty-five percent.*
  - *36.25% - Thirty-six point two five percent.*

3.5. Otros determinantes: another, other

El uso de estos dos determinantes suele causar confusión:

- ***OTHER.*** Se utiliza para referirse a una cosa o a una persona que es diferente o distinta de una que ya se mencionó. Por ejemplo, *"I want the other computer".* Aquí, la persona quiere un ordenador diferente al que tiene. Esto podría ser una marca distinta o un tipo diferente.
- ***ANOTHER.*** Se utiliza para referirse a una persona o cosa adicional del mismo tipo de la que ya se mencionó. Por ejemplo, *"I want another computer".* Aquí, la persona quiere un ordenador adicional, el mismo o similar al que ya tiene.

Sin embargo, hay otra regla a tener en cuenta: si el sustantivo al que se refiere es plural se utiliza siempre ***OTHER.***

- *Can I have another egg? /* ¿Puedo tomar otro huevo?
- *Can I have the other eggs? /* ¿Puedo tomarme los otros huevos?

Hay tres cosas importantes a tener en cuenta para decidir si utilizar ***OTHER*** o ***ANOTHER:***

- ¿Es de lo que estás hablando algo muy similar *(another)* o completamente diferente *(other)*?
- ¿Es el sustantivo contable *(another)* o incontable *(other)*?
- ¿Es el sustantivo singular *(another)* o plural *(other)*?

Una vez respondidas estas preguntas, podremos decidir cuál de los dos determinantes usar.

4. Pronombres

Los pronombres ayudan a nombrar personas, cosas y animales, y son muy útiles en una oración *"I am here. Where are you?".* Estas dos oraciones son utilizadas con mucha frecuencia en inglés, y tiene sentido, pues utilizan algunas de las palabras más comunes y útiles de este idioma. Para hacer estas oraciones, es esencial conocer una de las principales partes del inglés: los pronombres en inglés.

Los pronombres son palabras que se utilizan principalmente para reemplazar un sustantivo en la oración. Sin embargo, existen diversos tipos de pronombres en inglés *(pronouns),* cada uno de los cuales tiene un propósito definido en la oración. La definición más sencilla establece que un pronombre es una palabra generalmente pequeña la cual sustituye a los sustantivos *(nouns)* para que el texto sea menos repetitivo.

A continuación, se exponen los más usados.

- ***SUBJECT PRONOUNS.*** *I, you, he, she, it, we, they.*
- ***OBJECT PRONOUNS.*** *Me, you, him, her, it, us, them.*
- ***POSSESSIVE ADJECTIVES.*** *My, your, his, her, its, our, their.*
- ***POSSESSIVE PRONOUNS.*** *Mine, yours, his, hers, its, ours, theirs.*
- ***REFLEXIVE PRONOUNS.*** *Myself, yourself, himself, herself, itself, ourselves, themselves.*

4.1. Pronombres personales de complemento: con preposición y posición en la oración

Los pronombres personales en inglés son los más conocidos de todos, simplemente porque son los que más se usan en las oraciones y preguntas. Estos indican quién está hablando, y si la oración o pregunta se refiere a una persona o más.

Existen dos tipos de pronombres personales de acuerdo con el uso que tienen dentro de la oración, y ambos son igual de importantes, estos son: **pronombres de sujeto** ***(subject pronouns)*** y **pronombres de objeto** ***(object pronouns).***

Los de sujeto son aquellos que reemplazan el sujeto de una oración, ya sea para sustantivos comunes (como mesa, taza o pintura), o nombres propios (como Lisa, Londres o América).

I	Yo	***I** like swimming*
You	Tú	***You** are lovely*
He	Él	***He** eats a lot*
She	Ella	***She** looks like a princess*
It	Ello (para cosas, animales)	***It** is funny*
We	Nosotros /as	***We** want to go home*
You	Vosotros /as	***You** will come to my party*
They	Ellos /as	***They** are crazy*

Importante

En inglés no existe la forma "usted". El pronombre ***I*** (yo) siempre se escribe en mayúscula, incluso si está a mitad de oración.

Tanto el «tú» como el "vosotros" en inglés ***YOU*** se escribe y se pronuncia igual. El contexto nos dirá si se refiere a singular o plural.

En inglés, los únicos pronombres que indican el género son los pronombres en singular de tercera persona. Se hace la distinción entre ***HE*** y ***SHE,*** pero no se distingue vosotros/vosotras o ellos/ellas.

Por otro lado, los pronombres objeto se utilizan para indicar a quién afecta la acción que realiza el sujeto, y la mayoría de ellos se escribe de forma diferente a los pronombres sujeto en inglés.

Los pronombres objeto se usan en la posición del complemento en las frases, es decir, después del verbo. Por ejemplo, en la oración *"Where is my book? She pulled it" / "¿Dónde está mi libro? Ella lo tiró"*, ***SHE*** es sujeto y el objeto afectado por esta acción es el libro ***(IT).***

Me	A mí	*Give **me** the money*
You	A ti	*I´ll send the pictures to **you** tomorrow*
Him	A él	*I called **him** an hour ago*
Her	A ella	*I looked for **her** at the concert*
It	A ello (para cosas, animales)	*Put **it** in the fridge*
Us	A Nosotros /as	*If you need any help, just ask **us***
You	A Vosotros /as	*I have to show **you** how to do it*
Them	A ellos /as	*Mary took them out to dinner*

Dos de los pronombres objeto son iguales que los pronombres sujeto: ***YOU*** e ***IT***. Sabremos el uso por la posición en la frase y su relación al verbo.

4.2. Pronombres posesivos: mine, yours, his hers, its, ours, theirs

Los pronombres posesivos son palabras que pueden tener diferentes usos en la oración, sin embargo, el principal uso de estos en inglés se mantiene, consiste en expresar posesión.

En una oración, estos pronombres pueden usarse para reemplazar un sustantivo o un adjetivo posesivo en inglés.

En inglés, cada pronombre personal cuenta con su posesivo correspondiente, excepto ***IT***, en cuyo caso no existe pues no se usa.

Mine	Mío/a/ os /as	*The house is **mine***
Yours	Tuyo/a /os /as	*This pencil is **yours***
His	Suyo/a /os/as (de él)	*There are two backpacks on the table. The blue one is **his***
Hers	Suyo/a /os/as (de ella)	*Is this Paula's bag? Yes, it is **hers***
Ours	Nuestro/a/os/as	*The paint is his, and the brushes are **ours**, we are sharing!*
Yours	Suyo/a/os/as (de ustedes, vuestro)	*Take these presents, they are **yous**!*
Theirs	Suyo/a /os/as (de ellos/as)	*These ideas are **theirs***

4.3. Pronombres interrogativos: what, who, which

Los pronombres interrogativos son muy importantes, útiles y fáciles de usar en inglés. Se usan en preguntas para indicar qué tipo de información requerimos.

Siempre se sitúan al principio de una pregunta abierta, para ser más exactos, es la primera palabra que situaremos en ella. Además, son palabras invariables, lo que quiere decir que su forma no cambia. Analicemos los más comunes a continuación.

WHAT se utiliza para solicitar información en general, con una elección infinita, y se traduce por "¿Qué?"

- *What music do you like? /* ¿Qué música te gusta?
- *What time is it? /* ¿Qué hora es?

Se utiliza el pronombre ***WHO*** si necesitamos hacer preguntas sobre una o varias personas, y se traduce como "¿Quién?". Este puede funcionar como sujeto o como objeto directo de la oración. Para ver la estructura de cada una de ellas y así ser capaces de diferenciarlas y usarlas correctamente se exponen los siguientes ejemplos.

- *Who´s there? /* ¿Quién está allí? La respuesta a esta pregunta será un sujeto, por ejemplo, ***My friend*** *is there /* Mi amigo está allí.
- *Who did you give the book? /* ¿A quién le diste el libro? En este caso la respuesta a la pregunta es el complemento, por ejemplo, *I gave the book* ***to my brother*** */* Le dí el libro a mi hermano.

WHICH se utiliza para solicitar información sobre personas o cosas, pero deberemos utilizarlo cuando queremos solicitar información específica de alguien o algo que se encuentre en un grupo, y se traduce por "¿Qué?" o "¿Cuál?".

Which is your car? I cannot find it / ¿Cuál es tu coche? No puedo encontrarlo.

En inglés, ***WHICH*** se usa para preguntas que requieran una elección restringida, mientas que ***WHAT*** se usa para preguntas en general, con una elección infinita.

4.4. Pronombres indefinidos más frecuentes: some, any, much, many, a little, a few, all

Cuando no existe la necesidad de referirse a una persona o cosa en específico, los pronombres indefinidos en inglés son la opción correcta. Existen muchos de estos en inglés, y pueden ser singulares o plurales, algunas veces esto depende del contexto en el que se usan.

- ***SOME.*** Se traduce como "algunos/algunas/algo/un poco", y se usa para hablar de personas o cosas en cantidades no especificadas. E.g. *I know some are good* / Sé que algunos son buenos.
- ***ANY.*** Se traduce como "algún/alguna/cualquier/algo", y se utiliza para referirse a cosas cuando no importa la cantidad. E.g. *Do you have any milk left in the fridge?* / ¿Te queda algo de leche en la nevera?
- ***MUCH.*** Se traduce como "mucho/a", y se usa para un gran número de cosas incontables, como *milk, money, time, homework...* E.g. *I can´t see much* / No puedo ver mucho.
- ***MANY.*** Se traduce como "muchos/as", y se usa para un gran número de personas, animales o cosas. E.g. *Not many are broken* / No muchos están rotos.

- ***A LITTLE.*** Se traduce como "un poco", y se usa para un número pequeño de cosas incontables, como *work, traffic...* E.g. *I only have a little /* Sólo tengo un poco.
- ***FEW.*** Se traduce como "unos pocos/unas pocas", y se refiere a un pequeño número de cosas, animales o personas. E.g. *I've seen just a few this month /* He visto unas pocas este mes.
- ***ALL.*** Se traduce como "todo/toda/todos/todas", y se refiere a la totalidad de las cosas o personas que se nombran. E.g. *All my dresses are green /* Todos mis vestidos son verdes.

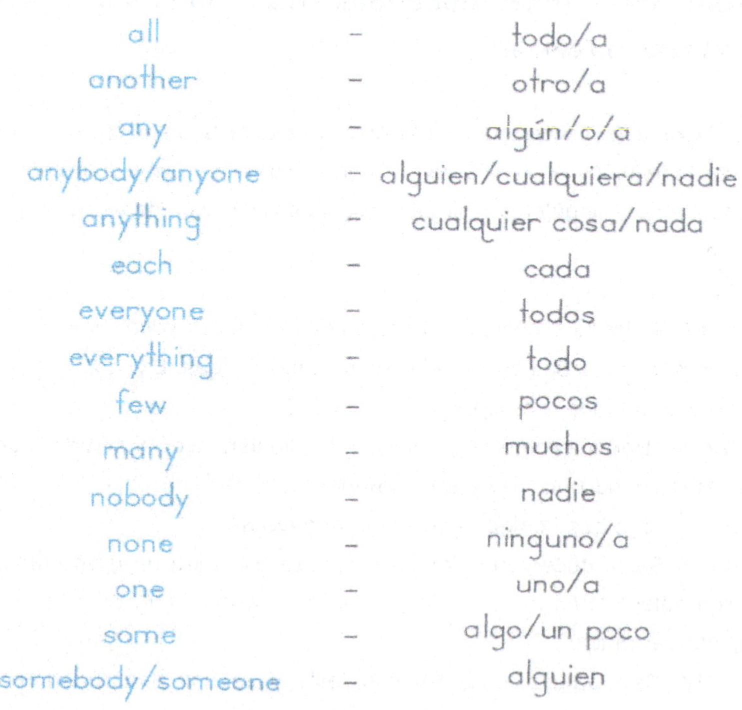

Pic. 6. English and Spanish indefinite pronouns
Fig. 6. Pronombres indefinidos en español e inglés

4.5. Otros pronombres indefinidos compuestos de some, any, no y every

Los prefijos *no-, every-, some-,* y *any-* en inglés se usan para formar indefinidos, pronombres o adverbios que no se refieren a algo definido, sino a una clase de objetos, seres, tiempos o lugares indeterminados.

Las terminaciones ***-ONE*** y ***-BODY*** tienen el mismo significado. Ambas se refieren a una persona indeterminada. La primera es más formal y la segunda más informal. Por eso, es más común ver la primera por escrito y la segunda en el idioma oral.

Por un lado, los indefinidos con ***some-*** se refieren a alguna instancia indeterminada de un referente (una cosa, persona, ubicación, o manera):

PREFIX	*INDEFINITE*	*MEANING*	*EXAMPLE*
some-	*someone*	Alguien	*I hear **someone*** / He oído a **alguien**
some-	*somebody*	Alguien	***Somebody** is coming* / **Alguien** viene
some-	*something*	Algo	*I want **something** to eat* / Quiero **algo** de comer

Los indefinidos con *any-* en inglés suelen ser difíciles para hispanohablantes porque no tienen equivalentes directos en español. Su significado depende del contexto de la oración. Cuando se usan en oraciones afirmativas, estos pronombres tienen el sentido de "cualquiera" o "cualquier cosa".

- ***Anyone** may come* / **Cualquiera** puede venir.
- ***Anything** is possible* / **Cualquier** cosa es posible.

Cuando se usan en oraciones negativas, estos pronombres tienen el sentido de "nadie" o "nada".

- *I can´t see **anybody** in here* / No puedo ver a **nadie** aquí dentro.
- *She never talks to me about **anything*** / Ella nunca me habla de **nada.**

Cuando se usan en oraciones interrogativas, estos pronombres tienen el sentido de "algo", "alguna cosa", o "alguien".

- *Would you like **anything** to drink?* / ¿Quieren **algo** para tomar?
- *Have you heard **anything** from **anyone** about her?* / ¿Has oído **alguna cosa** de **alguien** a propósito de ella?

Los indefinidos con el prefijo *no-* indican la ausencia de un referente. Corresponden a "nada", "nadie" o "ningún lugar" en español.

PREFIX	*INDEFINITE*	*MEANING*	*EXAMPLE*
no-	*No-one*	Nadie	***No-one** cares what happens to you* / A **nadie** le importa lo que te ocurra
no-	*Nobody*	Nadie	***Nobody** came to my birthday party* / **Nadie** vino a mi fiesta de cumpleaños
no-	*Nothing*	Nada	***Nothing** is more important than love* / **Nada** es más importante que el amor

Debemos apreciar que el pronombre ***NO ONE*** se escribe por separado, puede ser escrito con un guion de separación o no pero no debemos confundirlo con el pronombre indefinido NONE (ninguno/a).

Los indefinidos con *every-* comunican cada instancia de un referente. Estos corresponden a los pronombres "todo", "todos", y "todas" en español.

PREFIX	INDEFINITE	MEANING	EXAMPLE
every-	*everyone*	Todos	***Everyone** has left* / **Todos** se han ido
every-	*everybody*	Todos	*Where is **everybody?*** / ¿Dónde están **todos**?
every-	*everything*	Todo	***Everything** you see is for sale* / Todo lo que ves se vende.

4.6. Pronombres relativos: that, who

Los pronombres relativos en inglés son ***who, whom, whose, which*** y ***that,*** e introducen las oraciones de relativo. Las oraciones de relativo son oraciones subordinadas que amplían información sobre un elemento de la oración principal. Cada pronombre relativo en inglés introduce un tipo de oración de relativo.

Una norma de uso básica es que ***who, whom, whose*** y ***that*** se refieren a personas y animales, mientras que para seres inanimados se utilizan ***which, whose*** y ***that.***

Existe la posibilidad de que ***WHO*** se sustituya por ***THAT,*** ambos pueden desempeñar tanto la función de sujeto como de complemento en la oración de relativo que introducen. Una manera de saber de qué caso se trata es tener en cuenta estas indicaciones:

- Si después de ambos hay un verbo, entonces el pronombre relativo es un pronombre sujeto.
    - *The man, who was in a hurry, is my neighbourhood /* El hombre, que tenía prisa, era mi vecino.
    - *A traffic sign that stood on the street couldn´t be read /* Una señal de tráfico que estaba en la calle no podía ser leída.

- Si después de ambos no aparece inmediatamente un verbo sino un sustantivo o un pronombre, entonces se trata de un pronombre complemento. En este caso, *WHO* se puede reemplazar por *WHOM.*
  - *Our neighbour, who the car belonged to, is at hospital /* Nuestro vecino, al que pertenece el coche, está en el hospital.
  - *A traffic sign that someone had put on the street is in French /* Una señal de tráfico que alguien puso en la calle está en francés.

5. Verbos

5.1. Verbos auxiliares: do, be, y have. Características y usos

Los verbos auxiliares en inglés se denominan *"auxiliary verbs"* o *"helping verbs"* y son: ***BE, DO*** y ***HAVE.*** Se utilizan en combinación con verbos principales para formar oraciones negativas e interrogativas, así como tiempos compuestos continuos o perfectos, y la voz pasiva. Estos también pueden funcionar solos como verbos principales con un significado propio en una oración.

El verbo ***BE*** puede funcionar como auxiliar o como verbo principal. Tiene una conjugación totalmente irregular para todas las personas y en todos los tiempos. En la forma continua, este se conjuga en presente, pasado, presente perfecto o pasado perfecto y se combina con el verbo principal de la oración en gerundio, es decir, acabado en *-ing.*

PRESENT:

- *I am.*
- *He/she/it is.*
- *We/you/they are.*

PAST:

- *I/he/she/it was.*
- *We/you/they were.*

Por tanto, a estas formas del verbo habrá que añadir el verbo no auxiliar según el tiempo verbal, por ejemplo:

- ***PRESENT CONTINUOUS.*** *He is playing football* / Él está jugando al fútbol.
- ***PAST CONTINUOUS.*** *He was playing football* / Él estaba jugando al fútbol.
- ***PRESENT PERFECT CONTINUOUS.*** *He has been playing football* / Él ha estado jugando al fútbol
- ***PAST PERFECT CONTINUOUS.*** *He had been playing football* / Él había estado jugando al fútbol.
- ***PRESENT SIMPLE/PAST SIMPLE.*** *The house is/was built* / La casa es/fue construida.
- ***PRESENT PERFECT/PAST PERFECT.*** *The house has/had been built* / La casa ha/había sido construida.
- ***FUTURE SIMPLE.*** *The house will be built* / La casa será construida.

Anotación

En la voz pasiva, el verbo be se conjuga en presente o pasado simple, o presente o pasado perfecto, o en futuro y se combina con el verbo principal de la oración en participio.

El verbo ***BE*** también puede funcionar como verbo principal, con los significados de "ser" o "estar". En ese caso, a diferencia del resto de verbos en inglés, no necesita ningún otro verbo auxiliar para formar oraciones afirmativas, negativas o interrogativas:

- **Afirmativa.** *They are happy* / Ellos están felices.
- **Negativa.** *They are not bored* / Ellos no están cansados.
- **Interrogativa.** *Are they at home?* / ¿Están ellos en casa?

El verbo ***HAVE*** se puede utilizar como verbo principal, significando "tener", o como verbo auxiliar significando "haber". Tiene una conjugación irregular en todos los tiempos.

PRESENT:

- *I/we/you/they have.*
- *he/she/it has.*

PAST:

- *I/he/she/it/we/you/they had.*

PERFECT PARTICIPLE:

- *I/he/she/it/we/you/they had.*

Como verbo auxiliar, sirve para formar tiempos compuestos en oraciones en voz activa y pasiva. En las oraciones en voz activa, este permite formar los tiempos perfectos. En estos casos, se conjuga en presente, usando la forma correspondiente ***HAVE*** o ***HAS,*** o en pasado ***HAD,*** y se combina con el verbo principal de la oración en participio en las formas simples, o en gerundio en las formas continuas junto con el verbo *BE* en participio.

- ***PRESENT PERFECT SIMPLE.*** *He has played football /* Él ha jugado al fútbol.
- ***PAST PERFECT SIMPLE.*** *He had played football /* Él había jugado al fútbol.
- ***PRESENT PERFECT CONTINUOUS.*** *He has been playing football /* Él ha estado jugando al fútbol.
- ***PAST PERFECT CONTINUOUS.*** *He had been playing football /* Él había estado jugando al fútbol.
- ***PRESENT PERFECT/PAST PERFECT.*** *The house has/had been built /* La casa ha/había sido construida.

Anotación

En las oraciones en voz pasiva, el verbo ***HAVE*** se conjuga en presente o en pasado y se combina con el verbo ***BE*** y el verbo principal de la oración en participio.

Importante

Para expresar posesión en inglés, existen los verbos ***HAVE*** y ***HAVE GOT.*** La única diferencia entre ellos es que el primero se comporta como un verbo principal y el segundo como uno auxiliar.

HAVE GOT solo se puede utilizar en presente.

Si se utiliza ***HAVE*** como verbo principal, necesita el auxiliar ***DO*** para formar oraciones negativas e interrogativas, como el resto de verbos.

Por último, ***DO*** puede funcionar como verbo principal, con el significado "hacer", o como verbo auxiliar sin significado. Tiene una conjugación irregular en todos los tiempos.

PRESENT:

- *I/we/you/they do.*
- *He/she/it does.*

PAST:

- *I/he/she/it/we/you/they did.*

Como auxiliar, este sirve para formar oraciones negativas e interrogativas en presente y en pasado. En oraciones negativas, se conjuga en presente, ***DO*** o ***DOES,*** o en pasado ***DID,*** y se combina con el verbo principal de la oración en infinitivo.

PRESENT SIMPLE:

- *He does not play football /* Él no juega al fútbol.

PAST SIMPLE:

- *He did not play football /* Él no jugaba al fútbol.

En oraciones interrogativas, se conjuga en presente o en pasado, y encabeza la interrogación seguido del sujeto y del verbo principal de la oración en infinitivo.

PRESENT SIMPLE:

- *Does he play football? /* ¿Juega él al fútbol?

PAST SIMPLE:

- *Did he play football? /* ¿Jugaba él al fútbol?

Debemos recordar cuándo NO usar este auxiliar en oraciones negativas e interrogativas:

- Si el verbo principal de la oración es *BE,* por ejemplo, *"I am not angry. Are you okay?".*
- En presencia de otro verbo auxiliar en la oración *(have, be, will),* por ejemplo, *"They are not sleeping", "Have you heard that?".*
- En presencia de un verbo modal *(can, could, may, might, must, ought to, shall, should, will, would),* por ejemplo, *"We must go now", "Can you repeat that, please?".*
- En oraciones interrogativas con la partícula *WHO,* por ejemplo, *"Who sings that song?"*

Como verbo principal en las oraciones negativas e interrogativas, este verbo se combina con un verbo ***DO*** adicional que funciona como auxiliar, como si se tratara de otro verbo cualquiera.

- Afirmativa: *She does her homework every day.*
- Negativa: *She doesn't do her homework every day.*
- Interrogativa: *Does she do her homework every day?*

5.2. Formas impersonales del verbo be en pasado y perfecto

En esta forma del verbo ***BE*** no hay sujetos, por eso se llama impersonal. En español, simplemente utilizamos el verbo haber y lo conjugamos en el tiempo que queramos expresar, sin que nadie sea el sujeto. Pero en inglés, se utiliza el verbo ***TO BE*** y se pone un sujeto constante, siempre el mismo, que es ***THERE*** *(there is, there was, there would be...)* y se conjuga el verbo ***TO BE*** en el tiempo que queramos (presente simple, pasado simple, futuro perfecto, condicional simple...).

Para los demás tiempos, como pueden ser futuro perfecto, condicional..., se usa el infinitivo ***BE*** o el participio ***BEEN*** tanto para plural como para singular, luego solo hay una forma.

Recuerda

Como el verbo *TO BE* es un verbo auxiliar, la interrogativa se hace cambiándose la posición con el sujeto (en este caso, *THERE*) y la negativa añadiendo *NOT* detrás del verbo conjugado.

- *There is a glass on the table /* Hay un vaso encima de la mesa.
- *There aren´t any flowers in the garden /* No hay ninguna flor en el jardín.
- *Is there any child in the pool? /* ¿Hay algún niño en la piscina?

Anotación

La forma impersonal del verbo haber en español solo tiene singular: ***había un gato, había dos gatos...*** Sin embargo, en inglés siempre se distingue singular de plural y, además, también se usa el singular con los sustantivos incontables.

IMPERSONAL TENSES ***TIEMPOS IMPERSONALES***		
Present	*There is* *There are*	Hay
Past	*There was* *There were*	Había Hubo
Present Perfect	*There has been* *There have been*	Ha habido
Past Perfect	*There had been*	Había habido
Future	*There will be* *There will have been* *There is going to be* *There are going to be*	Habrá Habrá habido Va a haber
Conditional	*There would be* *There would have been*	Habría Habría habido

5.3. Presente continuo para expresar el futuro. Otra forma de referirse al futuro: presente simple

El uso de tiempos verbales en inglés para referirnos al futuro puede ser un poco confuso. Siempre están las formas más conocidas formadas con ***WILL*** y ***BE GOING TO*** + ***INFINITIVE,*** pero además existen otras dos posibilidades en las que se utilizan las dos formas de presente simple y continuo para hablar de algo que pasará en un futuro.

El presente continuo se utiliza para expresar el futuro cuando hablamos de actividades que ya están planeadas o acuerdos de futuro *(arrangements).* Si ya tenemos algo previsto que vamos a realizar en un momento determinado se suele utilizar esta forma verbal.

Por ejemplo, has quedado con un amigo para ir al cine el sábado: *"I am meeting my friend on Saturday to go to the cinema. I think we will like the new movie".* En la segunda frase se utiliza *WILL* porque es la forma de futuro de probabilidad y se utiliza para predicciones más subjetivas, mientras que las formadas con *BE GOING TO* son más objetivas.

Otro ejemplo, si el médico te ha dado hora para la semana que viene: *"I'm seeing the doctor next Monday"*.

Por otro lado, el presente simple también se puede usar, como en español, para referirnos a una acción que se realizará en el futuro. Por ejemplo, cuando decimos que un evento ocurrirá tal día a tal hora del futuro: *"The film starts at 9pm tomorrow evening"*.

Por tanto, se puede decir que se usa para horarios. Al ser acciones periódicas, es decir, que se repiten en el tiempo, el presente simple nos sirve para referirnos a ellas tanto en inglés como en español. Por ejemplo: *My train leaves at 5am next Thursday /* Mi tren sale a las 5 am el próximo jueves.

El presente simple se utiliza con acciones que se repiten en el tiempo y el presente continuo se utiliza para los planes:

- *I'm having dinner with my cousin /* Voy a cenar con mi primo.
- *I'm travelling to Punta Canta in February /* Viajo a Punta Cana en febrero.

Con el último ejemplo podemos observar que el presente continuo no se suele usar para referirse al futuro en inglés si la situación a la que nos referimos está fuera del control de la persona, por ejemplo, "va a llover", "va a caer la bolsa", etc.

Tanto el presente simple como el continuo necesitarán especificar un tiempo determinado *(tomorrow, next week, in 2 years, etc.)* si queremos utilizarlos para referirnos al futuro en inglés.

5.4. Pasado continuo. Contraste entre el pasado simple y el pasado continuo

El pasado continuo se encuentra con diferentes nombres en inglés *"past continuous"*, *"progressive past"*... Se trata de uno de los tiempos verbales más importantes y usados en inglés. Por ello, y con el fin de mejorar la expresión verbal y escrita, en el momento de utilizarlo vamos a repasar en qué momentos debemos usarlo, las estructuras afirmativa, negativa e interrogativa, y algunos ejemplos.

Respecto a sus usos en inglés, algunos son:

- Expresar acciones o estados que estaban llevándose a cabo en el pasado cuando otra acción o estado la interrumpe o refuerza. E.g. *I was walking when I saw an eagle /* Estaba caminando cuando vi un águila.
- Ofrecer contexto, es decir, dar información sobre hechos o situaciones en un tiempo específico. E.g. *Last year, I was studying for the exams / 5.4.* El año pasado, estaba estudiando para los exámenes.
- Mencionar dos o más acciones del pasado que sucedieron al mismo tiempo. E.g. *While my son was playing videogames, I was sleeping /* Mientras mi hijo estaba jugando a los videojuegos, yo estaba durmiendo.

Por otro lado, las estructuras del pasado continuo en sus formas afirmativa, negativa e interrogativa son las siguientes:

Afirmativa	Sujeto + verbo auxiliar (to be) + verbo en gerundio (ing) + complemento	*Your dog was playing with its toys when I arrived /* Tu perro estaba jugando con sus juguetes cuando llegué
Negativa	Sujeto + verbo auxiliar (to be) + not + verbo en gerundio (ing) + complemento	*I was not studying Physics at that time /* No estaba estudiando Física en aquel tiempo
Interrogativa	Verbo auxiliar (to be) + sujeto + verbo en gerundio (ing) + complemento +?	*Were you eating candies when I entered the room? /* ¿Estabas comiendo dulces cuando entré al cuarto?

Anotación

Como se puede apreciar en la tabla el verbo auxiliar de este tiempo verbal es el verbo *TO BE (was/were).*

Respecto al contraste entre el pasado simple y el pasado continuo, el segundo tiene claras diferencias con el primero, las cuales se pueden resumir de la siguiente forma.

El pasado simple es para acciones que empezaron y terminaron en el pasado. El pasado continuo se usa para acciones que se estaban llevando a cabo en el pasado.

- Simple: *She watched a film yesterday* / Ella vio una película ayer.
- Continuo: *She was watching a film yesterday when I called her* / Ella estaba viendo una película ayer cuando la llamé.

Cuando hay dos acciones consecutivas, es decir, primero ocurre una y después la otra, se usa el pasado simple, pero si las acciones son simultáneas, se usa el pasado continuo. Ya sea que algo ocurre mientras se desarrollaba otra acción, por ejemplo, *He was reading when his little sister started to cry* / Él estaba leyendo cuando su hermana pequeña empezó a llorar. O que las dos acciones se hayan desarrollado al mismo tiempo, por ejemplo, *Yesterday, while I was listening to music, my friend was watching movies* / Ayer, mientras yo estaba escuchando música, mi amiga estaba viendo películas.

Por lo general, para las acciones habituales se usa pasado simple, pero se puede usar el continuo para subrayar una acción que se llevó a cabo de forma temporal, por ejemplo, *When I was sick, my mother was visiting me everyday* / Cuando estaba enfermo, mi mamá me visitaba todos los días.

Por otro lado, el pasado continuo se usa para darle dinamismo a las narraciones, por ejemplo, *He was singing alone, when suddenly a shadow appeared in the mirror* / Él estaba cantando solo, cuando de repente una sombra apareció en el espejo.

Por lo general, los verbos de estado, aquellos que como su nombre indica expresan estados (por ejemplo, *LOVE*), no suelen conjugarse en pasado continuo, a excepción de las siguientes cuatro situaciones:

- Para indicar una situación temporal. E.g. *I was loving hanging out with you* / Me estaba gustando salir contigo.
- Para indicar acciones voluntarias. E.g. *She was smelling that lotion* / Ella estaba oliendo esa loción.

- Con verbos de pensamiento o reflexión, esto quiere decir que se trata de ideas recientes o de las que no se siente seguridad. E.g. *They were regretting their decision to sell their house* / Ellos se estaban arrepintiendo de su decisión de vender su casa.
- Si FEEL se conjuga en pasado continuo significa un estado. E.g. *I was feeling good until my nap time* / Me estaba sintiendo bien hasta la hora de mi siesta.

5.5. Futuro simple *(I'll be there at eight o'clock)*. Otros usos de *´ll:* ofrecimiento/promesa

El futuro simple es un tiempo verbal que se utiliza para describir acciones que se van a desarrollar en el futuro sin necesidad de aclarar en qué momento se producirán. Su equivalente en el idioma español es el futuro imperfecto.

Algunos de sus usos más frecuentes son:

- Para predecir un evento. E.g. *We will organize next year's trip* / Nosotros organizaremos el viaje del siguiente.
- Para expresar acciones voluntarias. E.g. *I will help you with your homework* / Te ayudaré con tu tarea.
- De forma negativa, expresa rechazo. E.g. *Martha won't pick us up at the cinema* / Martha no nos recogerá en el cine.
- Expresa sugerencia, a través de *SHALL*. E.g. *We shall leave tomorrow morning* / Nosotros nos iremos mañana por la mañana.
- Con el uso de algunos pronombres personales, se expresan ciertas acciones:
- *YOU* usado para dar órdenes. E.g. *You will go to the school tomorrow!* / ¡Irás al colegio mañana!
- *I* conjugado con *SHALL* se usa para ofrecer instrucciones, consejos o expresar acciones voluntarias. E.g. *Shall I make the graduation speech?* / ¿Debería yo hacer el discurso de graduación?

- *I will study the lesson* / Yo estudiaré la lección (No se menciona en qué tiempo).
- *He will travel to London* / Él viajará a Londres (No se especifica cuándo).
- *They will buy a new car* / Ellos comprarán un nuevo auto (No se sabe en qué momento).

Aunque también se puede expresar el tiempo en el que se desarrollará la acción.

- *Susan will visit her mother tomorrow* / Susan visitará a su madre mañana.
- *John will travel to New York the next month* / John viajará a Nueva York el próximo mes.

Este tiempo verbal utiliza para su construcción el auxiliar ***WILL*** seguido del verbo principal en infinitivo:

- **Afirmativa.** *I/you/he/she/it/we/you/they will... dance.*
- **Negativa.** *I/you/he/she/it/we/you/they will not... dance.*
- **Interrogativa.** *Will I/you/he/she/it/we/you/they... dance?*

Anotación

También se puede usar en la afirmación la contracción de *WILL* colocando **'ll** al pronombre y en la negación en lugar de *WILL NOT* se puede utilizar la forma contraída ***WON'T:***

- *I'll play tennis* / Jugaré al tenis.
- *We'll paint the house* / Pintaremos la casa.
- *She won't buy a house* / Ella no comprará una casa.

El auxiliar ***SHALL*** solo se utiliza para la primera persona del singular y del plural, mientras que el auxiliar ***WILL*** se puede utilizar en todos los casos. ***SHALL NOT*** se contrae en ***SHAN'T.***

En inglés usamos *will/shall* para hacer ofrecimientos. El primero para hacer ofrecimientos en afirmativas y para hacer promesas.

- *We'll help you with your homework* / Nosotros te ayudaremos con tu tarea.
- *I'll carry the heavy parcel for you* / Llevaré la caja pesada por ti.
- *She will help you tomorrow* / Ella te va a ayudar mañana.
- *I will love you forever* / Te voy a amar para siempre.

El segundo lo utilizamos para preguntar a otro si quiere que le hagamos un favor, de igual modo que en español solemos usar la fórmula "¿Quieres que...?". En inglés no se suele usar la fórmula *"Do you want...?"* sino que diremos *"Shall I... ?".* E.g. *Shall I go with you?* / ¿Quieres que vaya contigo?

5.6. Otros verbos modales: should y would, have to, may/might, should, must

Los *"modal verbs"* se usan para diferentes situaciones como mostrar que creemos que algo es certero o posible, para hacer ofertas, hablar de habilidades, pedir permiso, hacer solicitudes, obligación, etc. Estos son usados junto con otros verbos en su forma base o junto con el auxiliar ***HAVE.***

Ejemplo

- *I can speak Italian /* Puedo hablar italiano.
- *She should know /* Ella debe saberlo.
- *May I ask you a question? /* ¿Te puedo hacer una pregunta?
- *He might not be here on time /* Él puede que no llegue a tiempo.

Los verbos modales más comunes son:

- ***May - Might.***
- ***Must - Have to.***
- ***Should.***
- ***Would.***

Estos se pueden desarrollar tanto en oraciones afirmativas, negativas y preguntas.

Por un lado, ***MAY*** y ***MIGHT*** normalmente tienen la misma intensidad, sin embargo, el segundo es usado con un toque de menos posibilidad de que algo suceda. Algunos de sus usos son: dar y pedir permiso, expresar deseos, especular acerca de acciones pasadas, etc.

Ejemplo

- *He might notice it /* Él podría dares cuenta (posibilidad).
- *She may not have another slice of pizza /* Ella no puede tomarse otra porción de pizza (permiso).
- *May I come in? /* ¿Puedo pasar? (permiso).
- *May the Lord help us /* Que el señor nos ayude (deseo).

La diferencia entre ***MUST*** y ***HAVE TO*** es que el primero se ocupa para expresar obligación impuesta por parte de quien habla, y el segundo expresa obligación personal hacia algo externo. Los usos más comunes de ambos son: obligación, deducción, énfasis en necesidad, fuerte recomendación... Por otra parte, ***MUSTN'T*** expresa prohibición.

- *You must show your passport* / Debes mostrar tu pasaporte (obligación).
- *She must have paid in advance* / Ella debe haber pagado por adelantado (deducción).
- *You must go to that disco* / Debes de ir a esa discoteca (recomendación fuerte).
- *You mustn't use your phone while driving* / Tú no debes usar el móvil mientras conduces (prohibición).

SHOULD es usado para dar consejos, hablar de situaciones posibles en el tiempo presente y en el futuro. Este puede ser reemplazado por ***OUGHT TO*** sin tener un cambio en el significado.

- *Mom, you should check your email* / Mamá debes comprobar tu correo electrónico (consejo).
- *Lorena should be in the office now* / Lorena debe estar en la oficina ahora (situación posible en el presente).
- *You guys should get the job; your presentation was the best* / Chicos debéis conseguir el trabajo, vuestra presentación era la mejor (situación posible en el futuro).

WOULD es usado para hacer invitaciones de manera formal, para describir una predicción, para hablar de hábitos en el pasado, para no sonar mal educado u ofensivo al momento de estar en desacuerdo con alguien, etc.

- *When I was a child I would visit my grandmother every weekend* / Cuando era un niño, visitaba a mi abuela cada fin de semana (hábitos del pasado).
- *I would like to add that the introduction of the project needs to be redone* / Me gustaría añadir que la introducción del proyecto necesita ser rehecha (forma educada de estar en desacuerdo).
- *It would be awesome to go to Disney* / Sería maravilloso ir a Disney (descripción de una predicción).

5.7. La voz pasiva en el presente y pasado simples (These T-shirts are made in China)

Una frase activa indica que un sujeto realiza una acción, como, por ejemplo, *Mary opens the window in the morning /* María abre la ventana por la mañana.

En cambio, la pasiva solo informa del desarrollo de una acción. Por lo tanto, el sujeto carece de importancia, aunque, a veces, verás que aparece en alguna frase. Por ejemplo, *The window is opened in the morning /* La ventana se abre por la mañana.

Gracias a la pasiva, exponemos una idea general en lugar de personalizar la acción en una persona concreta. Es decir, se habla de lo que se hace, no de quién lo hace. En general, la voz pasiva en presente y pasado se emplea por escrito, sobre todo en el ámbito periodístico. Esto no quiere decir que se pueda utilizar cuando se habla. De hecho, hay ciertas formas que siempre se dicen en pasiva, como nacer *(I was born).*

Además, hay ciertas acciones que resultan más sencillas de comunicar al prescindir del sujeto. Por ejemplo, a la hora de hablar de acontecimientos históricos, descubrimientos o transmitir información donde la persona que haya realizado la acción carezca de importancia. Por otro lado, la pasiva resulta más formal que la activa en determinadas circunstancias. Así que, es importante usarla al escribir un cartel.

- *That film was shot in my village /* Esa película se rodó en mi pueblo.
- *This house was built in 1987 /* Esta casa fue construida en 1987.
- *The printing press was invented in the 15th century /* La imprenta se inventó en el siglo XV.
- *These shoes are made in Costa Rica /* Estos zapatos están hechos en Costa Rica.
- *Dinner is served by the restaurant /* La cena es servida por el restaurante.

La estructura de la voz pasiva en presente lleva siempre el verbo *TO BE* en sus formas de presente *(am/is/are)* seguido del verbo de la activa en pasado participio *(-ed/3rd column irregular verbs)*. El objeto de la frase activa pasa a ser sujeto de la frase en pasiva y el sujeto de la frase activa pasa a ser sujeto paciente en la frase pasiva, introducido por la preposición *BY*. Por tanto, existen cuatro partes en la estructura de este tipo de oraciones:

Objeto	**Verbo *TO BE***	**Pasado participio**	**Agente**
The dinner	*is*	*served*	*by the restaurant.*

Dependiendo del contexto, el agente que realiza la acción puede estar o NO en la oración. En muchas ocasiones el agente no está en oración debido a múltiples razones. Simplemente, se puede omitir el agente cuando no se considere importante. No es una obligación usarlo.

Por ejemplo, *The house was built in 1987 /* La casa fue construida en 1987. En esta oración no decimos quién construyó la casa porque puede que no sea relevante para la idea que queremos expresar.

Por tanto, la estructura a recordar es:

Sujeto + Auxiliar + INFINITIVO + Objeto directo (activa)
Objeto directo + BE + PARTICIPIO+ BY + Sujeto (pasiva)

Por otro lado, para el pasado, si la frase activa está en pasado simple haremos exactamente lo mismo que con las pasivas de presente, pero usando la forma del verbo *TO BE* correspondiente al pasado *(was/were)* y el pasado participio del verbo de la frase en voz activa.

- *My car was stolen last night* / Mi coche fue robado la pasada noche.
- *That house was built in the 1920s* / Aquella casa fue construida en los años 20.
- *The film "Titanic" was directed by James Cameron* / La película Titanic fue dirigida por James Cameron.
- *War and Peace was written in 1869* / Guerra y Paz fue escrito en 1869.
- *The planet Neptune was discovered in 1846* / El planeta Neptuno fue descubierto en 1846.

La voz pasiva en presente y pasado solo es factible cuando la frase tenga objeto directo. Es decir, si quieres transformar *"I went to the cinema yesterday"* en pasiva no se puede.

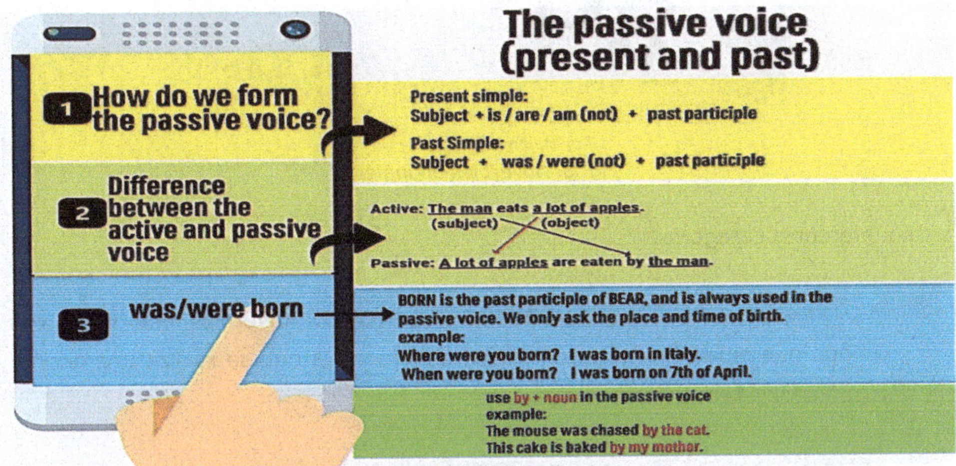

Pic. 7. Passive voice changes

Fig. 7. Cambios de la voz pasiva

6. Adverbios

Los adverbios son una clase de palabras cuyos elementos son invariables y tónicos, están dotados generalmente de significado léxico y modifican el significado de varias categorías, principalmente de un verbo, de un adjetivo, de una oración o de una palabra de la misma clase. Es decir, nos indican de qué manera alguien hace algo o de qué manera algo pasa. En español estas formas suelen acabar en **–mente** y en inglés normalmente en **-ly.** Son palabras que podemos llegar a utilizar mucho cuando hablamos o escribimos.

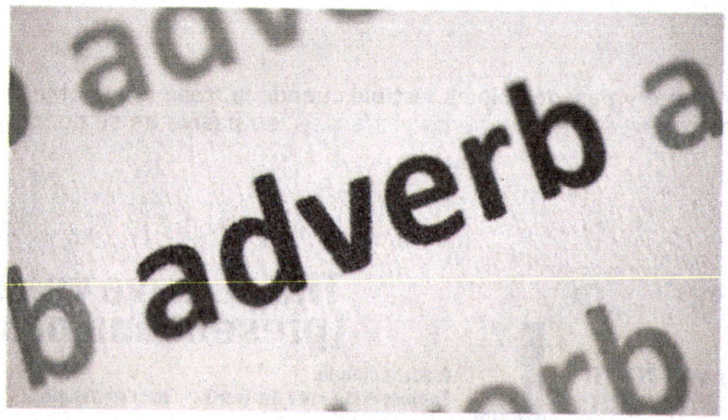

Pic. 8. English adverbs
Fig. 8. Adverbios en inglés

Existen diferentes categorías:

- ***MANNER ADVERBS /*** **ADVERBIOS DE MODO.** Adverbios que utilizamos cuando queremos expresar cuál es la manera en la que se realiza una acción. E.g. *Slowly /* Lentamente.

- ***ADVERBS OF PLACE /*** **ADVERBIOS DE LUGAR.** Este es el tipo de adverbios que utilizamos cuando queremos indicar dónde se realiza una acción. E.g. *Here /* Aquí.

- ***ADVERBS OF TIME /*** **ADVERBIOS DE TIEMPO.** Los usaremos cuando queramos expresar en qué momento se realiza una acción. E.g. *Now /* Ahora.

- ***ADVERBS OF DURATION* / ADVERBIOS DE DURACIÓN.** Este tipo de adverbios son aquellos que suelen responder a preguntas del tipo *"For how long...?"*. Son aquellos que usamos para que nos ayuden a expresar la permanencia o perpetuidad, el transcurso de ciertas y determinadas acciones. E.g. *For five minutes /* Durante cinco minutos.

- ***ADVERBS OF FRECUENCY* / ADVERBIOS DE FRECUENCIA.** Es el tipo de adverbios de los que nos valemos cuando lo que queremos es expresar la regularidad o la periodicidad con la que una acción se realiza. Para ello, la pregunta que solemos hacer es *"How often?"*. E.g. *Always /* Siempre.

- ***ADVERBS OF ORDER* / ADVERBIOS DE ORDEN.** Este es el grupo de adverbios del que hacemos uso cuando lo que queremos es expresar el orden o la posición en la que suceden los hechos, así como también nos ayudan a enumerar. E.g. *First /* Primero.

- ***ADVERBS OF DEGREE* / ADVERBIOS DE GRADO.** Estos son los adverbios que utilizaríamos si lo que queremos es indicar la intensidad o el grado en los que se realiza una determinada acción. Son aquellos que responden a preguntas tales como *"To what degree?"*. E.g. *Hardly /* Apenas.

- ***ADVERBS OF CERTAINTY* / ADVERBIOS DE CERTEZA.** Son el tipo de adverbios del que nos valemos cuando lo que queremos es expresar verdad, seguridad o certidumbre para ciertas y determinadas acciones. Para saber cuál es el grado de seguridad o certeza la pregunta que nos hacemos es *"How sure?"*. E.g. *Certainly /* Ciertamente.

6.1. Expresión de la comparación de superioridad con los adverbios more + adv than

La comparación de adverbios en inglés es prácticamente igual a la comparación de adjetivos y sigue las mismas reglas. Si conocemos bien la comparación de adjetivos en inglés, también sabremos la comparación de adverbios.

Por tanto, de igual modo que hicimos con los adjetivos, debemos distinguir adverbios cortos de adverbios largos. Son adverbios cortos los de una sola sílaba, contada según se pronuncie no según se escriba, y son adverbios largos el resto.

- **Adverbios cortos.** La comparación positiva de los adverbios cortos se hace añadiendo -er al adverbio seguido de ***THAN.***
  - *You must come earlier tomorrow /* Mañana tienes que venir más temprano.

- **Adverbios largos.** La comparación positiva de los adverbios largos (de tres o más sílabas) se hace poniendo ***MORE*** delante del adverbio y ***THAN*** detrás. La mayoría de adverbios terminados en -ly son largos.
  - *You must do it more quickly /* Tienes que hacerlo más rápido.
  - *Can you speak more loudly? /* ¿Puedes hablar más alto?

Anotación

Existe un error típico que se comete y es pensar que, como con los adjetivos, los adverbios de dos sílabas terminados en -y forman el comparativo sustituyendo dicha letra por una -i y añadiéndole -er.

Could you speak a bit more slowly? NOT Could you speak a bit slowlier?

Es un error muy típico con palabras como *slowly* o *quickly,* lo correcto en el caso de los adverbios es simplemente utilizar *MORE* delante.

Importante

No es obligatorio poner *THAN* en inglés igual que no es obligatorio poner "que" en español. Todo depende de lo que queramos decir, y funciona igual en los dos idiomas. Sin embargo, es importante recordar que, si queremos poner ese "que" en la comparación de adverbios, es siempre *THAN,* nunca *THAT.*

6.2. Formas sintéticas: faster, harder, e irregulares better, worse

Las relaciones, similitudes y dependencias entre adverbios y adjetivos son un tema amplio ya que hay adverbios y adjetivos que a veces se ven de manera idéntica, por ejemplo:

- *Small – small /* Pequeño - pequeño.
- *Hard – hard /* Difícil – duro.
- *Fast – fast /* Rápido – rápido.
- *Cold – cold /* Frío - frío.
- *Late – late /* Tarde – tarde.
- *High – high /* Alto – alto.

Para distinguir los adverbios de los adjetivos hay que fijarse en el contexto y en la función de la palabra en la oración. Es decir, ver qué es lo que la palabra describe: una cosa, una persona, un hecho o una acción.

En cuanto a los adjetivos como ***high, deep, cool, warm, cold, hot, present, short,*** etc., cuando se añade el sufijo –ly, el adverbio que se forma se usa en un sentido figurativo, no literal.

Ejemplo

- *He spoke very highly about Alice /* Él habló muy bien de Alice.
- *Mrs. Tess welcomed us warmly /* La señora Tess nos recibió cálidamente.

Al igual que pasa con los adjetivos, hay adverbios en inglés que tienen la comparación y el superlativo irregulares y que hay que aprenderse porque no siguen ninguna norma. Estos coinciden con los adjetivos irregulares.

ADVERB	COMPARATIVE FORM	EXAMPLE
Well	*Better (than)*	*She can read better* / Ella puede leer mejor
Badly	*Worse (than)*	*He drives worse* / Él conduce peor
Little	*Less (than)*	*Speak less, do more* / Habla menos, haz más
Much	*More (than)*	
Many	*More (than)*	
Ill	*Worse (than)*	*He feels worse* / Él se siente peor
Far	*Farther (than) / further (than)*	*I ran farther* / Corrí más lejos

6.3. Compuestos de –where: somewhere, anywhere, nowhere, everywhere

Los compuestos de ***-where*** se usan todos para indicar lugar, pero los cuatro tienen un significado y uso diferente, por lo que vamos a analizarlos individualmente.

SOMEWHERE significa estar cerca de una cantidad o número. Se puede especificar utilizando *"somewhere between"* o *"somewhere around".*

- *It costs somewhere between ten and twuenty pounds* / Costó cerca de entre diez y veinte libras.
- *Anna is somewhere around 35 years old* / Ana está cerca de los 35 años.

Cuando se usa como nombre, significa un lugar no especificado, o no definido.

- *We need to stop somewhere to use the bathroom soon* / Necesitamos parar en cualquier lugar para usar el cuarto de baño pronto.
- *They are going somewhere on holidays* / Van a ir a algún lugar de vacaciones.

ANYWHERE puede ser tanto un adverbio como un nombre. Se utiliza también en relación a lugares, cualquier lugar, pero también puede usarse para enfatizar, describiendo la gran cantidad de lugares posible donde algo podría pasar o alguien podría ir.

- *I could live anywhere* / Podría vivir en cualquier lugar.
- *Anywhere you can find free food, you can find me* / En cualquier lugar que haya comida gratis, podrías encontrarme.

NOWHERE se usa para referirse a algo o alguien que no está en ningún sitio. El verbo siempre debe ir en afirmativo.

- *I have nowhere to sit* / No tengo sitio para sentarme.
- *They live in the middle of nowhere* / Viven en medio de la nada.

EVERYWHERE puede ser tanto adverbio como nombre. Se utiliza para hablar sobre estar o ir a todos los lugares, aunque se usa siempre en singular. También se usa para describir cosas que son comunes y por tanto pueden encontrarse en todos los lugares.

- *I bring a water bottle with me everywhere I go* / Llevo una botella de agua a todos sitios a donde voy.
- *There are birds everywhere, not just in South America* / Hay pájaros en todos sitios, no solo en Sudáfrica.

6.4. Forma, uso y posición más frecuente de los adverbios y locuciones adverbiales para indicar: lugar y dirección; modo, tiempo, cantidad y frecuencia; afirmación y negación (also, too, I don´t like it either)

Anteriormente se estudió qué es un adverbio y su uso, y ahora vamos a ampliar conocimientos con las locuciones adverbiales, las cuales son una expresión fija formada por varias palabras que equivale a un adverbio. Las locuciones adverbiales modifican a un verbo, un adjetivo, un adverbio, enunciado y a una oración entera.

Estas admiten clasificarse en los mismos grupos que se clasifican los adverbios: de tiempo, de lugar, de modo, de cantidad, de afirmación, de negación y de duda.

Las funciones que suelen tener las locuciones adverbiales dentro de la oración son de complemento circunstancial del verbo o bien son modificadores o modalizadores oracionales. Además, se tratan como una entidad singular que, aunque estén formadas por varias palabras, tienen un sentido y significado estables.

En la mayoría de los casos, como su propio nombre indica su posición es junto al verbo, pero dependiendo del tipo pueden ir antes o después del verbo, además de al inicio de frase.

Veamos la posición más común para cada tipo.

Tipo de adverbio	Posición inicial	Posición media (antes del verbo principal)	Posición final (al final de la oración)
Modo	*Quietly, she ate her bread*	*She quietly ate her bread*	*She ate her bread quietly*
Tiempo	*Yesterday, she went to the beach*		*She went to the beach yesterday*
Frecuencia	*Sometimes, we watch movies in the cinema*	*We sometimes watch movies in the cinema*	*We watch movies in the cinema sometimes*
Lugar	*Outside, there are chairs and tables*		*There are chairs and tables outside*
Probabilidad	*Perhaps they're going to Madrid this year*	*They are perhaps going to Madrid this year*	*They are going to Madrid this year perhaps*
Grado		*They are too busy to have a vacation*	

ALSO, TOO y ***EITHER*** tienen el mismo significado, pero se usan diferente. Todos se usan para expresar como cosas o personas son lo mismo, su traducción es "también", aunque en el caso de *EITHER* al usarse con oraciones negativas se traduce por "tampoco".

TOO se usa al final de una oración afirmativa, por ejemplo:

- *She likes hip-hop. I like hip-hop too /* A ella le gusta hip-hop. A mí también.
- *Mark is tall. Bill is tall, too /* Mark es alto. Bill es alto también.

ALSO también se usa con oraciones afirmativas pero su posición es diferente, se sitúa detrás del verbo *TO BE,* por ejemplo:

- *Tina is tired. I´m also tired /* Tina está cansada. Yo estoy cansada también.
- *Greg was sick yesterday. Mary was also sick yesterday /* Greg estuvo enfermo ayer. María estuvo también enferma ayer.
- *Anna is sleeping. Mary is also sleeping /* Ana está durmiendo. María está también durmiendo.

Por otro lado, se usa delante de cualquier otro verbo, por ejemplo:

- *He likes pizza. I also like pizza /* A él le gusta la pizza. A mí también me gusta la pizza.
- *You live in the city. I also live in the city /* Tú vives en la ciudad. Yo también vivo en la ciudad.

Por último, también se usa detrás de los verbos modales y delante de los verbos de acción, por ejemplo:

- *She will go. I will also go /* Ella irá. Yo iré también.
- *They should come. You should also come /* Ellos deben venir. Tú también debes venir.

EITHER se utiliza en oraciones negativas y su posición es siempre la última palabra de la frase, por ejemplo:

- *She isn´t tall. Her brother isn´t tall either /* Ella no es alta. Su hermano tampoco es alto.
- *Mary doesn´t work here. Time doesn´t work here either /* María no trabaja aquí. Tim no trabaja aquí tampoco.
- *Peter wasn´t happy yesterday. Ben wasn´t happy either /* Pedro no estaba feliz ayer. Bob no estaba feliz tampoco.

Otro uso es para dar alternativas. En este caso su traducción es **"tanto"** y se usa con ***OR,*** por ejemplo: *We can either go to the beach or go to the mountain /* Podemos ir tanto a la playa como a la montaña.

ALSO no se usa en respuestas cortas, en esos casos se usa *TOO* cuando la respuesta corta es afirmativa y *EITHER* cuando la respuesta corta es negativa:

- *I hate this* / Odio esto.
  - *Me too* / Yo también.
- *I haven't seen that movie* / No he visto esa película.
  - *Me either* / Yo tampoco.

Cuando estamos escribiendo, podemos usar una coma antes de *TOO* o *EITHER* pero no es necesario hacerlo, es una elección de la persona que escribe:

- *All my friends have a dog. I want a dog too.*
- *All my friends have a dog. I want a dog, too.*

7. Enlaces

7.1. Preposiciones de lugar, dirección y tiempo frecuentes y su uso

Las preposiciones de tiempo y lugar a veces pueden resultar complicadas entre sí al estudiarlas en inglés, ya que no se corresponden con su uso en español. En inglés hay tres preposiciones muy comunes que se usan tanto para indicar lugar como tiempo, estas son ***IN, ON*** y ***AT.*** Se usará una u otra dependiendo del grado de concreción: general o específico.

A. Preposiciones de tiempo

En inglés, la preposición ***IN*** se utiliza cuando el momento al que nos referimos no está definido en el tiempo de manera concreta, por ejemplo, meses, años, décadas o siglos. También se puede utilizar para referirnos a un momento del día o una estación del año, por ejemplo, *in the morning/afternoon* (en la mañana/tarde) o *in winter/summer* (en invierno/verano). Pero como siempre hay excepciones, para referirnos a la noche decimos *at night,* no ~~*in the night.*~~

- *Elisa starts school in September* / Elisa empieza el colegio en septiembre.
- *He was born in 1994* / Él nació en 1994.
- *He prefers to swim in the morning* / Él prefiere nadar por la mañana.

ON se utiliza para mencionar un día de la semana o del mes, también para fechas y días festivos con la palabra *DAY*.

- *It is closed on Saturdays and Sundays* / Está cerrado los sábados y domingos.
- *This special edition was published on 6th December* /Esta edición especial fue publicada el 6 de diciembre.
- *I'm as happy as a little girl on Christmas Day* / Estoy tan feliz como una niña pequeña el día de Navidad.

AT se utiliza para indicar momentos muy concretos en el tiempo. Por ejemplo, una hora del día o un momento de la jornada (desayuno, almuerzo, etc.). También se utiliza para mencionar vacaciones que no lleven la palabra *DAY*.

- *I'll be there at 10 o'clock* / Estaré allí a las diez en punto.
- *We usually meet at lunchtime* / Solemos encontrarnos en el almuerzo.
- *This dish is consumed mainly at Christmas* / Este plato se consume principalmente en Navidad.

B. Preposiciones de lugar

IN se utiliza cuando hacemos referencia a espacios cerrados o delimitados. También cuando un objeto o persona se encuentra dentro de dicho espacio. En cuanto a localizaciones, se utiliza cuando hablamos de barrios, ciudades o países.

- *My father usually takes a nap in the living room* / Mi padre suele echarse la siesta en el salón.
- *Bill found the keys in his suitcase* / Bill encontró las llaves en su maleta.
- *This restaurant's in the Soho district* / Este restaurante está en el Soho.
- *Martha lives in Madrid* / Marta vive en Madrid.

Siguiendo con las localizaciones, utilizamos la preposición ***ON*** para referirnos al nombre de calles (no barrios). Se usa también para referirnos a algo que se encuentra sobre una superficie horizontal o vertical, tecnología, medios de comunicación y vehículos grandes.

- *Lucy spent most of her time on Oxford Street* / Lucía pasó la mayor parte del tiempo en la calle Oxford.
- *He left his coat on the bed* / Él dejó su abrigo sobre la cama.
- *We were speaking on the phone for hours* / Estuvimos hablando por teléfono durante horas.
- *I watched a film on the airplane* / Vi una película en el avión.

La preposición ***AT*** se utiliza cuando nos referimos a una posición muy concreta en el espacio. Es decir, direcciones o localizaciones exactas (casa, trabajo, la esquina, etc.).

- *Emma lives at 137 Harley Street* / Emma vive en el 137 de la calle Harley.
- *The dog was waiting for him at the corner* / El perro le estaba esperando en la esquina.
- *I was at work when Michael arrived* / Yo estaba en el trabajo cuando llegó Michael.

Estudiemos algunas expresiones muy típicas en inglés para así poder recordar más fácilmente cuál es la preposición adecuada.

EXPRESSIONS USING TIME AND PLACE PREPOSITIONS		
IN	**ON**	**AT**
In May, in March	*On Friday*	*At 9 o'clock, at 1:15*
In winter, in summer	*On Saint Valentine's, on Christmas*	*At the front of the crowd*
In the morning, in the afternoon, in the evening	*On May 21*	*At night*
In USA, in China, in London, in Springfield	*On a bike*	*At Christmas, at Easter*
In a shop	*On a train*	*At home*
In a square	*On the floor*	*At school*
In the sea	*On the right*	*At the airport, at the train station*
In a row	*On the carpet*	*At your feet*
In a queue	*On the balcony*	*At the bottom of the page*
In that river	*On the left*	*At the back of the class*

7.2. Otras preposiciones: with, without, about, by

WITH significa *"in the same place as someone or something"* o *"accompanying"*, es decir, "en el mismo lugar que alguien o algo". Por ejemplo, *She arrived with her boyfriend /* Ella llegó con su novio.

Sus usos son variados, de los cuales cabe señalar los siguientes:

- Referido a reacciones o sentimientos *(reactions and feelings)*. E.g. *Are you happy with your music lessons? /* ¿Estás contento/a con tus clases de música?
- Referido al uso *(using)*, es decir, a lo que usamos para una acción. E.g. *They opened the package with a knife /* Ellos abrieron el paquete con un cuchillo.
- Referido a tener o poseer *(having or possessing)*. E.g. *It's the house with the big gate /* Es la casa con la puerta grande.
- Referido al significado de porque *(because of)*. E.g. *I couldn't sleep with the noise of the traffic /* No pude dormir con el ruido del tráfico.

La preposición ***WITHOUT*** significa "sin", es decir, "no tener algo" *(not having something)* o "falta de algo" *(lacking something)*.

- *I can't drink tea without milk /* No puedo beber té sin leche.
- *I found myself in a strange country and without money and with no one to turn to /* Me encontré en un país extraño y sin dinero.

Cuando esta preposición va seguida de un nombre contable en singular se usa el artículo *A/AN*. Por ejemplo, *Don't go out without a hat. It's very cold NOT ~~Don't go without hat~~ /* No salgas fuera sin un gorro. Hace mucho frio.

Si utilizamos ***WITHOUT + -ING FORM*** puede significar "si alguien no hace algo" *(if someone does not do something)*. Por ejemplo, *I couldn't get the picture out of the frame without breaking the glass (if I did not break the glass) /* No pude sacar la foto del marco sin romper el cristal.

No se usa esta preposición con el significado de "aparte de" *(apart from)* o "además" *(in addition)*. Por ejemplo, *Apart from my mother tongue, I can speak two other languages NOT ~~without my mother tongue~~ /* Aparte de mi lengua materna, puedo hablar dos lenguas más.

Esta preposición ya implica un significado negativo, por lo que no se puede usar una palabra negativa inmediatamente después. Por ejemplo, *The flight was delayed and we had to wait for five hours without anything to eat or drink NOT ~~without nothing to eat or drink~~* / El vuelo fue retrasado y tuvimos que esperar durante cinco horas sin nada que comer ni beber.

El significado más común de la preposición ***ABOUT*** es "acerca" *(on the subject of)* o "conectado con" *(connected with).* E.g. *Do you know anything about cricket? /* ¿Sabes algo acerca del cricket?

Hay unas palabras que van seguidas de esta preposición, como: ***complain, concern, excited, happy*** y ***worry.***

Ejemplo

- *He never complains about the pain /* Él nunca se queja del dolor.
- *Everybody was very concerned about the accident /* Todos estaban muy preocupados por el accidente.
- *I'm very excited about coming to France and I can't wait to see you /* Estoy muy emocionado/a por ir a Francia y no puedo aguantar a verte.
- *I'm very happy about my trip /* Estoy muy contento/a por mi viaje.

Por último, la preposición ***BY*** es muy importante en inglés. Muchas veces se traduce al español "por", pero puede tener varios significados. Algunos de los usos más comunes de esta preposición son las categorías del transporte, modos de pago, comunicaciones, etc., y también en la voz pasiva.

Con el transporte se usa para introducir el modo, pero existe la excepción *"on foot"* (a pie). También para hablar de la duración en varios modos de transporte.

- *He went to Helsinki by plane /* Fue a Helsinki en avión.
- *I´m going to Lisbon by train /* Estoy yendo a Lisboa en tren.
- *It's an hour by car, but it takes longer if you go by train /* Es una hora en coche, pero puedes tardar más si vas en tren.

Los medios de comunicación para mandar información también usan esta preposición, con la excepción de *"call someone on the phone"* (llamar a alguien por teléfono).

- *I sent you my account number by email /* Te mando mi número de cuenta por correo electrónico.
- *She´ll send you the documents by fax /* Ella te enviará los documentos por fax.

También se usa en muchos medios de pago, como *"pay by check, pay by credit card"*, pero con el efectivo se dice *"in cash"*.

- *Can I pay by credit card? /* ¿Puedo pagar con tarjeta de crédito?
- *I always pay my rent by bank transfer /* Siempre pago mi alquiler por transferencia bancaria.

Como ya se estudió anteriormente, en la voz pasiva se introduce el sujeto activo con BY al final de la frase. De igual modo, vimos que muchas veces las frases en voz pasiva no utilizan el sujeto, así que no usamos esta preposición en todos los ejemplos (solo cuando el sujeto es importante para entender la frase).

- *That picture was painted by Picasso /* Ese cuadro fue pintado por Picasso.
- *The cookies were made by my grandmother /* Las galletas fueron hechas por mi abuela.

Hay un error común con la expresión "por el momento", en la que no se usa la preposición ***BY*** sino ***AT THE MOMENT.***

7.3. Conjunciones de uso muy frecuente

Las conjunciones *(conjunctions, connecting words or linking words)* son las palabras que se utilizan para unir dos o más partes de una oración, o dos o más oraciones. Existen dos tipos de conjunciones en inglés: coordinante y subordinantes.

Las coordinantes se utilizan para unir dos frases o palabras que tienen el mismo valor, y se colocan entre los dos elementos que conectan. Por ejemplo, *Lots of people are coming to the party, but not all of our friends are coming /* Mucha gente viene a la fiesta, pero no vienen todos nuestros amigos.

Como las conjunciones coordinantes conectan palabras, partes de oraciones u oraciones con el mismo valor gramatical, es posible cambiar el orden de los elementos que unen sin que ello afecte al significado del enunciado completo.

Las conjunciones coordinantes de uso más común son:

- ***AND /*** **Y.**
- ***BUT /*** **PERO.**
- ***HOWEVER /*** **SIN EMBARGO.**
- ***OR /*** **O.**

- ***SO*** / **ASÍ QUE, POR LO TANTO.**
- ***THEN*** / **ENTONCES.**
- ***THEREFORE*** / **POR LO TANTO, POR CONSIGUIENTE.**
- ***YET*** / **SIN EMBARGO, AÚN.**

Por otro lado, las subordinantes se utilizan para unir una frase que depende de otra. La frase dependiente se denomina "frase subordinada" y no tiene sentido sin la otra.

Las conjunciones subordinantes habitualmente se encuentran justo antes de la frase subordinada. Algunas de las de uso más común son:

- ***ALTHOUGH*** / **AUNQUE.**
- ***AS*** / **COMO.**
- ***AFTER*** / **DESPUÉS.**
- ***BEFORE*** / **ANTES.**
- ***IF*** / **SI.**
- ***SINCE*** / **YA QUE, DESDE QUE.**
- ***SO THAT*** / **PARA QUE, DE FORMA TAL QUE.**
- ***UNTIL*** / **HASTA QUE.**
- ***WHEN*** / **CUANDO.**

Resumen

La gramática inglesa no es muy compleja comparada con la de nuestra lengua española, pero si no se conocen las reglas puede parecer difícil. En esta unidad hemos hecho una aproximación de las estructuras básicas del inglés, hemos visualizado ejemplos para ayudar a su comprensión, así como repasado errores frecuentes y excepciones.

Es fundamental conocer los tipos de palabras, sus usos, funciones y conocer su orden en la oración, así como su combinación.

Todas estas reglas son importantes porque nos ayudan a comunicar nuestras ideas y entender las ideas de otras personas de forma correcta, por lo que la combinación de la primera unidad sobre vocabulario junto con esta segunda sobre gramática nos ayudará a ser más fluidos y estar más seguros a la hora de comunicarnos.

Una buena gramática no solo nos servirá para demostrar nuestras habilidades con el idioma, también demostrará que somos cuidadosos/as y prestamos atención a los detalles.

Existen muchas situaciones en las que podemos hacer uso de la lengua inglesa, ya sea para buscar trabajo, estudiar, viajar, comunicarnos. También es importante saber adaptar nuestra lengua a la situación que sea requerida, formal o informal.

Glosario

Countable noun

Los nombres contables se refieren a cosas que podemos contar utilizando números. Tienen una forma para el singular y otra para el plural. El singular puede emplear el determinante a o an. Para preguntar por la cantidad de un nombre contable se utiliza la frase "How many?" con el nombre contable en plural.

Gerund

El gerundio es la forma no personal del verbo que expresa duración de la acción verbal; funciona como adverbio y como verbo.

Partitives

Los adjetivos partitivos son adjetivos que expresan la proporción o fracción de un todo señalado mediante un sustantivo. Por ejemplo: un cuarto, medio, un tercio. Estos son un recurso que sirve para poder contar "uncountable nouns".

Past participle

El pasado participio en inglés es la forma del verbo que, en español, tiene las terminaciones -ado o -ido. Siempre se usa con un verbo auxiliar. El pasado participio de los verbos regulares en inglés se forma igual que el pasado del inglés agregando -ed o -d al final del verbo. Sin embargo, de los verbos irregulares cambia dependiendo el verbo, por lo que es necesario aprenderse de memoria las formas del participio de los verbos irregulares.

Quantifiers

Los cuantificadores en inglés (many, much, some, any, no, none, a lot of, plenty of, few, little, enough, too, too many, too much, etc.) son palabras que ayudan a cuantificar qué cantidad hay de algo (mucho, poco, montones, suficiente, demasiado, etc.).

Uncountable noun

Los nombres incontables se refieren a cosas que no se pueden contar. Pueden identificar ideas o cualidades abstractas y objetos fí-sicos que son demasiado pequeños o amorfos como para contarlos (lí-quidos, sustancias en polvo, gases, etc.). Los nombres incontables llevan el verbo en singular. De manera general, no tienen forma plural.

Voice

La voz gramatical es la categoría gramatical asociada al verbo que indica la relación semántica existente entre el sujeto, el verbo y el objeto, que permite decidir si el sujeto es un sujeto agente o un paciente, es decir, su papel temático dentro de la oración.

Actividades

Listening activity

You are going to hear five different people speaking. Choose the best answer, a, b or c.

Archivo: **Listening-U. A. 2.**

1. Speaker one enjoys ___________.

a. Playing computer games.
b. Being by himself.
c. Spending time online.

2. Speaker two finds English ___________ the hardest.

a. Vocabulary.
b. Grammar.
c. Spelling.

3. Speaker three's sister ___________.

a. Has a broken leg.
b. Is in hospital.
c. Is at home.

4. Speaker four didn't take ___________ on his camping trip.

a. Any food and water.
b. A map.
c. A compass.

5. Speaker five usually ___________.

a. Does the dishes.
b. Makes a mess.
c. Does nothing to help.

Speaking activity

Answer the following questions:

- What do you do when you want to relax? Why?
- Do you prefer to relax alone or with anyone?
- Do you think people spend many hours working or studying nowadays?
- Is it important to do exercise in your free time?
- Is it useful to learn new skills in your free time?

Reading activity

Read the following text about teenagers and food around the world and choose the correct answer for each question.

Kyoko, 15, Japan

I love fast food like burgers and pizza and most of my friends are the same. When we meet up at the weekends, we often go to the shopping mall and have a burger and fries. My parents are more traditional though and we still like to have fish, rice and vegetables when we're at home.

Brad, 16, USA

I do a lot of sport so I'm always hungry. I know it's important to eat healthily when you're exercising so I try to have lots of fresh stuff and pasta for energy but I like fast food too. What teenager doesn't?! I know a lot of people think we eat too much here in the States but I don't think that's true.

Joanna, 14, England

I come from a big family and it's a tradition in our house that we all get together for Sunday lunch. My mum's a brilliant cook and she usually does a roast: chicken, beef or lamb. I'm a vegetarian though so she has to do something different for me, but I love all the delicious roast potatoes and fresh vegetables!

Giulia, 16, Italy

I love cooking, especially pasta dishes. Pasta is always much better at home than in a restaurant. And it's so easy and quick. My favourite is spaghetti with olive oil and lots of pepper. It sounds boring but it's delicious.

Kai, 15, Germany

I grew up in Spain because my dad worked there for a few years and that's where he met my mum, so we don't eat typical German food at home. We have more fish than meat and more rice than potatoes.

1. Who doesn't eat meat?

a. Kyoto.
b. Brad.
c. Joanna.
d. Giulia.
e. Kai.

2. Who has a balanced diet to keep fit?

a. Kyoto.
b. Brad.
c. Joanna.
d. Giulia.
e. Kai.

3. Who enjoys cooking simple food?

a. Kyoto.
b. Brad.
c. Joanna.
d. Giulia.
e. Kai.

4. Who has an unusual diet for their country?

a. Kyoto.
b. Brad.
c. Joanna.
d. Giulia.
e. Kai.

5. Who likes similar food to their friends?

a. Kyoto.
b. Brad.
c. Joanna.
d. Giulia.
e. Kai.

Writing activity

Write about someone you know. Use the ideas below to help you. Write about 80 words.

- What is their name?
- How do you know them?
- What do they do?
- Why do you like them?

Ejercicios de autoevaluación

1. ¿Cuál es la forma correcta de la siguiente frase condicional?

a. If I was you, I´ll buy this dress.
b. If I were you, I´ll buy this dress.
c. If I were you, I´d bought this dress.
d. If I were you, I´d buy this dress.

2. ¿Cuál de las siguientes palabras tiene un plural irregular?

a. Bottle.
b. Sheep.
c. Finger.
d. House.

3. ¿Cuál es la forma correcta para expresar un adjetivo en el comparativo de igualdad?

a. As adjetivo as.
b. Less adjetivo than.
c. More adjetivo than.
d. Adjetivo + -er than.

4. ¿Qué palabra se utiliza para completar la siguiente oración: "I have ____________ friends, but not many"?

a. Any.
b. Some.
c. Little.
d. A lot of.

5. ¿Qué pronombre interrogativo se utiliza con los lugares?

a. Whose.
b. When.
c. Where.
d. Who.

6. ¿Cuál de las siguientes oraciones es correcta?

a. The train arrives at quarter past two every weekday.
b. The train will arrive at quarter past two every weekday.
c. The train is arriving at quarter past two every weekday.
d. The train is going to arrive at quarter past two every weekday.

7. ¿Cuál es el modo expresado por "must" en la oración "She must be at work because I phoned her and she didn´t answer?

a. Permission.
b. Obligation.
c. Possibility.
d. Ability.

8. ¿Cuál de los siguientes compuestos de -where se usa con frases afirmativas para expresar negación?

a. Nowhere.
b. Somewhere.
c. Anywhere.
d. Everywhere.

9. ¿Cuál de las siguientes opciones es la correcta para completar la frase "I celebrated my birthday _______ Saturday ______ home?

a. On / In.
b. On / At.
c. In / At.
d. At / In.

10. ¿Cuál de estas preposiciones se utiliza con el significado de "using"?

a. About.
b. By.
c. Without.
d. With.

U. A. 3. Contenidos ortográficos

Introducción

En esta unidad de aprendizaje trataremos todo lo referente a la ortografía de las palabras en inglés. Debemos prestar atención a la escritura de los términos que vamos aprendiendo ya que este conocimiento nos ayudará a expresarnos correctamente, a enriquecer nuestro vocabulario y a entender las palabras que nos vayamos encontrando por primera vez.

Objetivos

Comprensión oral

- Extraer la información esencial, los puntos principales e información específica de textos orales breves, de estructura sencilla y léxico de uso frecuente, sobre asuntos cotidianos, transmitidos de viva voz o por medios técnicos, articulados con claridad a una velocidad lenta, en un registro formal o neutro, en contextos no interactivos.
- Comprender mensajes breves, claros y sencillos, en lengua estándar, dentro de un contexto 14 conversacional y sobre asuntos y aspectos conocidos, en un grado que permita satisfacer las necesidades básicas e identificar el tema, los puntos principales y las intenciones comunicativas, así como el registro formal o informal, con posibilidad de solicitar repeticiones o aclaraciones.

Expresión e interacción oral

- Realizar intervenciones breves y sencillas, comprensibles, adecuadas y coherentes, relacionadas con sus intereses y con las necesidades de comunicación más inmediatas previstas en el programa, en un registro neutro, todavía con pausas e interrupciones, con un repertorio y control limitado de los recursos lingüísticos y con el apoyo de comunicación gestual.
- Participar en conversaciones relacionadas con las situaciones de comunicación más habituales, previstas en el programa, de forma sencilla pero adecuada, reaccionando y cooperando, siempre que su interlocutor también coopere, hable despacio, con claridad y se puedan solicitar aclaraciones.

Comprensión escrita

- Extraer el sentido general, los puntos principales e información específica de textos escritos breves, de estructura sencilla y léxico de uso frecuente, en un registro formal o neutro, sobre asuntos cotidianos, pudiendo releer cuando lo necesite.

- Localizar e identificar información específica y relevante en material publicitario, divulgativo, de consulta, etc. así como comprender instrucciones de uso sencillas sobre aspectos de ámbito común.
- Identificar el sentido general e información relevante de textos descriptivos, explicativos y argumentativos, escritos con claridad y bien organizados, en los que se utilicen estructuras sencillas.

Expresión e interacción escrita

- Escribir textos sencillos, relativos a aspectos cotidianos concretos, adecuados a la situación de comunicación, con una organización y cohesión básicas, en un registro neutro y con un control limitado de los recursos lingüísticos.
- Comprender y escribir notas, cartas y mensajes sencillos, así como mensajes rutinarios de carácter social, adecuados a la situación de comunicación, con una organización y cohesión básicas, utilizando un registro neutro y con un repertorio y control limitado de los recursos, mostrando una actitud positiva y respetuosa hacia las opiniones y los rasgos culturales distintos de los propios.

1. Ampliación de los contenidos ortográficos del nivel A1

Cuando estamos aprendiendo algún idioma como el inglés, es importante practicarlo y a su vez tener en cuenta los pequeños errores gramaticales y ortográficos de aquello cuanto escribimos en ese idioma. Sin duda el inglés es la lengua por excelencia en gran parte del mundo, por lo que debemos prestar especial atención.

Pic. 1. Ortography
Fig. 1. Ortografía

1.1. El alfabeto/los caracteres

El alfabeto inglés está compuesto por 26 letras, 5 vocales (a, e, i, o, u) y 21 consonantes (b, c, d, f, g, h, j, k, l, m, n, p, q, r, s, t, v, w, x, y, z).

En inglés nada se escribe como suena, con tan solo 26 letras el idioma anglosajón tiene alrededor de 50 sonidos. Por eso, es recomendable aprender como ya hemos dicho en otra ocasión, cómo preguntar que nos deletreen una palabra, ya que nos será de gran ayuda.

***How do you spell that?* / ¿Cómo se deletrea eso?**

A continuación, vamos a repasar el alfabeto con su fonética y pronunciación.

LETTER	PHONETICS	PRONUNTIATION
A	/eɪ/	[ei]
B	/bi/	[bi]
C	/si/	[ci]
D	/di/	[di]
E	/i/	[i]
F	/ef/	[ef]
G	/dʒi/	[yi]
H	/eɪtʃ/	[eich]
I	/aɪ/	[ai]
J	/dʒeɪ/	[jei]
K	/keɪ/	[kei]
L	/el/	[el]
M	/em/	[em]
N	/en/	[en]
O	/əʊ/	[ou]
P	/pi/	[pi]
Q	/kju/	[kiu]
R	/ɑ(r)/	[ar]
S	/es/	[es]
T	/ti/	[ti]
U	/ju/	[iu]
V	/vi/	[uvi]
W	/ˈdʌb(ə)l ju/	[dabliu]
X	/eks/	[ex]
Y	/waɪ/	[uai]
Z	/zed/	[set]

1.2. Representación gráfica de fonemas y sonidos

La siguiente tabla refleja la transcripción fonética de las palabras en inglés, tal y como las encontraremos representadas en cualquier diccionario.

Si aprendemos el sonido asociado a los distintos símbolos, conoceremos la pronunciación de cualquier palabra simplemente viendo su representación.

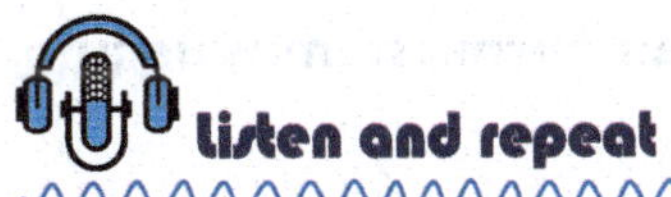

Audio3_1

Listen to the audio file about phonemes and sounds.

iː READ	ɪ SIT	ʊ BOOK	uː TOO	ɪə HERE	eɪ DAY	
e MEN	ə AMERICA	ɜː WORD	ɔː SORT	ʊə TOUR	ɔɪ BOY	əʊ GO
æ CAT	ʌ BUT	ɑː PART	ɒ NOT	eə WEAR	aɪ MY	aʊ HOW

p PIG	b BED	t TIME	d DO	tʃ CHURCH	dʒ JUDGE	k KILO	g GO
f FIVE	v VERY	θ THINK	ð THE	s SIX	z ZOO	ʃ SHORT	ʒ CASUAL
m MILK	n NO	ŋ SING	h HELLO	l LIVE	r READ	w WINDOW	j YES

Pic. 2. Phonemes and sounds

Fig. 2. Fonemas y sonidos

1.3. Uso de los caracteres en sus diversas formas: mayúscula, minúscula y cursiva

A. Mayúscula

Las letras en mayúscula *"capital letters"* (abreviado: *caps*) *o* *"upper case letters"* se usan en inglés para una variedad de cosas, algunas igual que el español y otras distintas.

Es importante usarlas bien al escribir, porque para los angloparlantes son una cosa tan básica que cuando no están, crean un pésimo efecto sobre el lector.

Son especialmente importantes si estás escribiendo una carta o un email formal.

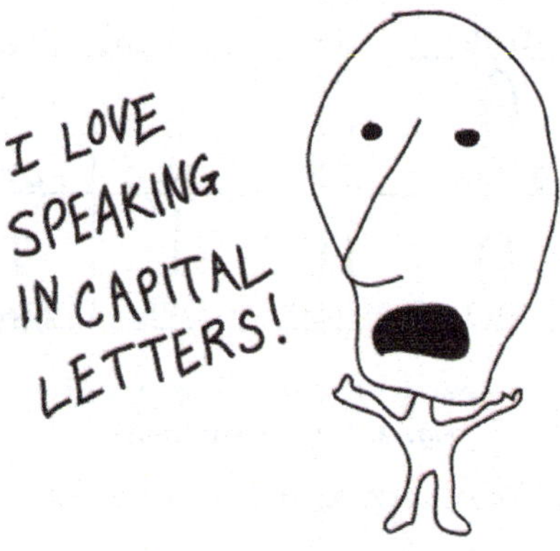

Pic. 3.Capital letters
Fig. 3. Letras mayúsculas

Las 7 reglas para usar las mayúsculas en inglés son las siguientes.

- La primera palabra de una frase **siempre va en mayúscula.**

***The** bus appeared in the distance. **It** approached slowly. **It** stopped. **Clara** got out, carrying her suitcase. **She** saw me and smiled. "**Hi**," she said. "**It**'s been a long time."*

En *reported speech,* cuando tenemos una frase dentro de otra, usamos mayúscula, aunque sea técnicamente en medio de otra frase.

Sara said, "Hi Tom. What's up?".

"Hi Tom", va en mayúscula porque es una frase nueva dentro del *reported speech.*

- **Nombres propios** (ciudades, países, lugares geográficos, personas, eventos... cosas específicas y únicas).

Paris, Berlin, Jerusalem, the Philippines, Argentina, John Smith, Mary Williams, Mount Everest, Hawaii, the Atlantic Ocean, Waterloo Station, Main Street, Piccadilly Circus, World War II, the Renaissance, the Mississippi River, etc.

Aparte de las siguientes excepciones: idiomas, días y meses, etc.

- **El pronombre personal I** (pero no los demás pronombres).

- *I went to Paris /* Yo fui a París.
- *When I was in Paris, I saw Maria /* Cuando estuve en París, vi a María.
- *She took me to her favorite places in the city /* Ella me llevó a sus lugares favoritos en la ciudad.

- **Días de la semana, meses, y días festivos.**
  - Días de la semana: *Monday, Tuesday, Wednesday, Thursday, Friday, Saturday, Sunday.*
  - Los meses del año: *January, February, March, April, May, June, July, August, September, October, November, December.*
  - Días festivos: *Christmas, Easter, Hanukkah, Thanksgiving, Independence Day.*
  - Pero No las estaciones del año: *summer, fall/autumn, winter, spring.*

- **Nacionalidades, idiomas, religiones, etnias y gentilicios** en general.

- *He's Spanish, and his wife is Belgian* / Él es español, y su mujer es belga.
- *They're Brazilian, so they speak Portuguese* / Ellos son portugueses, por lo que hablan portugués.
- *My neighborhood is great. There are Chinese people, Germans, Italians and Jamaicans living here* / Mi vecindario es fantástico. Ellos son chinos, alemanes, italianos y jamaicanos viviendo aquí.
- *Many Londoners complain about the high cost of living* / Muchos londinenses se quejan sobre el alto coste de la vida.
- *In the United States, there are a lot of Protestants, but in Spain there are more Catholics* / En Estados Unidos, hay muchos protestantes, pero en España hay más católicos.

- Se debe usar mayúscula en **títulos personales como Mr, Dr, etc.**

- *Mr Jones, Mrs Thompson, Doctor Garcia, President Obama, General Ulysses S. Grant, Sgt Pepper, etc.*
- *I had dinner with the Vice President of the Coca Cola Company* / Cené con el vicepresidente de la empresa Coca Cola.
- Si estás escribiendo y usas un título en vez del nombre para dirigirte a una persona, también: *What are you doing, Mom?* / ¿Qué estás haciendo mamá?
- *Is everything okay, Mr President?* / ¿Está todo bien señor presidente?

- Las palabras principales de los **títulos de películas, libros, artículos de prensa, etc.**

  Preposiciones ***(to, for, with)*** y artículos ***(a, an, the)*** generalmente NO, pero todo lo demás usa mayúscula.

The Wolf of Wall Street, A Tale of Two Cities, Indiana Jones and the Temple of Doom, The Joy of Cooking, Crime and Punishment, The 4-Hour Work Week.

Las reglas del inglés no las "decide" nadie en concreto. No existe una organización como la Real Academia. Pero son convenciones que generalmente se siguen.

B. Minúscula

Las letras en minúscula, en inglés se denominan *"lowercase"* o *"small letters"*. Estas tienen su origen en el hecho de que en las antiguas imprentas tenían organizadas las letras en dos cajas diferentes / *cases*=: las mayúsculas arriba / *upper* y las minúsculas abajo / *lower*.

El uso de ellas es muy sencillo, ya lo usaremos siempre que no usemos mayúscula.

C. Cursiva

La cursiva *"italics"* se usa para especificar los títulos y nombres de trabajos u objetos en particular para diferenciarlos del resto de la frase. También puede ser usada para enfatizar en los escritos / *writings,* pero solo de vez en cuando.

Veamos los usos más comunes:

- Para especificar títulos en los libros, revistas, periódicos, panfletos, obras de teatro, poemas, películas, programas de televisión, de radio, composiciones musicales, comics, programas de software. / *To specify titles of books, magazines, newspapers, pamphlets/booklets, plays, long poems, movies, TV shows, radio shows, musical compositions, comic strips, and software programs.*
- Nombres de ciertos vehículos como barcos, aviones, naves espaciales y trenes. / *To specify certain vehicles. Such as ships, aircraft, spacecrafts, and trains.*
- Palabras extranjeras dentro de un texto inglés. / *To specify foreign words within an English text.*
- Nombres científicos de plantas y animales. / *To specify scientific names of plants and animals.*
- Para especificar palabras, letras y números. / *To specify words, letters, and numbers.*

1.4. Signos ortográficos: acento, apóstrofo, diéresis, guion

A. Acento

En español usamos las tildes para indicar cuál es la sílaba que lleva la fuerza en la entonación. Pero en inglés, las palabras no llevan tilde, las palabras que la llevan son préstamos / *loans* de otras lenguas. En inglés no marcan gráficamente la sílaba tónica / *stressed syllable.* Determinar dónde debemos poner el acento o golpe de voz en la palabra puede ser difícil, si no conocemos la pronunciación de la palabra. Necesitamos conocerla para acentuarla correctamente, y de no hacerlo podemos cometer errores en la información que queremos expresar.

Vamos a practicar pronunciando las siguientes palabras en las que hemos marcado *the stressed syllable,* es decir, aquellas en las que debemos marcar el golpe de voz.
Hotel, email, promise, interesting dessert, desert, mobile, develop development, component, Internet, guitar, aggressive.

B. Apóstrofo

Los apóstrofos *"apostrophes"* pueden ser difíciles, ya que pueden formar posesivos, como ya vimos con el uso del genitivo sajón / *saxon genitive,* y pueden indicar que se han contraído palabras / *contractions and omissions.*

Una *contraction* es la forma corta de una palabra o un grupo de palabras en las que se omiten una o ciertas letras o sonidos. Las contracciones más comunes están hechas en los verbos, auxiliares o modales. Veamos su forma contraída para ser capaces de reconocerlas y usarlas correctamente.

CONTRACTIONS	UNCONTRACTED	EXAMPLES
-n't	not	Isn't (is not), hasn't (has not)
-'re	are	They're (they are), we're (we are), you're (you are)
-'d	had, would	She'd (she had, she would), I'd (I had, I would)
-'ll	will	We'll (we will), you'll (you will)
-'s	is	He's (he is), it's (it is)
I'm	I am	
let's	let us	

Contractions son muy usadas, pero no si estamos haciendo un escrito formal, en ese caso debemos evitarlas, excepto en casos como *o'clock (of the clock),* donde la forma sin contraer apenas se usa.

Saber más

Debemos de no caer en el mal uso de los *apostrophes* para indicar plural, suele ser un error común llamado "el apóstrofo del tendero" / *the grocer's apostrophe,* ya que es frecuente verlo en los anuncios de las tiendas como, por ejemplo: *3 orange's for a pound!* Pero recordemos que se trata de un error.

C. Diéresis

La diéresis *"diaeresis"* o *"dieresis"* podemos encontrarla también en inglés en algunas palabras, generalmente en nombres o apellidos como *Zöe* o *Brontë.* En algunas palabras su uso es opcional, como por ejemplo *naïv* /naíf/ ingenuo. La mayoría de estas palabras vienen de idiomas como el francés y han sido responsables de enriquecer y ampliar el inglés a lo largo de la historia. Por supuesto, dicha influencia suele causar confusión, especialmente en la ortografía.

D. Guion

Existen dos tipos de guiones *"hyphen"* / guion corto, que une dos o más palabras y *"dash"* / guion medio que separa frases explicativas, a modo de paréntesis. Pese a tener usos diferentes, en ocasiones ambos tipos de guion se confunden debido a que su aspecto es similar. Los *"hyphens"* no están separados por espacios, mientras que un *"dash"* tiene espacios a ambos lados.

1. Hyphen

Por lo general, se utiliza para unir dos términos o partes de palabras con intención de evitar ambigüedades o confusiones. Se usa para preservar la claridad del texto, por ejemplo, cuando coinciden las letras final e inicial al añadir un prefijo o en los parentescos.

- *run-down.*
- *up-to-date.*
- *co-operate.*
- *bell-like.*
- *anti-nuclear.*
- *post-colonial.*
- *great-grandmother.*

Utilizamos el *"hyphen"* para escribir cifras compuestas, del veintiuno al noventa y nueve.

- *fifty-one.*
- *eighty-nine.*
- *thirty-two.*
- *sixty-five.*

Al escribir fracciones en inglés, colocamos un guion corto entre el numerador y el denominador, excepto cuando alguno de los términos ya incluye guion.

- *two-fifths.*
- *one-third.*
- *three-tenths.*
- *nine-hundredths.*
- *sixty-nine eighty-ninths.*

Empleamos el *"hyphen"* cuando una cifra es parte de un adjetivo compuesto.

- *France has a 35-hour working week.*
- *He won the 100-metre sprint.*

2. Dash

El guión medio o "dash" puede utilizarse en inglés para añadir frases explicativas o comentarios, de forma similar a los paréntesis. En la escritura formal conviene utilizar paréntesis en lugar de guiones, ya que este último signo se considera más informal. También puede emplearse para crear énfasis en una oración.

- *You may think she is a liar - she isn't.*
- *She might come to the party - you never know.*

2. Ortografía de palabras extranjeras

Muchas palabras del inglés vienen de otras lenguas, absorbe muchos términos que se conocen como *"préstamos lingüísticos"* / *language loans,* en especial si se añadieron recientemente. La mayoría de estas palabras provienen de los idiomas romances que derivan del latín, en especial del francés. Otras lenguas también han contribuido con préstamos a lo largo de los tiempos.

Del holandés: *Coleslaw /* Ensalada de repollo; *Boss /* Jefe; *Booze /* Bebida.
Del japonés: *Typhoon /* Tifón; *Tsunami; Sushi.*
Del portugués: *Banana; Baroque /* Barroco; *Flamingo /* Flamenco.
Del árabe: *Alcohol; Apricot /* Albaricoque; *Orange /* Naranja.
Del sánscrito: *Grass /* Césped; *Committee /* Comité; *Love /* Amor.
Del ruso: *Balaclava /* Pasamontañas; *Mammoth /* Mamut.

El inglés moderno sigue adquiriendo préstamos de otros idiomas, algo que no debería sorprendernos. Al tratarse de la lengua franca occidental más utilizada, el inglés necesita adoptar palabras de otros idiomas, campos de estudio, desarrollos tecnológicos y jergas para mantener su fuerte posición en un mundo interconectado.

3. Estructura silábica. División de palabras al final de línea

Como en todas las lenguas, en inglés podemos dividir la palabra en sílabas / *syllables.* Existen palabras con diferentes números de sílabas y según el número el acento se sitúa en una u otra sílaba.

SYLLABLES **SÍLABAS**
ONE SYLLABLE WORDS
The, cold, quite, bed, add, start, hope, clean, trade, green, chair, cat, sign, pea, wish, drive, plant, square, give, wait, law, off, hear, trough, eat, rough, trout, shine, watch, for, out, catch, flight, rain, speech, crab, lion, knot, fixed, slope, reach, trade, light, moon, wash, trend, balm, walk, sew, joke, tribe
TWO SYLLABLE WORDS
Party, special, today, quiet, orange, partner, table, demand, power, retrieve, doctor, engine, diet, transcribe, contain, cabbage, mountain, humour, defend, spatial, greedy, exchange, manage, carpet, although, trophy, insist, tremble, balloon, healthy, shower, verbal, business, mortgage, fashion, hover, butcher, magic, broken
THREE SYLLABLE WORDS
Fantastic, energy, expensive, wonderful, laughable, badminton, idiot, celery, beautiful, aggression, computer, journalist, horrify, gravity, temptation, dieting, trampoline, industry, financial, distinguished, however, tremendous, justify, inflation, creation, injustice, energise, glittering, tangible, mentalise, laughable, dialect, crustacean, origin
FOUR SYLLABLE WORDS
Understanding, indecisive, conversation, realistic, moisturising, American, psychology, gregarious, independence, affordable, memorandum, controversial, superior, gymnasium, entrepreneur, traditional, transformation, remembering, establishment, vegetation, affectionate, acupuncture, invertebrate
FIVE SYLLABLE WORDS
Organisation, uncontrollable, inspirational, misunderstanding, conversational, opinionated, biological, subordination, determination, sensationalist, refrigerator, haberdashery, hospitality, conservatory, procrastination, disobedience, electrifying, consideration, apologetic, particularly, compartmentalise, hypochondria
SIX SYLLABLE WORDS
Responsibility, idiosyncratic, discriminatory, invisibility, capitalisation, extraterrestrial, reliability, autobiography, unimaginable, characteristically, superiority, antibacterial, disciplinarian, environmentalist, materialism, biodiversity, criminalisation, imaginatively, disobediently
SEVEN SYLLABLE WORDS
Industrialisation, multiculturalism, interdisciplinary, radioactivity, unidentifiable, environmentalism, individuality, vegetarianism, unsatisfactorily, electrocardiogram

3.1. División de palabras al final de línea

La partición de palabras *"hyphenation"* es el proceso a través del cual algunas palabras se dividen en sílabas al llegar al final de la línea. Con objeto de indicar al lector que una palabra se ha dividido, empleamos el guion *"hyphen"*, del cual ya hemos hablado anteriormente, constituye uno de los elementos imprescindibles para un cuerpo de texto legible y armónico.

Hay veces que cuando estamos escribiendo en inglés, necesitamos separar la palabra para continuar en la siguiente línea, pero la forma de separarla no es igual que en español, ya que las sílabas no se corresponden con las sílabas que vemos ortográficamente.

Pic. 4. Separating syllables
Fig. 4. Separando sílabas

Por ello, prestemos atención a estas reglas para contar el número de sílabas y así separar las palabras correctamente en caso de que sea necesario.

- **Contamos las vocales de la palabra.** Descartamos las vocales que no se pronuncian como suele ser el caso de la *–e* al final de ciertas palabras, por ejemplo, en el caso del verbo *come.* Recordemos que los diptongos funcionan como un solo sonido.
- **Contamos los sonidos vocálicos que nos quedan**. El número de sílabas es igual al número de sonidos vocálicos que oímos.
- **Los fonemas representados por dos letras (dígrafos)**. NO se dividen, como, por ejemplo: *teach-ing, cock-ed, brush-es.*

- **Palabras compuestas** ***"compound words"***. Se separan sus componentes; *sun-flower; grand-mother; base-ball.*
- **Una consonante** ***"consonant"*** **entre dos vocales** ***"vowels".*** La palabra se puede cortar después de la consonante: *river: riv-er; teasing: teas-ing.*
- **Dos consonantes (o más) entre dos vocales**. Se separan las consonantes *cutter: cut-ter; supper: sup-per; hungry: hun-gry.*
- **Dos vocales juntas y cada una forma parte de una sílaba diferente.** Se separan: *riot: ri-ot; quiet: qui-et; liar: li-ar.*
- **Una sílaba formada por una única vocal**. Perfectamente puede quedar suelta: *speculate: spec-u-late; awake: a-wake.*
- **Prefijos.** Separamos el prefijo de la raíz: *un-tied, dis-place, re-write.*
- **Sufijos**. Separamos la raíz del sufijo: *grate-ful, help-less.*
- **La terminación** ***–tion***. Forma una sílaba aparte: *vacation: va-ca-tion; communication: com-mu-ni-ca-tion.*
- **La terminación en** ***–ed***. Solo podrá separarse si le precede una t o una d: *start-ed* pero no en *wel-comed.*

Resumen

La ortografía en inglés es muy importante, ya que escribir correctamente nos hará tener un buen dominio de la lengua y nos facilitará la comunicación que tengamos que realizar. Hoy en día, escribimos mucho, de forma informal; internet, mensajes de texto, redes sociales y formalmente; haciendo reseñas sobre productos que compramos, correos electrónicos a diferentes empresas con diferentes motivos, reportes e invitaciones.

Saber cómo deletrear correctamente ayuda a que otros te entiendan. Y por eso le acabamos de dedicar una unidad a esta área de la lengua inglesa. Además, la ortografía nos ayudará a entender mejor aquello que leemos: cuanto más aprendemos sobre cómo se escriben las palabras, mejor sabemos cómo funcionan. Lo que nos ayudará a descifrar lo que significan palabras nuevas y cómo pronunciarlas.

Resumen

Glosario

Reported speech

El discurso indirecto es la descripción de lo que alguien ha dicho, sin usar las palabras exactas.

Diéresis

Para definir la diéresis, podríamos decir que son esos dos pequeños puntitos horizontales que se colocan sobre una vocal o consonante.

Language loans

Loanword es un préstamo lingüístico, en el que se adopta una palabra de otra lengua, siendo incorporada sin traducción.

Trout

La trucha es un pescado de la familia del salmón.

Brush

Un cepillo es una herramienta con cerdas, hilos u otros filamentos, utilizados para la limpieza, el cuidado del cabello, el maquillaje, la pintura, el acabado superficial y para muchos otros fines.

Actividades

Listening activity

Listen to three patients talking to a doctor. Choose the best answer, a, b or c.

Archivo: **Listening-U. A. 3.**

1. The doctor says Ana hasn't got __________.

a. a broken arm.
b. a headache.
c. a pain in her arm.

2. The doctor thinks Ana should __________.

a. go to hospital.
b. go to school on Monday.
c. rest her leg.

3. The doctor thinks Pedro has got __________.

a. a headache.
b. a temperature.
c. a cold.

4. The doctor thinks Pedro should __________.

a. drink lots of fruit juice.
b. drink lots of water.
c. take some medicine.

5. The doctor tells Jane to take the medicine for __________.

a. three days.
b. five days.
c. a week.

Speaking activity

Answer the following questions:

- How do you normally celebrate your birthday?
- Do you prefer to celebrate it at home or out? Why?
- Who do you normally invite? Friends? Family? Both?
- What do you do?
- When was the last time you went to a birthday?

Reading activity

Read the following text and choose the correct answer for each question.

Buying and selling on YouBuy

One way to sell something is to use YouBuy. YouBuy is a popular shopping website where people can buy and sell most things after they have registered with it. When someone is selling something, YouBuy gives them instructions on how to put information on the website and how much money the seller pays them. It's not expensive, it's not very difficult to do and sometimes it doesn't take very long to sell things.

Lots of people look on YouBuy every day. One day my mother put a wool jumper and some leather boots on YouBuy and eleven people wrote to ask her about the boots. She sold them to the person who wanted to give her the most money. But you don't always get a lot of money for your things. My older brother put his guitar on YouBuy and nobody wanted to pay more than £10 for it. He decided not to sell it.

Sometimes YouBuy is brilliant for buying things and my dad always uses it for sports things. My mum hates using YouBuy for clothes and my brother doesn't like to buy computer things on it. My aunt really hates YouBuy because she always sees something she likes but she never has any money to spend. But most people love it and think it's a great way to buy, sell and save money!

1. The writer says that using YouBuy is _______________.

a. easy.
b. difficult.
c. strange.

2. The writer's mother sold some _____________ shoes on YouBuy.

a. wool.
b. wood.
c. leather.

3. When did the writer's brother sell his guitar on YouBuy?

a. Some days later.
b. Never.
c. Soon.

4. Who doesn´t like to buy clothes on YouBuy?

a. His dad.
b. His mum.
c. His brother.

5. The writer's aunt __________________ using YouBuy.

a. likes.
b. hates.
c. dislikes.

Writing activity

Read this topic and write your answer using at least 80 words.

Imagine someone in your family bought something online but had a problem.

Use the questions below to help you.

- What did he/she buy?
- What was the problem?
- What did he/she do?
- What happened in the end?

Ejercicios de autoevaluación

1. ¿Cuál es la pregunta que utilizamos si queremos que nos deletreen algo?

a. How do you say that?
b. How do you write that?
c. How do you spell that?
d. Which are the letters?

2. ¿Qué pronombre se escribe en inglés siempre con "capital letters"?

a. She.
b. I.
c. He.
d. It.

3. ¿Cuál de los siguientes grupos de palabras no se escriben con "capital letters"?

a. Seasons.
b. Months.
c. Days.
d. Nationalities.

4. ¿Cómo se escribe "cursiva" en inglés?

a. Uppercase.
b. Italics.
c. Lowercase.
d. Bold.

5. ¿Cuáles son los usos del "apostrophe"?

a. Possession, compounds and plural.
b. Possession, emphasizing, contractions and omissions.
c. Possession, contractions and omissions.
d. Compounds, saxon genitive and plural.

6. ¿Cuál de las siguientes palabras no es un "loanword"?

a. Ball.
b. Ballet.
c. Zucchini.
d. Orange.

7. ¿Cuál es la forma correcta de separar la siguiente palabra en sílabas?

a. E-asy.
b. Ea-sy.
c. E-a-sy.
d. Eas-y.

8. ¿Cuál es el número de sílabas de la palabra "autobiography"?

a. Five.
b. Six.
c. Seven.
d. Eight.

9. ¿Cuál de las siguientes formas está escrita correctamente?

a. The Lord Of The Rings.
b. The Lord of the Rings.
c. the Lord of the Rings.
d. The lord of the rings.

10.¿Cuál de las siguientes contracciones es incorrecta?

a. Can't.
b. Oughtn't.
c. Won't.
d. Musn't.

U. A. 4. Contenidos fonéticos y fonológicos

Introducción

En esta unidad de aprendizaje trataremos todo lo referente a la pronunciación, interpretación de los símbolos fonéticos para hacerlo de forma correcta.

La fonética y la fonología son disciplinas distintas, pero complementarias. La fonética estudia, desde distintos puntos de vista, los sonidos del habla en general (fonos), de cualquier lengua, en su carácter físico; mientras que la fonología estudia las producciones fónicas (fonemas) en su carácter de elementos de un sistema perteneciente a una lengua determinada.

Es importante ser independientes a la hora de pronunciar y para ello es muy importante saber interpretar los símbolos que aparecen en cualquier diccionario antes de la definición. Vamos a hacer una pequeña introducción en estas áreas ya que se trata de un tema complejo que ni la mayoría de los nativos conocen a la perfección.

Objetivos

Comprensión oral

- Extraer la información esencial, los puntos principales e información específica de textos orales breves, de estructura sencilla y léxico de uso frecuente, sobre asuntos cotidianos, transmitidos de viva voz o por medios técnicos, articulados con claridad a una velocidad lenta, en un registro formal o neutro, en contextos no interactivos.
- Comprender mensajes breves, claros y sencillos, en lengua estándar, dentro de un contexto 14 conversacional y sobre asuntos y aspectos conocidos, en un grado que permita satisfacer las necesidades básicas e identificar el tema, los puntos principales y las intenciones comunicativas, así como el registro formal o informal, con posibilidad de solicitar repeticiones o aclaraciones.

Expresión e interacción oral

- Realizar intervenciones breves y sencillas, comprensibles, adecuadas y coherentes, relacionadas con sus intereses y con las necesidades de comunicación más inmediatas previstas en el programa, en un registro neutro, todavía con pausas e interrupciones, con un repertorio y control limitado de los recursos lingüísticos y con el apoyo de comunicación gestual.
- Participar en conversaciones relacionadas con las situaciones de comunicación más habituales, previstas en el programa, de forma sencilla pero adecuada, reaccionando y cooperando, siempre que su interlocutor también coopere, hable despacio, con claridad y se puedan solicitar aclaraciones.

Comprensión escrita

- Extraer el sentido general, los puntos principales e información específica de textos escritos breves, de estructura sencilla y léxico de uso frecuente, en un registro formal o neutro, sobre asuntos cotidianos, pudiendo releer cuando lo necesite.

- Localizar e identificar información específica y relevante en material publicitario, divulgativo, de consulta, etc. así como comprender instrucciones de uso sencillas sobre aspectos de ámbito común.
- Identificar el sentido general e información relevante de textos descriptivos, explicativos y argumentativos, escritos con claridad y bien organizados, en los que se utilicen estructuras sencillas.

Expresión e interacción escrita

- Escribir textos sencillos, relativos a aspectos cotidianos concretos, adecuados a la situación de comunicación, con una organización y cohesión básicas, en un registro neutro y con un control limitado de los recursos lingüísticos.
- Comprender y escribir notas, cartas y mensajes sencillos, así como mensajes rutinarios de carácter social, adecuados a la situación de comunicación, con una organización y cohesión básicas, utilizando un registro neutro y con un repertorio y control limitado de los recursos, mostrando una actitud positiva y respetuosa hacia las opiniones y los rasgos culturales distintos de los propios.

1. Reconocimiento y producción de los fonemas vocálicos y consonánticos. Diptongos con mayor dificultad

Una de las dificultades que tiene la pronunciación en inglés, es que el sonido de las palabras no necesariamente tiene relación con su ortografía. La mejor forma de aprender es familiarizándonos con ellos y practicando.

Los fonemas ***(phonemes)*** son cada uno de los sonidos que posee un idioma. Por ejemplo, el español contiene 24 fonemas, de los cuales 5 son de vocales y 19 de consonantes.

La diferencia está, en que el inglés posee casi el doble que el español, o sea 44 fonemas. De estos, 24 corresponden a consonantes, 12 a vocales, ya que dependiendo de las letras que las acompañen sonarán de una forma u otra y 8 diptongos.

Pic. 1. The importance of pronouncing correctly

Fig. 1. La importancia de pronunciar correctamente

A. Fonemas vocálicos

Las vocales según su sonido en inglés se clasifican en las siguientes.

1. Vocales cortas

/ɪ/	Esta es la "i" corta y se usa en palabras como: *bill, it, hit, live.*	Audio4_1
/e/	Esta suena igual a nuestra "e". Por ejemplo: *end, test, friend, bed.*	Audio4_2
/æ/	Esta se pronuncia como una "a" y se encuentra en palabras como: *cat, can, hat, plan.*	Audio4_3
/ʌ/	Esta es otra "a" corta, pero se articula de manera diferente. Por ejemplo: *up, cut, luck.*	Audio4_4
/ɒ/	Este fonema se pronuncia como una "o" corta, y la podemos encontrar en palabras como *sorry, clock, rock, hot.*	Audio4_5
/ʊ/	Su pronunciación es como nuestra u, pero más corta. Por ejemplo: *pull, foot, could, put.*	Audio4_6
/ə/	Este se pronuncia como una combinación entre la "o" y la "a". Se puede encontrar en palabras como: *away, about, nervous.*	Audio4_7

2. Vocales largas

/ā/	Se pronuncia "ei". La podemos encontrar en palabras como: *baby, snail.*	Audio4_8
/i:/	Se pronuncia como una "i" larga, o sea "ii". Por ejemplo: *bee, me, beach, repeat.*	Audio4_9
/aɪ/	Se pronuncia como "ai". Se encuentra en palabras como: *spider, fly, night, island.*	Audio4_10
/ɔ:/	Este sonido sería como una "o" larga, se pronuncia "ou". La encontramos en palabras como: *boat, bone, open.*	Audio4_11
/u:/	Se pronuncia como una "u" larga, o sea "uu". Por ejemplo: *moon, fruit, who, blue.*	Audio4_12
/y/, /ü/	Estas suenan igual y se pronuncian "iu". Por ejemplo: *uniform, you, few.*	Audio4_13

B. Fonemas consonánticos

De las 24 consonantes que forman el alfabeto en inglés, podemos encontrar algunas que se parecen mucho en sonido a las del español. Sin embargo, existen otro grupo de consonantes que se pronuncian totalmente diferente.

1. Fonemas consonánticos parecidos al español

Veamos primero las más parecidas al español y practiquemos pronunciando los ejemplos dados.

- **b:** *bad, lab, box.*
- **d:** *day, did, lady.*
- **g:** *give, flag, go.*
- **k:** *black, cat, back.*
- **m:** *man, lemon.*
- **s:** *sun, miss.*
- **w**: *wet, window.*
- **ŋ:** este sonido se hace con la combinación ng. Por ejemplo: *sing, finger.*
- **n:** *no, ten.*
- **p:** *pet, map.*
- **tʃ:** este sonido es equivalente al de la ch en español. Por ejemplo: *check, church.*

2. Fonemas consonánticos diferentes al español

Veamos ahora una lista de algunos fonemas de las consonantes que suenan diferente al español.

- **dʒ**: *just, large, judge.*
- **f:** *phone, find, if.*
- **h:** *how, hello.*
- **j:** *yes, yellow.*
- **l:** *leg, little, lamp.*
- **r**: *red, rat, try.*
- **ʃ:** *crash, she, wash.*
- **t:** *toy, tea, getting.*
- **θ:** *think, both.*
- **ð:** *that, this.*
- **v:** *vacation, voice, five.*
- **z:** *zero, zoo, lazy.*
- **ʒ:** *vision, pleasure.*

1.1. Diptongos

El diptongo *(diphthong)* es un conjunto que consta de dos vocales. Pero en inglés, sin embargo, podemos encontrar en el ***spelling*** una sílaba con una sola vocal que en su transcripción fonética se convierte en un diptongo.

Según la clasificación del **IFA (Alfabeto Fonético Internacional) /** ***API (Association Phonetics International),*** hay 8 fonemas que corresponden a diptongos.

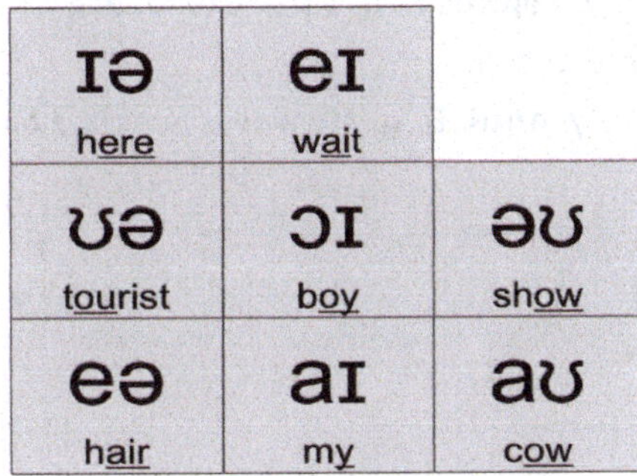

Pic. 2. English diphthongs
Fig. 2. Diptongos ingleses

A continuación, vamos a analizar los diptongos más comunes en inglés.

- **eɪ,** lo encontramos en palabras como:
  - ***To say*** *(/to sei/)* **/ Decir.** E. g. *There were so many things to say* / Había tantas cosas que decir.
  - ***Main*** *(/mein/)* **/ Principal.** E. g. *This is the main road* / Esta es la calle principal.
  - ***Way*** *(/wei/)* **/ Camino, vía.** E. g. *This is the best way to follow* / Este es el mejor camino a seguir.

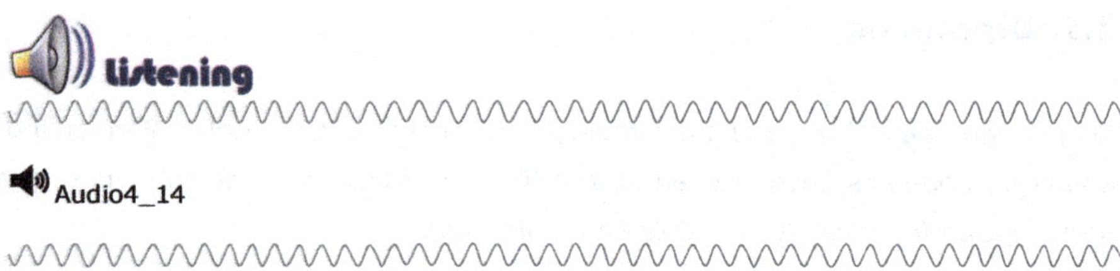

- **ɪə,** aparece en:
    - ***Near*** *(/nɪə/)* **/ Cerca.** E. g. *The station is near the supermarket* / La estación está cerca del supermercado.
    - ***Fear*** *(/fɪə/)* **/ Temor.** E. g. *I fear being late for the appointment* / Temo llegar tarde a la cita.
    - ***Here*** *(/hɪə/)* **/ Aquí.** E. g. *My wallet is here* / Mi billetera está aquí.

- **eə**, aparece en las palabras:
    - ***Fair*** *(/feə/)* **/ Claro, justo, imparcial.** E. g. *It is not fair!* / ¡No es justo!
    - ***Various*** *(/veəriəs/)* **/ Varios.** E. g. *There are various ways of solving this problem* / Hay varias formas de resolver este problema.
    - ***Square*** *(/skweə /)* **/ Plaza.** E. g. *The square was packed with people* / La plaza estaba llena de gente.

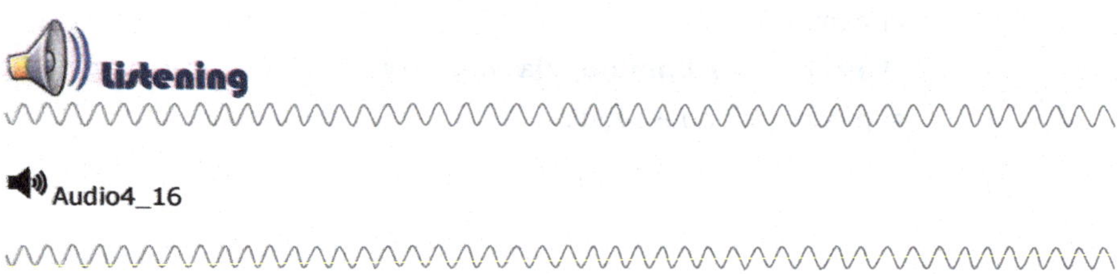

- **ʊə**, lo encontramos en palabras como:
    - ***Cure*** *(/kjʊə/)* **/ Cura.** E. g. *There's no cure for diabetes* / No hay cura para la diabetes.
    - ***Tour*** *(/tʊə/)* **/ Tour.** E. g. *We went on a 15-day tour of North Africa* / Hicimos un tour de 15 días por el norte de África.

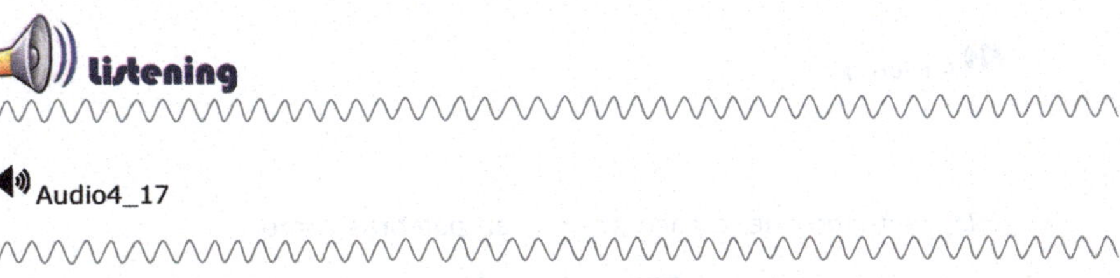

- **ɔɪ,** algunas palabras en las que aparece este diptongo son:
    - ***Noise*** *(/nɔɪz /)* **/ Ruido.** E. g. *The customers said that there was too much noise in the restaurant* / Los clientes dijeron que había demasiado ruido en el restaurante.
    - ***Boy*** *(/bɔɪ/)* **/ Chico, niño.** E. g. *I'd been there for my holidays when I was a little boy* / Estuve allí en las vacaciones cuando era un niño.
    - ***Choice*** *(/ʧɔɪs/)* **/ Elección.** E. g. *The students have a choice between studying Chinese or Japanese* / Los estudiantes tienen la elección de estudiar chino o japonés.

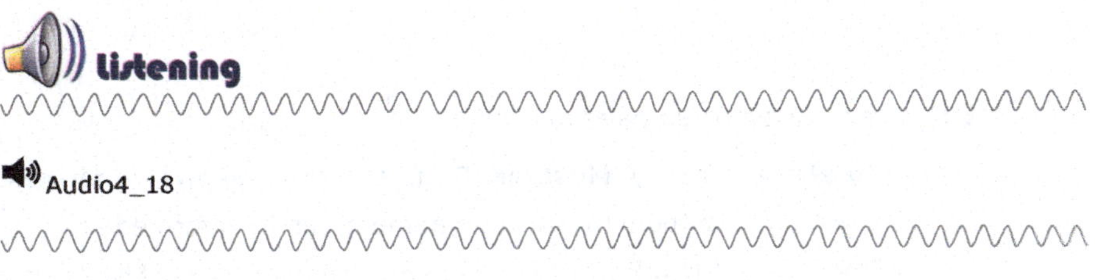

- **aɪ,** lo encontramos en palabras como:
    - ***High*** *(/haɪ/)* **/ Alto.** E. g. *The fence is too high to climb over* / La cancela es demasiado alta para subirla.
    - ***To try*** *(/to traɪ/)* **/ Intentar.** E. g. *It does not cost you anything to try* / No te cuesta nada intentarlo.

- ***Price** (/praɪs/)* / **Precio.** E. g. *We can expect further increases in the price of fuel* / Podemos esperar aumentos adicionales en el precio del combustible.

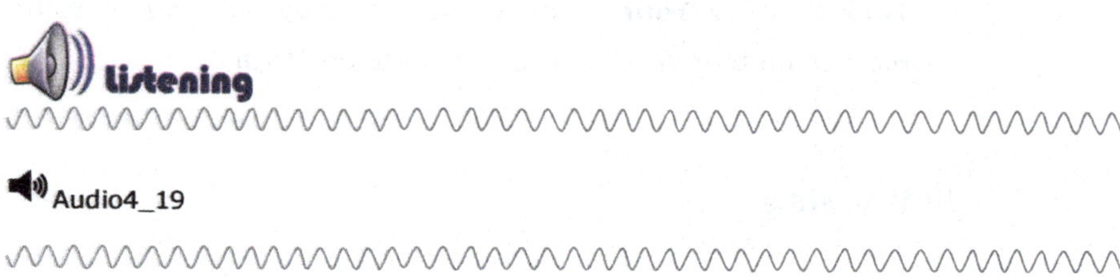

- **aʊ,** diptongo que lo encontramos en palabras como:
  - ***Now** (/naʊ/)* / **Ahora.** E. g. *The meeting should have finished by now* / La reunión debería haber terminado ya.
  - ***Fowl** (/faʊl/)* / **Ave de corral.** E.g. *In that market, they sell fowl* / En ese mercado venden aves de corral.
  - ***Mouth** (/maʊθ/)* / **Boca.** E. g. *He opened his mouth to speak* / Él abrió la boca para hablar.

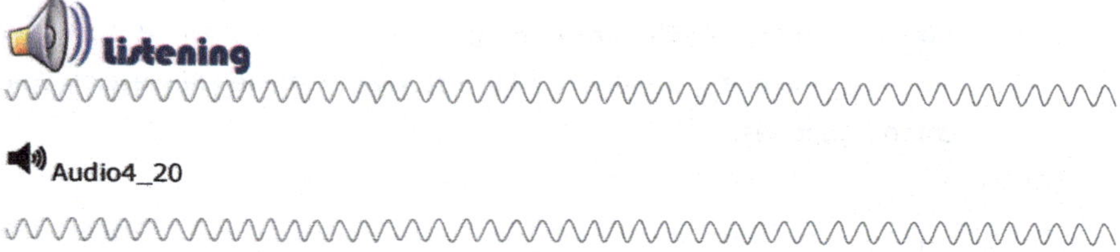

- **əʊ,** lo encontramos en palabras como:
  - ***To show** (/ʃəʊ/)* / **Mostrar.** E. g. *The study shows an increase in the disease* / El estudio muestra un aumento en la enfermedad.
  - ***No** (/nəʊ/)* / **No**. E. g. *She's no taller than her sister* / Ella no es más alta que su hermana.
  - ***Goat** (/gəʊt/)* / **Cabra.** E. g. *A goat is a ruminant animal* / Una cabra es un animal rumiante.

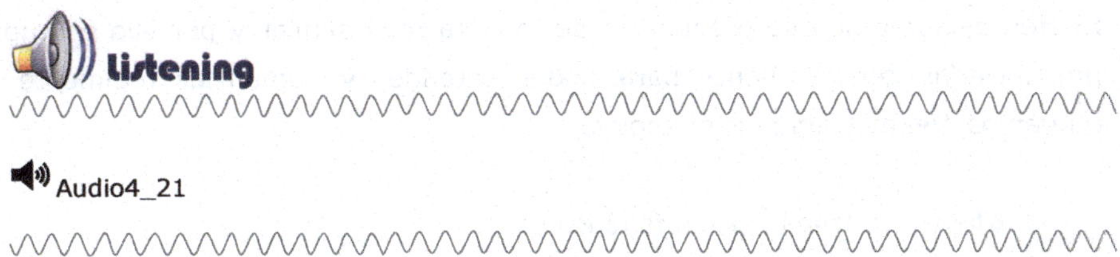

2. Fonemas vocálicos de mayor dificultad: /i:/ cheap, /I/ chip, /æ/ hat, /ʌ/ cup. El sonido /ə/ about

Para la articulación de los sonidos vocálicos ingleses, tenemos que evaluar los siguientes aspectos:

- **Abertura**. La altura que toma la lengua, entonces las vocales serán altas (o cerradas), medias, y bajas (o abiertas).
- **Localización**. Si la lengua está hacia adelante, en el medio o, hacia atrás, entonces las vocales serán anteriores, centrales o posteriores.

Según como actúen los **labios** serán vocales redondeadas o no redondeadas. Pero, como son doce las vocales y hay más variantes en las posiciones, utilizaremos para la representación el Trapecio de D. Jones.

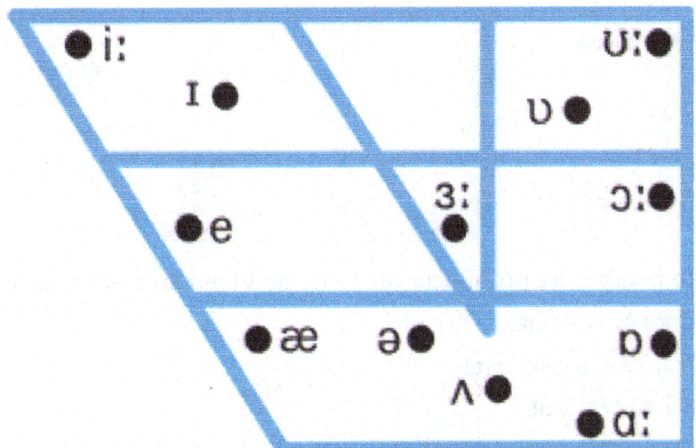

Pic. 3. The standard IPA vowel trapezium, an application of Jones's work
Fig. 3. Trapecio de vocales IPA estándar de D. Jones

Existen palabras que se pronuncian de manera muy similar y por ello es importante pronunciarlas correctamente para poder entender y comunicar realmente lo que queremos. Veamos algunos ejemplos.

1. ***Cheap,*** su transcripción fonética es:
   - *Modern IPA:* ʧɪjp
   - *Traditional IPA:* ʧiːp
   - *1 syllable:* cheep

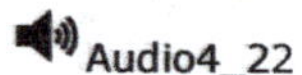

2. ***Chip,*** se transcribe de forma muy similar a la palabra anterior, por lo que hay que enfatizar para expresar la palabra que queremos. Su transcripción fonética es:
   - *Modern IPA:* ʧɪp
   - *Traditional IPA:* ʧɪp
   - *1 syllable:* chip

3. ***Hat,*** esta palabra se pronuncia tal como se ve en su transcripción fonética:
   - *Modern IPA:* hát
   - *Traditional IPA:* hæt
   - *1 syllable:* hat

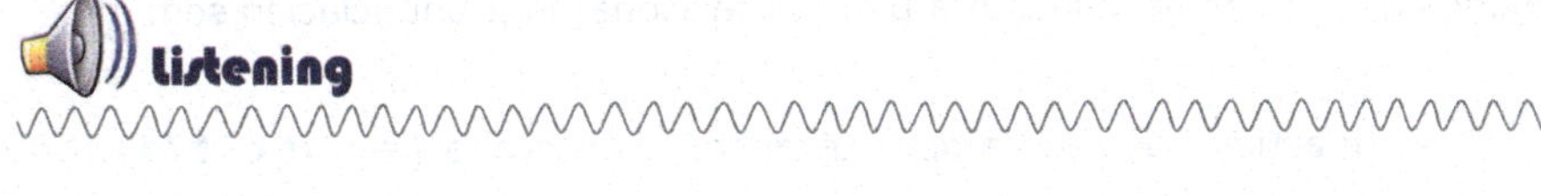

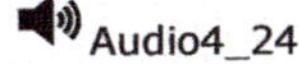

Debemos hacerlo como una "a" con la boca cerrada, como una "a" parecida a como lo hacemos en español, pero cerrando bastante la boca. Según el acento, hay nativos que lo pronuncian más cerrado, acercándose a una "o" incluso.

4. ***Cup,*** su transcripción fonética es:
   - *Modern IPA:* kəp
   - *Traditional IPA:* kʌp
   - *1 syllable:* kup

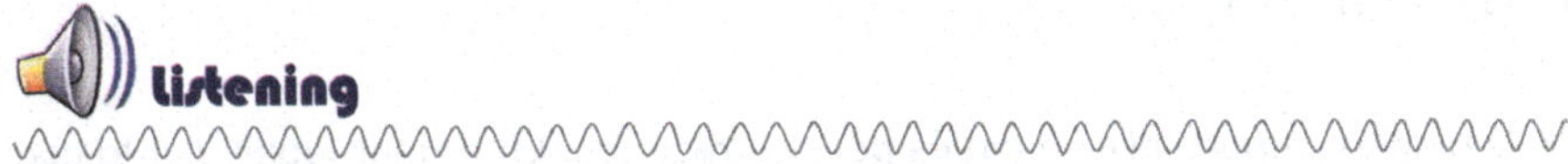

Este sonido se pronuncia cuando tenemos la letra "u" entre consonantes. Otros ejemplos son: *bus, cut, hut, run, sun, mud, etc.*

Podemos escuchar un ejemplo de vocal cerrada en el siguiente audio.

Algunos trucos a tener en cuenta para perfeccionar la pronunciación son:

- Practicar diciendo ambos términos en voz alta ***(say it out loud)*** de forma exagerada.
- Grabarnos utilizando estas palabras dentro de frases y así poder apreciar cómo lo pronunciamos.
- Si desconocemos la pronunciación correcta, buscamos en un diccionario online, donde podemos escuchar cómo hacerlo además de ver la transcripción fonética.

El sonido /ə/ about

Es el sonido más común en inglés, recibe el nombre de **schwa** y en la tabla de pronunciación de fonemas está representado por el símbolo **/ə/.** El sonido schwa es como la "a" en *about (/ə-báut/).*

Este sonido es importante en inglés por dos razones. En primer lugar, por lo común que es y es por eso por lo que deberemos pronunciarlo correctamente para hablar de manera natural. En segundo lugar, se utiliza en muchas palabras donde no se espera. Solo al leer las letras, en una palabra, será difícil saber cuáles utilizarán el sonido schwa. En el siguiente ejemplo puedes ver de un vistazo el sonido schwa marcado en cada palabra en la que se pronuncia.

*I got **a** gift f**or** my sist**er** the oth**er** day. It's **a** book **a**bout **a** man who s**ur**vived **a** trip to **the** North Pole.*

Veamos la posición de la boca y la lengua para hacerlo de forma natural. Como hemos visto hay algunas letras que a menudo se pronuncian como este sonido. Generalmente son sílabas débiles o palabras que no se acentúan, como las conjunciones. En el inglés británico, a menudo utilizamos este sonido para palabras que terminan en 'er'.

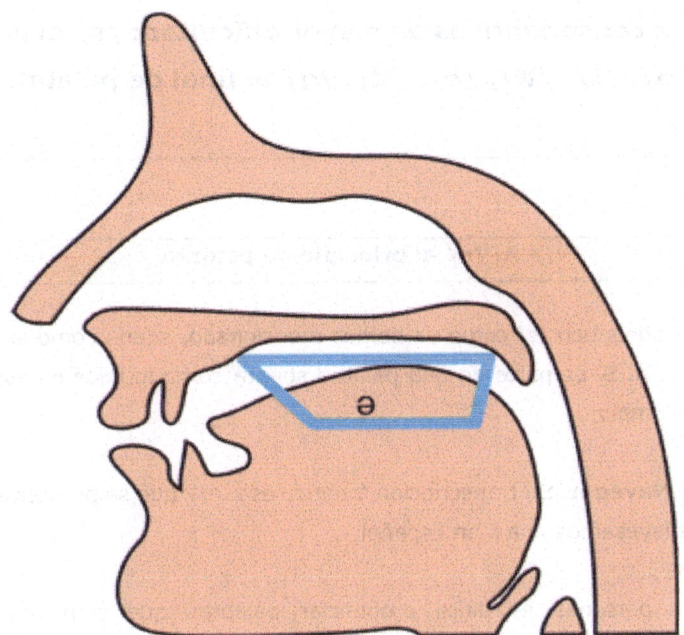

Pic. 4. Schwa mouth position

Fig. 4. Posición de la boca para pronunciar el sonido schwa

Recuerda

Aprender a usar correctamente el sonido schwa hará que el discurso suene más natural y será un buen punto de partida para los aspectos más avanzados de la pronunciación en inglés como los sonidos unidos o sonidos que se omiten cuando la gente habla rápido. Intentar escuchar a un hablante nativo de inglés y mirar qué tan seguido él o ella utiliza el sonido schwa es una actividad de aprendizaje muy buena.

3. Fonemas consonánticos de mayor dificultad: /s/ al principio de palabra, /p/, /t/, /K/, /b/, /d/, /g/ al final de palabra, /ŋ/ -ing; /h/ hobby

A. /s/ al principio de palabra

El fonema consonántico /s/ como ya hemos mencionado, suena como la s en español cuando está sola. Si es parte de una palabra sonará como lo hace en español la s de "suela". Por ejemplo:

- ***Sail* / Navegar.** Su transcripción fonética es */seɪl/* que se pronuncia *"seil"*, igual que si leyésemos una s en español.

Para algunas personas es difícil pronunciar palabras que comienzan por dicha consonante y le sigue otra, como, por ejemplo: *student* /estudiante, *school* /escuela, *scary* / miedoso, *Spanish* /español o *spy* /espía.

La razón es que los estudiantes hispanohablantes agregan una vocal antes de la s, pronunciando */estudent/* o */istudent/*, por ejemplo.

La solución adecuada frente a este obstáculo es pronunciar estas palabras despacio, prolongando el sonido s, similar al sonido que haría una serpiente, también conocido como el siseo. De esta forma, seremos más conscientes del sonido y suprimiremos la vocal /e/ inexistente.

Puedes practicar este sonido leyendo las siguientes frases, recuerda hacerlo prolongando la s al inicio de las palabras.

- *Students in Spain study Spanish in their schools* / Los estudiantes en España estudian español en sus colegios.
- *Some scary spiders scared the spectators at the stadium* / Algunas arañas aterradoras asustaron a los espectadores en el estadio.

Truco

Un truco cuando estamos practicando la pronunciación de palabras que empiezan con s- es agregarla al final de la palabra anterior. Por ejemplo, *"She went to Spain" (/ʃiː wɛnt tuːs peɪn/).*

B. /p/, /t/, /K/, /b/, /d/, /g/ al final de palabra

Dominar estos dos grupos de sonidos es imprescindible para lograr una pronunciación del inglés impecable en nuestras conversaciones. Estas consonantes son categorizadas como "oclusivas" *(stop).*

Una oclusiva es el cerramiento en alguna parte de la garganta o boca para impedir el paso de aire desde los pulmones hacia afuera por la boca. Este cerramiento es voluntario y brusco. Como tal, es muy importante hacer ejercicios de fortalecimientos para tener la fuerza necesaria para crear estos cerramientos a voluntad.

Las consonantes explosivas u oclusivas del inglés son:

/ p /   / t /   / k /   / b /   / d /   / g /

Estas se dividen a su vez en dos series.

- **Tres sonidos sordos (p, t, k).** Se caracterizan por la existencia de una zona blanca, en la que no se aprecia energía que corresponde a la fase articulatoria de cierre. Esta ausencia total de zonas de frecuencia en el momento de la tensión es a causa de que los órganos fonatorios al momento de la emisión entran en contacto e impiden la salida del aire.

- **Tres sonidos sonoros (b, d, g).** En las sonoras, las cuerdas vocales vibran durante la fase de oclusión, generando una banda de frecuencias muy bajas que se denomina barra de sonoridad, en la que aparecen estrías verticales y el formante grave que refleja el sonido producido por la vibración de las cuerdas vocales.

Ambas series contienen los mismos tres puntos de articulación: bilabial *(p, b, m),* dental *(t, d)* y velar *(g, k).*

- *Good afternoon /* Buenas tardes. *Goo/-d/* explosiva.
- *One foot is 12 inches /* Un pie mide 12 pulgadas. *Foo/-t/* explosiva.

Al intentar pronunciar cualquiera de estas palabras, el aire que ha sido retenido por un momento es liberado generalmente con una especie de explosión, lo que da lugar a una consonante oclusiva explosiva. Veamos la siguiente imagen.

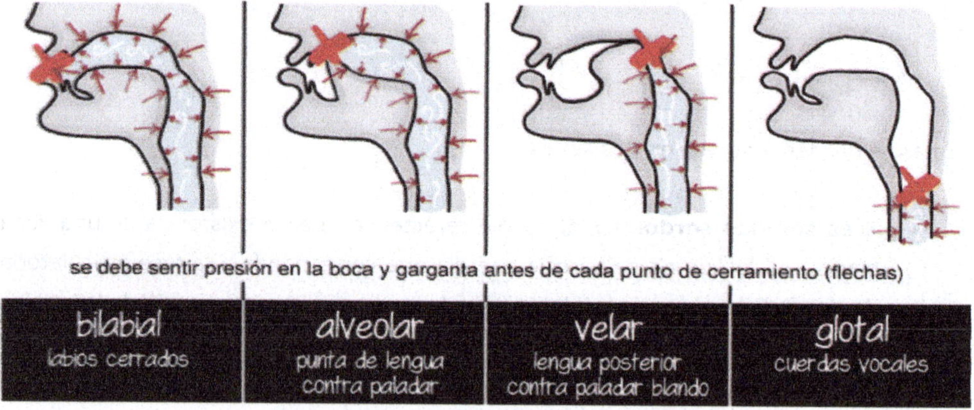

Pic. 5. Mouth positions to pronounce stops

Fig. 5. Posición de la boca para pronunciar las oclusivas

Para entender mejor esta imagen, vamos a dividirlas en 4 tipos:

- **Oclusiva bilabial – a nivel de los labios** (P & B). Este tipo de oclusiva se realiza juntando los labios firmemente. Recuerden que la P es solamente aire mientras que la B produce un sonido en la garganta. Al abrir los labios, se libera el aire para la P y el aire y sonido para la B.

- **Oclusiva alveolar – a nivel de la región alveolar** (T & D). La oclusiva alveolar se realiza presionando la lengua en la región alveolar. En este caso, la T produce solo aire y la D produce un sonido. Nuevamente, al soltar esta postura – empujando el paladar y soltando la punta de la lengua – se libera el aire para la T y el sonido y aire para la D.

- **Oclusiva velar – a nivel del paladar blando** (K y G). Esta oclusiva se realiza con la parte posterior de la lengua. Ésta se recoge hacia atrás y se presiona fuertemente contra el paladar blando cortando el aire que viene de los pulmones. Además de para K y G, se usa en la consonante J. En este caso, la G y J son las consonantes que producen sonido en la garganta y la K solo produce aire.

- **Oclusiva glotal – a nivel de las cuerdas vocales**. El cuarto tipo de oclusiva es la oclusiva glotal y se produce cerrando las cuerdas vocales. Se llama glotal porque el espacio entre las cuerdas vocales es la glotis. Esta oclusiva es quizás la más importante porque se usa mucho en inglés: entre palabras, dentro de palabras, y en algunos acentos más que otros. Es, también, la más difícil de lograr porque no se puede ver sin instrumentos especiales. Por lo tanto, no se puede comprobar con los ojos si se está realizando es difícil aislar la sensación de cerramiento ya que todos estamos acostumbrados a la vibración-no vibración de las cuerdas al hablar.

No obstante, existe un ejercicio que se puede hacer para aislar la sensación y así practicarlo:

- Colocar palma contra palma a nivel del corazón.
- Presionar las palmas juntas con movimientos cortos mientras se dice I de manera

corta también. Cuando se tiene conciencia de esta sensación que es la que se debe sentir, probaremos con otros sonidos.

C. /ŋ/ -ing

En la mayoría de los casos el grupo NG se encuentra al final de las palabras y su transcripción fonética es /ŋ/. En la práctica, esto quiere decir que la G final de la palabra no se pronuncia. Por ejemplo:

- ***Ring /*** **Anillo.** Se representa fonéticamente /rɪŋ/, y suena *"rin"*.

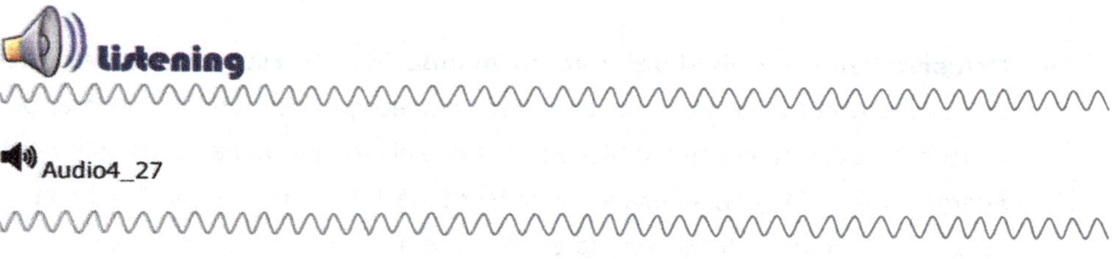

D. /h/ hobby

Debemos tener presente que la letra H, en inglés, tiene **DOS SONIDOS:** H muda como ocurre en español, y H sonora, que suena literalmente como una H aspirada.

Truco

La forma de pronunciar la H sonora es hacerlo como si tuviésemos frío y quisiéramos calentarnos las manos soplando.

Veamos algunos ejemplos:

- *How - /haʊ/*
- *Perhaps - /pəˈhæps/*

En español diríamos algo parecido a "i", "au" y "peraps", pero en inglés es eso mismo, nada más que antes de cada palabra das un suspiro o hacer una pequeña exhalación. En el caso de *perhaps* se hace en el medio. Así es cómo se pronuncia en inglés la H.

En el siguiente audio puedes escuchar un ejemplo de H sonora en la palabra ***He** (/hi:/)* / **Él.**

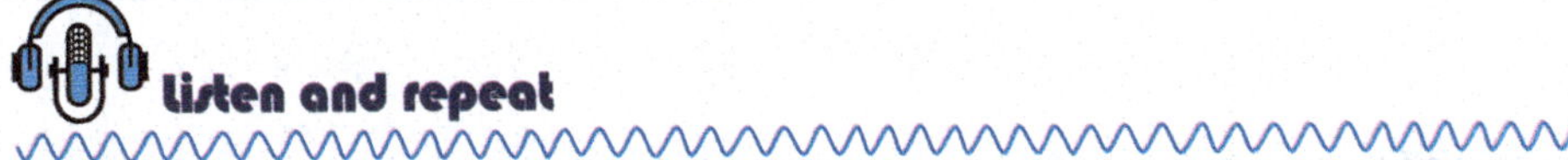

Con este otro audio puedes practicar leyendo y repitiendo la siguiente frase que contiene varias H sonoras.

***He** asked **h**er for **h**elp, it was **h**ard for **h**im, since **h**e's always been a really proud person (/hi: ɑːskt hɜː fɔː hɛlp, ɪt wɒz hɑːd fɔː hɪm, sɪns hiːz ˈɔːlweɪz biːn ə ˈrɪəli praʊd ˈpɜːsn/) /* Él le pidió ayuda a ella, fue duro para él, ya que siempre ha sido una persona muy orgullosa.

4. Pronunciación de las terminaciones –(e)s y –ed

A. Pronunciación –(e)s

Para las palabras que finalizan con -s y -es tenemos tres posibles pronunciaciones en inglés.

/s/	Es una consonante sorda *(unvoiced)*, como por ejemplo en *street*.	Audio4_30
/z/	Es una consonante sonora *(voiced)*, como por ejemplo en *zoo*.	Audio4_31
/ɪz/	Se combinan la vocal /ɪ/ con la consonante sonora /z/, como por ejemplo en *faxes*.	Audio4_32

A continuación, vamos a estudiar los casos en los que la mayoría de los sustantivos acaban en -s para formar el plural. Las distintas posibilidades para la pronunciación son las siguientes.

- Si el sustantivo acaba en vocal, la pronunciación de la -s final es con la consonante sonora **/z/.**

- *Boy- boys*
- *Day- days*
- *Pay- pays*

- Si el sustantivo acaba en consonante sonora, aquellas en las que nos vibra la garganta al pronunciarlas (/b/, /d/, /m/, /n/, /l/, etc.), la pronunciación de la -s es también con la consonante sonora **/z/.**

- *Pen- Pens*
- *Bird- Birds*

- Si el sustantivo acaba en consonante sorda, aquellas en las que no nos vibra la garganta al pronunciarlas, (/p/, /t/, /k/, etc.), la pronunciación de la -s es con la consonante sorda /s/.

- *Cat- cats*
- *Map- maps*
- *Cook- cooks*

- Si el sustantivo acaba en ch, c, g, sh, s, z o x, añadimos -es al final de palabra para formar el plural. En cuanto a la pronunciación, añadimos una sílaba y pronunciamos **/ɪz/.**

- *Church- churches*
- *Box- boxes*
- *Teach- teaches*

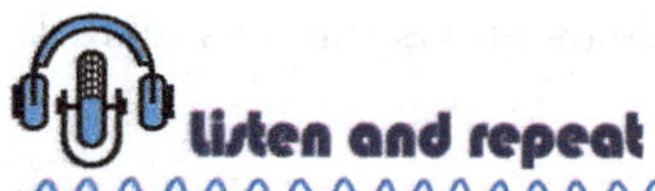

En el siguiente audio podrás oír algunas frases que incluyen ejemplos de verbos en presente simple, en los cuales la -s final de la tercera persona se pronuncia /s/, /z/ y /iz/.

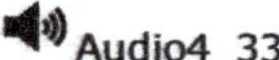

Audio transcription: Angela gets up at 7 o'clock. She leaves home at 8 o'clock and walks to the bus stop. She starts work at 9 o'clock. She finishes work at 6 o'clock. In the evening, she sometimes reads or watches television. She often goes out.

B. Pronunciación de -ed

La terminación -ed es muy común ya que la utilizan todos los verbos regulares en pasado y participio pasado, como, por ejemplo: *asked, landed* o *explored.*

Las 3 reglas para pronunciar la terminación -ed en inglés son:

1. Si la base verbal termina en k, s, ch, sh, the, p, f (gh), entonces la terminación -ed suena como "T".

- *lik-ed* se pronuncia como *lik-/t/*
- *watch-ed* se pronuncia como *watch-/t/*
- *laugh-ed* se pronuncia como *laugh-/t/*

2. Si la base verbal termina en t, d, entonces la terminación -ed suena como "ID".

- *wait-ed* se pronuncia como *wait-/id/*
- *land-ed* se pronuncia como *land-/id/*

3. Si la base verbal termina con otra letra, la terminación -ed suena como "D".

- *play-ed* se pronuncia como *play-/d/*
- *answer-ed* se pronuncia como *answer-/d/*
- *burn-ed* se pronuncia como *burn-/d/*

Hay algunos verbos irregulares cuyas formas verbales del pasado también terminan en -ed. Estos verbos siguen las mismas reglas que los verbos regulares. Por ejemplo:

- ***Sew, sewed (sew/d/), sewn /*** **Coser.**
- ***Show, showed (show/d/), shown /*** **Mostrar.**

Resumen

En esta unidad hemos tratado los puntos más importantes de la fonética y la fonología en el idioma inglés, ya que debemos ser conscientes de la importancia de saber pronunciar correctamente las palabras para una mejor comunicación. El propósito de esta unidad ha sido conocer los datos o reglas más importantes para una correcta pronunciación de manera sencilla y esta sea aplicada al inglés.

Creemos que la fonética es un área que siempre se debe conocer a la hora de aprender otra lengua y más en inglés, donde la ortografía y la fonética no siempre se corresponden. Y debido a la importancia del inglés, lengua que como sabemos ha ido adoptando una importancia significativa a nivel internacional en todos los ámbitos como: cultural, social, económico, turístico, político y social, debemos conocerla para usarla como medio de comunicación.

Resumen

Glosario

Diptongo

Un diptongo es la secuencia de dos vocales distintas que se pronuncian dentro de la misma sílaba.

Fonema

Unidad fonológica que no puede descomponerse en unidades sucesivas menores y que es capaz de distinguir significados.

Glotalizar

Pronunciar un sonido produciendo una constricción o golpe glótico.

Siseo

Emitir repetidamente el sonido inarticulado de s y ch.

Transcripción fonética

La transcripción fonética (o notación fonética) es un sistema de símbolos gráficos para representar los sonidos del habla humana. Típicamente se usa como convención para superar las peculiaridades alfabéticas usadas en cada lengua escrita y también para representar lenguas sin tradición escrita.

Actividades

Listening activity

Listen to Pablo talking about what he and his sister usually eat in the week. Choose the best answer, a, b or c.

Archivo: **Listening-U. A.4.**

1. Pablo drinks ________ with his breakfast.

a. Water.
b. Milk.
c. Hot chocolate.

2. Pablo's sister has ________ for breakfast.

a. Toast.
b. Cereal.
c. Yoghurt.

3. After the main course there is a choice of ________ or cake.

a. Cheese.
b. Fruit.
c. Cake.

4. ______________they can have ice-cream.

a. Never.
b. Always.
c. Sometimes.

5. His sister has _______ for supper.

a. Bread and jam.
b. A ham sandwich.
c. Some crisps.

Speaking activity

Answer the following questions:

- Do you post photos on social media sites like Instagram or Facebook?
- Do you have a photo as a background on your phone, tablet or laptop?
- Who or what is it of?
- Do you have a favourite photo of yourself as a child?
- What were you wearing?

Reading activity

Read the following text and choose the correct answer for each question.

Three Different Team Games

A game of ice hockey is played by two teams and takes sixty minutes. Each team has twenty players, but only six from each team play on the ice at the same time. They are five skaters and a goalkeeper. The idea is to hit the puck or small round black ball with a stick and to get it in the other team's goal. At the end of the game the team with the most goals wins.

Water polo is a team watersport. It's like basketball, football and hockey in the water and the players don't stop moving! They cannot stand in the pool. Players use one hand and swim with the ball. Each team has six players and one goalkeeper. The winner is the team with the most goals.

Shinty is a team game like hockey and ice hockey. A game takes ninety minutes and there are twelve players in each team. Each player has a stick and they try to hit the small ball into the other team's goal. They cannot use their hands or arms.

1. In which sport do teams have twelve people?

a. Ice hockey.
b. Water polo.
c. Shinty.

2. In water polo, players can´t ________________.

a. Run.
b. Stop.
c. Jump.

3. In water polo players can use their __________ to score a goal.

a. Head.
b. Feet.
c. Hands.

4. In ice hockey there are __________players on ice.

a. Six.
b. Five.
c. Twenty.

5. In ice hockey the ball has another name, this is __________.

a. Puck.
b. Stick.
c. Net.

Writing activity

Write a review of a TV programme (quiz, documentary, film, series...) you know for other people in your class to read. Use the questions below if you want as help.

- What is it called?
- When did you see it?
- What happened in it?
- What do you think about it and why?

Write your reply in about 80 words.

Ejercicios de autoevaluación

1. ¿Cuál es el número de fonemas en inglés?

a. 44.
b. 24.
c. 27.
d. 36.

2. ¿Cuál de las siguientes palabras no contiene el sonido vocálico /u:/?

a. Moon.
b. Put.
c. Fruit.
d. Who.

3. ¿Cuál de las siguientes palabras contiene el diptongo aʊ?

a. Mouth.
b. Cure.
c. Goat.
d. No.

4. ¿Cuál de las siguientes palabras contiene el sonido consonántico ʒ?

a. This.
b. Vision.
c. Think.
d. Zero.

5. ¿Cuál de las siguientes palabras contiene una H sonora?

a. Hour.
b. Honest.
c. Huge.
d. Heird.

6. ¿En cuál de los siguientes verbos regulares, su forma en pasado se pronuncia como /t/?

a. Like.
b. Wait.
c. Play.
d. Burn.

7. ¿Cuál de los siguientes sonidos son sordos?

a. /p/, /t/, /b/.
b. /p/ /g/ /d/.
c. /p/, /t/, /k/.
d. /p/, /k/, /g/.

8. ¿En cuál de las siguientes palabras, la -s es pronunciada como /z/?

a. Days
b. Teaches.
c. Cooks.
d. Cats.

9. ¿Cuál de las siguientes palabras no contiene el sonido/ə/?

a. Sister.
b. Man.
c. About.
d. Survived.

10. ¿Cuáles son las consonantes en las que debe terminar un verbo regular para que su forma en pasado sea pronunciada /id/?

a. S, t.
b. T, p.
c. H, b.
d. T, d.

U. A. 5. Contenidos sociolingüísticos y socioculturales

Introducción

En esta unidad de aprendizaje trataremos todo lo referente a la pronunciación, interpretación de los símbolos fonéticos para hacerlo de forma correcta.

La fonética y la fonología son disciplinas distintas, pero complementarias. La fonética estudia, desde distintos puntos de vista, los sonidos del habla en general (fonos), de cualquier lengua, en su carácter físico; mientras que la fonología estudia las producciones fónicas (fonemas) en su carácter de elementos de un sistema perteneciente a una lengua determinada.

Es importante ser independientes a la hora de pronunciar y para ello es muy importante saber interpretar los símbolos que aparecen en cualquier diccionario antes de la definición. Vamos a hacer una pequeña introducción en estas áreas ya que se trata de un tema complejo que ni la mayoría de los nativos conocen a la perfección.

Objetivos

Comprensión oral

- Extraer la información esencial, los puntos principales e información específica de textos orales breves, de estructura sencilla y léxico de uso frecuente, sobre asuntos cotidianos, transmitidos de viva voz o por medios técnicos, articulados con claridad a una velocidad lenta, en un registro formal o neutro, en contextos no interactivos.
- Comprender mensajes breves, claros y sencillos, en lengua estándar, dentro de un contexto conversacional y sobre asuntos y aspectos conocidos, en un grado que permita satisfacer las necesidades básicas e identificar el tema, los puntos principales y las intenciones comunicativas, así como el registro formal o informal, con posibilidad de solicitar repeticiones o aclaraciones.

Expresión e interacción oral

- Realizar intervenciones breves y sencillas, comprensibles, adecuadas y coherentes, relacionadas con sus intereses y con las necesidades de comunicación más inmediatas previstas en el programa, en un registro neutro, todavía con pausas e interrupciones, con un repertorio y control limitado de los recursos lingüísticos y con el apoyo de comunicación gestual.
- Participar en conversaciones relacionadas con las situaciones de comunicación más habituales, previstas en el programa, de forma sencilla pero adecuada, reaccionando y cooperando, siempre que su interlocutor también coopere, hable despacio, con claridad y se puedan solicitar aclaraciones.

Comprensión escrita

- Extraer el sentido general, los puntos principales e información específica de textos escritos breves, de estructura sencilla y léxico de uso frecuente, en un registro formal o neutro, sobre asuntos cotidianos, pudiendo releer cuando lo necesite.
- Localizar e identificar información específica y relevante en material publicitario, divulgativo, de consulta, etc. así como comprender instrucciones de uso sencillas sobre aspectos de ámbito común.

- Identificar el sentido general e información relevante de textos descriptivos, explicativos y argumentativos, escritos con claridad y bien organizados, en los que se utilicen estructuras sencillas.

Expresión e interacción escrita

- Escribir textos sencillos, relativos a aspectos cotidianos concretos, adecuados a la situación de comunicación, con una organización y cohesión básicas, en un registro neutro y con un control limitado de los recursos lingüísticos.
- Comprender y escribir notas, cartas y mensajes sencillos, así como mensajes rutinarios de carácter social, adecuados a la situación de comunicación, con una organización y cohesión básicas, utilizando un registro neutro y con un repertorio y control limitado de los recursos, mostrando una actitud positiva y respetuosa hacia las opiniones y los rasgos culturales distintos de los propios.

1. Vida cotidiana: horarios y hábitos de comidas, gastronomía (platos típicos), horarios y costumbres relacionadas con el trabajo, celebraciones, ceremonias y festividades más significativas

El horario inglés es muy distinto al español tanto en lo social como en el comercial; por eso vamos a repasar primeramente los horarios de las comidas.

Pic. 1. Family eating
Fig. 1. Familia comiendo

A. Horarios y hábitos de comidas

1. ***Breakfast* / Desayuno**. También llamado *"brekkie"* pero solo por algunos, no es muy común, pero en caso de que veáis este término se refiere también al desayuno. Se suele desayunar a las siete y media. Algunos de los alimentos que se incluyen en esta comida son:
    - *Small bowl of cereal served with ice-cold milk /* Pequeño bol de cereales con leche fría.
    - *Toast with jam or honey /* Tostada con mermelada o miel.
    - *Coffee and fruit juices /* Café y zumos de frutas.

Además, el conocido como ***"English Breakfast"*** suele dejarse para los fines de semana cuando tienen más tiempo para prepararlo, y está compuesto por:

- *Fried bacon* / Bacon frito.
- *Sausages* / Salchichas.
- *Grilled tomatoes* / Tomates asados.
- *Fried or scrambled eggs* / Huevos fritos o revueltos.
- *Black pudding* / Morcilla.
- *Fried mushrooms* / Champiñones fritos.
- *Baked beans* / Frijoles.

2. ***Elevenses*** / **Tentempié de media mañana.** Conocido también como *"tea break"*. Se trata de un descanso por la mañana en el que suelen tomar un café *(coffee)*, té *(tea)* o pieza de fruta *(piece of fruit)*.

3. ***Lunch*** / **Almuerzo.** Entre las 12 y las 14 horas, se sitúa en mitad de la jornada laboral para aquellos que trabajan en horario de oficina. A las 12 ya se pueden ver a las primeras personas almorzando. Normalmente se descansa media hora o una hora durante el *"lunch time"*. Suele ser una comida fría como un sándwich *(sandwich)* o ensalada *(salad)*.

4. ***Afternoon tea*** / **Té de media tarde.** Tradicionalmente tomado entre las tres y las cuatro de la tarde, suele ser más común los fines de semana o días festivos. Además del té como el propio nombre indica, suelen tomar bollos de nata *(cream scones)*.

5. ***Dinner*** / **Cena.** Es la comida más importante y larga, la suelen realizar en casa sobre las siete de la tarde. Está compuesta por:

    - *Starter* / Entrante.
    - *Soup* / Sopa.
    - *Sorbet* / Sorbete.
    - *Fish* / Pescado.
    - *Main (meat) course* / Plato de carne.

- *Dessert and/or cheese* / Postre y/o queso.
- *Coffee and chocolates* / Café y chocolates.

Saber más

El tradicional ***"Sunday lunch"***, en el que toman Roast Beef y Yorkshire Puddings se llama también *"Sunday dinner"* o *"Sunday Roast"*. Se toma agua *(water)* hasta el plato principal *(main course)*, y después vino *(wine)*. El vino, dependiendo del tipo de carne se toma rojo o blanco *(red or white)*, y con los postres *(desserts)* se suele tomar vino dulce *(dessert wine)*.

6. ***Supper*** **/ Cena ligera.** Sobre las once de la noche, antes de irse a dormir, suelen tomar galletas *(biscuits)* y un cremoso chocolate caliente *(a hot, creamy, chocolate drink)*.

B. Gastronomía (platos típicos)

La comida tradicional británica se está volviendo cada vez más popular en la actualidad. Aunque la mayoría de los británicos comen mucha pasta, pizza y platos influenciados por las culturas india y china, como el curry y las patatas fritas, algunos de los viejos favoritos siguen en el menú, incluso si no se comen todos los días. Veamos algunos de los platos ingleses más típicos.

- *Fish and Chips* / Pescado y patatas.
- *Full English Breakfast* / Desayuno inglés completo.
- *Yorkshire pudding* / Pudin de Yorkshire.
- *Roast dinner* / Cena asada.
- *Bangers and Mash* / Salchichas y puré de patatas.
- *Fish fingers, chips and beans* / Palitos de pescado, patatas fritas y frijoles.
- *Chicken Tikka Masala* / Pollo Tikka Masala.
- *Jellied Eels* / Anguilas gelatinosas.
- *Toad in the Hole* / Salchichas rebozadas en pudín Yorkshire.
- *Shepherd's Pie o Cottage Pie* / Pastel de carne.
- *Beef Wellington* / Filete de ternera recubierto de hojaldre.

- *Bacon Sandwich /* Sándwich de tocino.
- *Pigs In Blankets /* Salchichas de cerdo envueltos de tocino.
- *Spotted Dick /* Budín con frutos secos y pasas.
- *Sticky Toffee Pudding /* Pudín de caramelo pegajoso.
- *Strawberries and Cream /* Fresas con crema.
- Jaffa Cakes / Galletas de bizcocho con mermelada de naranja.

En la primera unidad ya estudiamos algunos de estos, por lo que vamos a centrarnos en los que no estudiamos anteriormente.

Pic. 2. Yorkshire Pudding
Fig. 2. Pudin de Yorkshire

El pudín de Yorkshire es a menudo parte de la cena tradicional de asado y no se parece en nada a un pudín americano. De hecho, el pudín de Yorkshire es muy parecido a un *popover* gigante.

Se ve hinchado y apetitoso como si fuese dulce, pero se compone enteramente de huevos, harina, leche y grasa.

Pic. 3. Fish fingers, chips and beans
Fig. 3. Palitos de pescado, patatas fritas y frijoles

El plato de esta imagen se compone de palitos de pescado, patatas fritas cocidas al horno y frijoles enlatados en salsa de tomate.

Un dato destacable es que, a la edad de 16 años, el niño británico medio habrá comido este plato 4.160 veces.

Pic. 4. Chicken Tikka Masala
Fig. 4. Pollo Tikka Masala

Aunque puede tener raíces sudasiáticas, hay muchas pruebas que sugieren que el pollo Tikka Masala fue creado por primera vez en Gran Bretaña por chefs bangladeshíes recién llegados al país.

Hoy en día, es considerado uno de los platos más populares del país y se sirve en las casas de curry de toda Gran Bretaña.

Pic. 5. Jellied Eels
Fig. 5. Anguilas gelatinosas

Esta comida tradicional de Cockney (es decir, de los londinenses del este) ha estado alimentando a los londinenses durante siglos. Las anguilas del río Támesis se hierven en agua y se dejan enfriar. El agua se convierte en una gelatina incolora que envuelve la carne de la anguila.

Sabe mucho mejor de lo que parece.

Pic. 6. Beef Wellington
Fig. 6. Filete de ternera recubierto de hojaldre

Tal vez el plato con el nombre más británico de la lista, la carne de vacuno Wellington está compuesta de filete de ternera, a menudo cubierto con paté, que luego se envuelve en pasta de hojaldre y se cocina. La carne de vacuno Wellington es un clásico británico estándar.

Tradicional budín inglés que consiste en un bizcocho con pasas de Corinto o sultanas y frutos secos. Se acompaña con la tradicional crema inglesa espesa.

Pic. 7. Spotted Dick
Fig. 7. Pudding de sebo

C. Horarios y costumbres relacionadas con el trabajo

Una gran diferencia entre ingleses y españoles es la puntualidad *(punctuality)*. Por ello, es importante saber que si nos vamos a retrasar *(delay)* debemos llamar, aunque solo sean cinco minutos. Para los ingleses, el tiempo tiene un valor económico, así que respetar el tiempo de los demás es fundamental.

Los horarios también son bastante diferentes. Por lo general, las oficinas inglesas abren de 8:30 a 17:00.

Por otro lado, para saludar, ambos sexos usan el apretón de manos *(shaking hands)* y no se realiza a diario.

En cuanto a títulos, lo normal es dirigirse a alguien usando Mr o Mrs y su apellido *(surname)*.

En general, los ingleses son extremadamente educados y mucho menos directos que nosotros a la hora de expresarse. Por tanto, no debemos olvidar el uso de *"please"* y *"thank you"*, y de igual modo debemos expresar nuestras opiniones de forma suave, utilizando *"I think, in my opinion, I would rather..."*. Otra particularidad de su estilo comunicativo es no gritar *(don't shout)*.

En cuanto a la vestimenta, si hablamos del Reino Unido es mejor ser conservador, ya que suelen ser bastante formales *(formal clothes).* En general, se prefieren los colores oscuros *(dark colours).* En algunas oficinas hacen *"Casual Friday",* esto es, que los viernes se permite llevar ropa más relajada *(casual clothes).*

En general, las reuniones son más organizadas de lo que estamos acostumbrados en España. Se suele trabajar con un orden del día *(order of the day),* agenda, se toman notas de todas las decisiones importantes y se envían a los participantes después.

A la hora de organizar reuniones *(meetings),* debemos recordar que los ejecutivos senior suelen tener una agenda bastante ocupada, por lo debemos reservar la cita con toda la antelación posible *(in advance).*

D. Celebraciones, ceremonias y festividades más significativas

A la hora de hablar de celebraciones inglesas, lo primero es pensar en Halloween, tradición americana muy extendida y muy celebrada ahora en nuestro país. Pero además de esta celebración, existen otras de las que vamos a conocer ahora un poco de más.

- ***Bonfire night* / Noche de hogueras.** La noche de hogueras se celebra el 5 de noviembre, tanto en Gran Bretaña como en varios países de la *Commonwealth.*

  En esta noche se rememora el arresto de *Guy Fawkes,* quien formaba parte de un grupo de terroristas que planeaban volar el Parlamento Británico por los aires. Durante esta noche, es tradición crear muñecos representando a *Guy Fawkes,* y quemarlos en la hoguera, mientras los niños recaudan dinero de los transeúntes pidiendo *"A penny for the guy" / "Un penique para el tío".*

  Los fuegos artificiales *(fireworks)* también son protagonistas en la Noche de Hogueras, especialmente en Lewes, East Sussex, donde son especialmente conocidos por su espectacularidad.

- ***Pancake Day /*** **Día de las tortitas.** Esta es la peculiar forma de celebrar el inicio de la Cuaresma, en la que como sabemos, comienza un periodo de ayuno, que dura 40 días, hasta la Semana Santa. Es por eso que el martes anterior al Miércoles de Ceniza, el que marca el inicio de la Cuaresma, los hogares británicos inventaron esta tradición para usar los huevos, leche y azúcar antes del comienzo del ayuno.

 **Saber más**

En algunos pueblos en Reino Unido se celebran "carreras de tortitas", donde los participantes van dándole vueltas a una tortita en una sartén mientras corren a la línea de meta. Una de las carreras más populares es la de Olney, Buckinghamshire, donde llevan celebrando estas carreras desde 1445.

- ***May day parade /*** **Desfile del primero de mayo**. El primero de mayo es un día festivo en distintos países y culturas. Por una parte, se celebra la llegada de la primavera en el hemisferio norte, a través de bailes, actuaciones y desfiles callejeros. También es desde el siglo XIX el día Internacional de los Trabajadores, que conmemora la huelga de Haymarket en Chicago en el año 1886.

  En Reino Unido tienen lugar diversos ritos y tradiciones en ese día, como desfiles, el *Morris Dancing* o la coronación de la Reina de Mayo.

- ***Cheese Rolling /*** **Queso rodante.** La *Cooper's Hill Cheese-Rolling and Wake* es un evento anual que se celebra en el último lunes de Mayo (día festivo para los británicos) en Cooper's Hill, en el pueblo de Brockworth, cerca de Gloucester en Inglaterra. Se trata de un acontecimiento de fama mundial, cuya competición ha tenido ganadores de varias nacionalidades, americanos y japoneses entre ellas.

  La competición consiste en hacer rodar una pieza de queso típica de la zona, el *Double Gloucester Cheese,* colina abajo. La primera persona que llegue a la línea de meta abajo de la colina gana.

En teoría los competidores intentan atrapar el queso, pero teniendo en cuenta que pesa 9 libras y puede alcanzar velocidades de más de 110 km/hora, intentarlo puede llevar a que el corredor salga herido. De hecho, el queso ha sido recientemente reemplazado por una versión en espuma, para evitar que acabe haciendo daño a algún espectador.

Pic. 8. Winner of the competition with the cheese
Fig. 8. Ganador de la competición con el queso

2. Actividades de ocio: el mundo del cine, deportes típicos, eventos deportivos, medios de comunicación

Los hobbies forman parte de la rutina y tiempo libre de las personas, constituyen un horizonte de alegría, motivación y felicidad. A través de ellos, y no solo por medio del idioma, podemos conocer mejor la cultura inglesa.

Entre las aficiones favoritas dentro de la cultura inglesa encontramos: la hora del té, las carreras de caballos, el tenis, deportes en equipo, planes culturales, etc.

A. El mundo del cine

El cine británico ha tenido una gran influencia en el desarrollo tanto tecnológico como comercial y artístico del cine. La del Reino Unido es una de las industrias cinematográficas más respetadas en el mundo.

La industria cinematográfica británica ha generado algunos de los más importantes actores *(actors, actresses),* directores *(directors)* y películas *(films)* de todos los tiempos. Una lista extensa que incluye al inolvidable Alfred Hitchcock, Ken Loach, David Lean, Laurence Olivier, Ridley Scott, Sam Mendes, Kenneth Branagh o Anthony Hopkins, entre otros.

Algunas películas de temática británica han tenido enorme éxito comercial en el mundo. Las siete películas más taquilleras a nivel mundial de todos los tiempos tienen alguna dimensión británica, sea histórica, cultural o creativa, por ejemplo, Titanic, dos episodios de El Señor de los Anillos, dos de Piratas del Caribe y dos de Harry Potter.

Son muchas las películas y protagonistas que podríamos incluir hablando de cine británico, a continuación, algunos ejemplos que puedes ver:

- El Tercer Hombre de Carol Reed (1949).
- Cuatro bodas y un funeral de Mike Newell (1994).
- Trainspotting de Danny Boyle (1996).
- El Paciente Inglés de Anthony Minghella (1996).
- Full Monty de Peter Cattaneo (1997).
- Billy Elliot de Stephen Daldry (2000).
- El discurso del Rey de Tom Hooper (2010).
- 1917 de Sam Mendes (2019).

B. Deportes y eventos deportivos

Para mucha gente, el deporte es un hobby o algo que se puede ver en la televisión, pero para los ingleses es mucho más en todos los sentidos. Cada fin de semana en Inglaterra, siempre hay un montón de deportes y a la gente le gusta mucho arreglarse y ponerse muy elegante para ir a comer, y a la vez, ver un partido de fútbol, cricket, rugby, las carreras de galgos o las carreras de caballos.

En Inglaterra, no hay muchos días festivos aparte de las Navidades y las Pascuas, y además los ingleses no suelen celebrar lo que ha ocurrido en el pasado. Sin embargo, con el deporte, pueden tener una buena excusa parar disfrutar de la vida, arreglarse y realmente pasárselo bien. Algunas de las fechas más importantes son la *"Royal Ascot"* donde pasan 5 días comiendo, bebiendo y apostando en las seis carreras diarias disfrutando de la compañía de la Reina Isabel.

Pic. 9. Ascot Racecourse
Fig. 9. Hipódromo de Ascot

Otro evento muy importante es el torneo de tenis de Wimbledon, conocido mundialmente. Es más que un torneo de tenis porque la gente se pone sus mejores galas para ir a ver los partidos, y cómo no, disfrutar de comer y beber durante todo el día con los suyos.

En Liverpool, destacaríamos el *"Grand National"*, que es la carrera de caballos más popular del mundo entero. Es una costumbre de toda la vida que incluso los abuelos y las madres apuestan por un caballo en esa carrera que tiene lugar durante la primera semana de abril.

C. Medios de comunicación

Los medios de comunicación *(mass media)* son el vehículo por el que nos llega cualquier tipo de información. Antiguamente era la producción de periódicos y revistas *(newspapers and magazines)*, televisión *(television)* o radio *(radio)*.

Pero fue creciendo con la llegada de los ordenadores *(computers)*, nuevas tecnologías *(new technologies)*, Internet *(the internet)*, etc.

Pic. 10. Mass media
Fig. 10. Medios de comunicación masiva

3. Relaciones humanas y sociales: usos y costumbres de la vida familiar, relaciones familiares, generacionales y profesionales, relaciones entre los distintos grupos sociales. La Administración y otras instituciones

Las familias inglesas son bastante disciplinadas y exquisitas con los buenos modales.

Como mencionamos anteriormente, no podemos olvidarnos de decir *"hello"* o *"good morning"* cada vez que nos encontremos con alguien y decir *"thank you"* para agradecer y *"please"* para pedir algo. Además, como sucede en toda sociedad, siempre es mejor mostrarse con una buena sonrisa.

Un sitio en el que las familias se reúnen con sus amigos para beber unos tragos son los *"public houses",* más conocidos como *"pubs",* símbolo de la vida social en Inglaterra, donde la gente come, bebe, conversa y se relaja.

Los ingleses son personas realmente singulares y aún mantienen con vida numerosas tradiciones antiguas que, de una forma muy particular, realmente los distinguen de otras sociedades.

Una familia típica de Inglaterra incluye dos padres, dos niños y un gato o perro que viven en un departamento o casa individual.

Típicamente, cuando los hijos tienen dieciocho, salen de la casa de sus padres para estudiar en una ciudad diferente. Ellos visitan a sus padres 4 o 5 veces por año y normalmente después de la universidad viven con sus amigos.

Los cambios más importantes para la familia inglesa son la independencia y desarrollo profesional de las mujeres. El resultado es que la gente comienza una familia más tarde y, porque los padres trabajan, los niños tienen menos atención. Hay un aumento en divorcios y como resultado hay más familias monoparentales.

Las clases sociales *(social classes)* agrupan individuos dependiendo de su riqueza *(wealth)*, educación *(educational attainment)*, ocupación *(occupation)*, ingresos *(income)*, y la pertenencia a un subgrupo o red social *(membership in a subculture or social network)*.

Por otro lado, el tipo de gobierno de Inglaterra se conoce como **monarquía constitucional,** y está encabezada por el jefe de gobierno que es el monarca, el cual desde hace varios años ocupa el trono del Reino Unido y de Irlanda del Norte, unión conseguida por Escocia, Gales, Hannover. El país está representado por un rey o reina, al mismo tiempo, el gobierno del país es ejecutado por miembros de la política que son elegidos libremente por los ciudadanos y que se encuentran en la Cámara de los Comunes.

El modelo constitucional se basa en el modelo estatuario y es uno de los pocos países del mundo que no tiene un libro de la constitución escrito, el liderazgo administrativo recae sobre un primer ministro, a su vez el rey debe tener como elemento de consulta al parlamento que está compuesto por dos cámaras una expuesta a votación y otra constituida por elección del monarca o por orden hereditario.

Inglaterra no cuenta con una Constitución escrita, en lugar de ello, su legislación se establece en una serie de leyes ordinarias que se decretan dependiendo de las necesidades del país. Este tipo de gobierno admite la modificación de las leyes dependiendo de la situación y sin demoras para su aprobación. Este método también es conocido como **Derecho Común** ***(Common Law)***. A su vez, las leyes son decretadas y aplicadas tomando como referencia casos o estatutos similares.

El Parlamento alberga a dos grupos importantes que dirigen el rumbo del Reino Unido: la **Cámara de los Comunes** y la **Cámara de los Lores.** Ambos órganos se encargan de velar por los intereses nacionales e internacionales del país.

Cada uno de los países que conforman el Reino Unido tiene sus propios órganos políticos y gobierno específico, sin embargo, la monarca inglesa y el Parlamento poseen cierta injerencia en la aplicación y ejecución de sus leyes.

Cabe señalar que, el tipo de Gobierno inglés se extiende, en menor medida, a las colonias de Inglaterra, las cuales gozan de cierta autonomía política, pero hay algunas leyes que están supeditadas a la aprobación de la monarca inglesa, en este caso la Reina de Inglaterra Isabel II.

Londres no solo alberga el Parlamento, también congrega otras importantes instituciones como el Banco de Inglaterra, la Administración Pública y el Tesoro de su Majestad *(Her Majesty's Treasury).*

Además de las instituciones oficiales, en Inglaterra se encuentran las mansiones oficiales de la reina Isabel II y de su familia. Las residencias de la monarca que se localizan en Inglaterra son el Castillo de Windsor, Clarence House, Palacio de Kensington y Palacio de St. James.

Pic. 11. Windsor Castle
Fig. 11. Castillo de Windsor

4. Condiciones de vida y trabajo: introducción al mundo laboral (búsqueda de empleo, educación), Seguridad Social, hábitos de salud e higiene

El Reino Unido es uno de los destinos más populares para estudiantes de fuera. De hecho, más de 400.000 alumnos y alumnas internacionales se matriculan *(enrol)* cada año.

Los alumnos/as internacionales *(international students)* que consideren tener una educación aquí, pueden elegir entre 140 universidades *(universities)* e instituciones de educación superior *(higher education institutions),* que son reconocidas por todo el mundo *(recognised all over the world).*

La Universidad de Oxford fue la primera universidad en establecerse en el Reino Unido. Fundada en el siglo XII, está organizada como una federación de instituciones de educación superior que son dirigidas por su propio personal docente conocido como *"Fellows".* La facultad *(college)* más antigua, la Facultad Universitaria, fue fundada en 1249. Otras facultades más antiguas incluyen *All Souls* fundada en 1438 y *Christ Church,* fundada en 1546 por el Cardenal Wolsey. Por otro lado, la facultad *Lady Margaret Hall,* fundada en 1878, fue el primer establecimiento educativo para mujeres.

En la actualidad, la Universidad de Oxford está constituida por 39 facultades diferentes de los cuales dos son únicamente para mujeres, y el resto son mixtos.

Respecto al mundo laboral, los empleadores *(employers)* tienen la obligación de salvaguardar la salud *(health),* seguridad *(safety)* y bienestar *(welfare)* de sus empleados *(employees)* bajo una ley común y estatuto.

Los empleadores deben pagar a sus trabajadores *(workers)* al menos el salario mínimo por hora *(the statutory minimum pay per hour).* *"The National Minimum Wage (NMW)"* es el pago mínimo por hora a menores de 25 años. Existen cuatro rangos *(rates)* para el NMW, dependiendo de la edad del trabajador y si son aprendices *(apprentice).*

Hombres y mujeres tienen el derecho *(right)* de cobrar lo mismo por el mismo trabajo.

Los trabajadores no deben trabajar más 48 horas a la semana *(hours per week),* y si los empleadores requieren a sus empleados trabajar más *(work longer),* deben de pagar esas horas extras *(overtime).*

Los empleadores tienen la obligación de asegurar un lugar de trabajo *(workplace)* que cumpla con buenas condiciones de salud, seguridad y bienestar a todos los empleados.

Existe un organismo que se ocupa de ello, llamado *"The Health and Safety Executive (HSE)"*.

Pic. 12. Studying and working in London
Fig. 12. Estudiando y trabajando en Londres

5. Valores, creencias y actitudes: tradiciones importantes, características básicas del sentido del humor, referentes artístico-culturales significativos

Un valor a resaltar de los ingleses es que tienen un sentido del civismo muy interiorizado, son educados *(polite)* y ordenados, hacen colas *(queue)* para todo (escaleras mecánicas en el metro, la entrada del ascensor...) y las respetan siempre. Por lo que cuando visitamos su país debemos intentar cumplirlas para no recibir una mirada incómoda. Siempre pagan sus impuestos *(taxes).*

Otro hecho a tener en cuenta es que saben controlar sus emociones *(feelings).* Es difícil saber cuándo un inglés está enfadado. Como ya hemos comentado en otra unidad, no gritan.

Son como impasibles, podríamos decir que tienen un poco las características del hielo, se mantienen duros y perseverantes durante mucho tiempo.

Otro punto destacable es su sentido del humor, se ríen de todo, incluso de sí mismos, con un sentido del humor ácido y refinado, que puede llegar a ser punzante para el objeto de la broma, que suele incidir en verdades incómodas. Basan las bromas en la ironía, no recurren al chiste fácil. Es difícil identificar los elementos exactos del "sentido del humor británico" pero, a grandes rasgos, se puede definir como una actitud mental que responde a la incongruencia y el ridículo.

Este sentido del humor se ve reflejado en las comedias de televisión más famosas donde, por lo general, el personaje principal es excéntrico y lunático. Ejemplo de ello son las sagas de Austin Powers, Mr. Bean y el antiguo Show de Benny Hill.

Respecto a los referentes artístico-culturales significativos, según diferentes estudios realizados, hay una serie de personas que podemos identificar con el arte y la cultura británica.

- **William Shakespeare.** El poeta, dramaturgo y actor es considerado uno de los escritores más importantes de la literatura inglesa. Vivió entre los siglos XVI y XVII, durante el apogeo de la época isabelina.

  Nació en Stratford-upon-Avon, al norte de Londres, su padre fue un mercader y su madre era la hija de un terrateniente. Se casó a los 18 años con Anne Hathaway, la hija de un granjero local que tenía ocho años más que Shakespeare.

Pic. 13. William Shakespeare's portrait
Fig. 13. Retrato de William Shakespeare

Algunas de sus obras son *Romeo y Julieta*, *Hamlet*, *Sueño de una noche de verano*, *Otelo*, *El rey Lear*, *Macbeth* y *el Mercader de Venecia*. Su producción de tragedias y comedias fue prolífica. Sus primeros escritos empezaron a aparecer en 1594, se calcula que a partir de ese momento y hasta el año 1611, aproximadamente, realizó dos por año.

- **La reina Isabel II.** La monarca británica sucedió a su padre, el rey Jorge VI, en 1952. Sus 62 años en el trono la han convertido en una de las reinas más longevas de la corona, ha sido superada únicamente por Victoria, quien ocupó el trono por 63 años.

  Siendo la tercera en línea, Isabel II tenía pocas las posibilidades de ocupar el trono británico, pero su tío Eduardo VIII abdicó poco después de la muerte de su padre, Jorge V, para casarse con la estadounidense Wallis Simpson. Por esta razón, el padre de Isabel II se convirtió en el siguiente sucesor de la corona británica.

- **Los Beatles.** La conocida banda de rock oriunda de Liverpool, Inglaterra, se formó en la década del sesenta y se le considera uno de los grupos musicales más importantes de las últimas décadas. Sus integrantes fueron Paul McCartney, John Lennon, George Harrison y Ringo Starr.

  Grabaron más de 10 álbumes y recibieron reconocimientos en Reino Unido y Estados Unidos. Ganaron premios Grammy, discos de diamante, de platino y de oro. En 1988 fueron admitidos en el Salón de la Fama del Rock and Roll.

  Algunas de sus canciones más conocidas son *"Hey Jude"*, *"Let it Be"*, *"I Want to Hold Your Hand"*, *"All You Need is Love"*, *"Lady Madonna"*, *"Help"* y *"Love Me Do"*.

6. Lenguaje corporal: gestos y posturas, proximidad y contacto visual

El lenguaje corporal es la comunicación sin palabras. Es el movimiento de rasgos faciales o de partes del cuerpo que, de forma voluntaria o involuntaria, expresan ideas y actitudes. Los tres tipos principales son:

- **Expresiones faciales.** Una sonrisa *(smile),* un ligero fruncimiento de ceño *(frown)* o una cara impasible son todos expresiones que añaden otra capa al significado de lo que estás diciendo. El contacto visual es una parte especialmente importante de la comunicación no verbal al que tenemos que prestar atención mientras hablamos inglés o escuchamos a alguien.

- **Gestos con las manos.** Cuando hablamos, si movemos las manos, las mantenemos pegadas al cuerpo, cruzamos los brazos o si tenemos las manos en los bolsillos, pueden crear diferentes mensajes incluso si estamos diciendo la misma cosa.

- **Posición del cuerpo.** La posición del cuerpo también significa mucho. Inclinarse hacia delante mientras alguien habla o lo separado que estamos del interlocutor. de tu audiencia.

Se considera que en la lengua inglesa la comunicación no verbal es muy importante, y debemos tener en cuenta tres elementos: palabras, tono de la voz y lenguaje corporal.

Es importante recordar que el lenguaje corporal es diferente en diferentes regiones de habla inglesa, por lo que es importante prestar atención al contexto y cómo la gente de nuestro alrededor usa expresiones fáciles, gestos con las manos y posiciones del cuerpo. A continuación, vamos a estudiar los más frecuentes.

- ***Eye Rolling* / Poner los ojos en blanco.** La mayoría de las personas ponen los ojos en blanco para mostrar desaprobación o molestia, los hablantes ingleses también ponen los ojos en blanco cuando sienten escepticismo por algo. Muchos ingleses ponen los ojos en blanco mientras utilizan la frase sarcástica *"yeah, right, ...".* Esto significa "lo dudo" y "probablemente no."

- *He told me he is dating a movie star /* Me dijo que está saliendo con una estrella del cine.
- *[Eye roll] Yeah, right /* [Ojos en blanco] Sí, claro.

- ***Air quotes* / Comillas con las manos.** En el mundo anglosajón, la gente suele hacer este gesto, moviendo los dedos índice y corazón de ambas manos hacia arriba y hacia abajo. Hacen esto para poner énfasis en una palabra o frase, principalmente porque no creen que no sea la palabra correcta en esa situación. Las comillas con las manos suelen connotar sarcasmo.

My roommate said that she could not come because she is [air quotes] "working" / Mi compañero de piso dijo que no podía venir porque está [comillas con las manos] "trabajando".

En este caso, el hablante piensa que su compañero de piso no está trabajando. A lo mejor tiene la costumbre de utilizar esa excusa cuando no quiere salir de casa.

- ***Arms crossed defensively*** / **Cruzarse de brazos de forma defensiva**. Si alguien se cruza de brazos, suele significar que no está de acuerdo con lo que se está diciendo.

Imaginemos que estamos discutiendo con un compañero/a porque pensamos que el equipo tiene que hacer algo de forma diferente. Nos dice: *"I know what you mean"* / "Veo lo que quieres decir", pero tiene sus brazos cruzados sobre su pecho. A pesar de estas palabras, probablemente no esté de acuerdo con tu idea en absoluto.

- ***Head shaking*** / **Negar con la cabeza.** En el mundo anglosajón, negar con la cabeza suele indicar desacuerdo o decepción. A veces, puedes hacerle una pregunta a alguien y en vez de contestar con palabras, él/ella simplemente negará con la cabeza. Eso significa "no". Otras veces, los hablantes ingleses sacudirán sus cabezas mientras hablan para enfatizar lo que están diciendo.

- *Do you think our boss was right to give us extra hours this weekend?* / ¿Crees que nuestro jefe tenía razón para que hiciéramos horas extras este fin de semana?
- *[Head shaking] No, way! So unfair!* / [Negar con la cabeza] ¡De ninguna manera! ¡Es muy injusto!

Cuando uses el inglés en Internet, puedes encontrarte con el ***slang smh.*** Esto quiere decir *"shaking my head"* / "negando con la cabeza", e indica desacuerdo.

Es útil saber leer el lenguaje corporal que indica confusión y distracción. Algunos ejemplos son:

- ***Avoiding eye contact*** / **Evitar el contacto visual.** La frecuencia e intensidad del contacto visual depende del pasado cultural de una persona y su personalidad. Sin embargo, en el mundo anglosajón, una persona suele mantener contacto visual cuando tiene una conversación con otra persona.

  Si detectamos una falta de contacto visual, podría significar que nuestro oyente está: distraído *(distracted),* confundido *(confused),* aburrido *(bored),* o que no quiera seguir la conversación. Si alguien está evitando el contacto visual con nosotros, simplemente sonriamos y le preguntaremos verbalmente algunas de estas expresiones:

  - *Am I making sense? /* ¿Estoy hablando de forma lógica y entendible?
  - *Are you still with me? /* ¿Sigues/Entiendes lo que estoy diciendo?
  - *Are we on the same page? /* ¿Nos estamos entendiendo? ¿Estamos de acuerdo?
  - *Is anything unclear? /* ¿Algo de lo que estoy diciendo no está claro?
  - *Scratching face/rubbing nose /* Rascarse la cara/frotarse la nariz.

- ***Resting head in hands/playing with hair*** / **Apoyar la cabeza en las manos/jugar con el pelo.** Estos dos gestos indican que alguien está aburrido o distraído. Si le estamos contando a una amiga sobre tu viaje en bici del fin de semana, pero ella no para de jugar con el pelo, probablemente esté pensando en otra cosa, como qué hacer para cenar.

Entender el lenguaje corporal también ayuda a la hora de hablar. Podemos mostrar seguridad no solo con palabras, sino con el lenguaje corporal adecuado.

- ***Nodding*** / **Asentir con la cabeza.** Negar con la cabeza muestra desacuerdo. Asentir es lo contrario. Expresa que estás de acuerdo con alguien. Por ello, debemos asegurarnos de asentir con la cabeza cuando digamos *"That is an excellent idea" / "Es una gran idea"* para mostrar a tu amigo/a que estás de acuerdo con el/ella.

- ***Smiling* / Sonreír.** Una sonrisa hace parecer más amable y anima a que las otras personas se abran más con nosotros. Cuando pidamos que comenten sobre algún proyecto, añadamos una sonrisa a la pregunta *"What do you think of it?" / "¿Qué piensas sobre ello?"*

- ***Gesturing with hands* / Gestos con las manos.** Mover las manos ampliamente y con decisión, demostrará apropiación del espacio y del tema.

- ***Standing/sitting up straight* / Estar de pie/sentado recto.** Es primordial estar de pie o sentado con la espalda recta. Hace parecer más alto/a y más importante. Asegurémonos de estar rectos al presentarnos con una frase del tipo *"My name is Lila and I am the new marketing assistant" / "Me llamo Lila y soy la nueva ayudante de marketing".*

- ***Open shoulders* / Hombros abiertos.** Si mantenemos los hombros y brazos abiertos indica que estamos abiertos a sugerencias, ideas e incluso opiniones constructivas. No debemos doblarnos o encorvarnos ya que esto nos hará parecer inseguros. Asegurarse de estar de pie con una posición abierta cuando estamos buscando opinión con una pregunta como *"What do you think we can do better?" / "¿Qué crees que podemos mejorar?".*

7. Convenciones sociales: convenciones y tabúes relativos al comportamiento, normas de cortesía

Existen muchas supersticiones en el Reino Unido, pero una de la más difundida es la de que es mala suerte caminar por debajo de una escalera (incluso si esto significa bajarse del pavimento y pasar por una calle congestionada).

Otra superstición común dice que es mala suerte abrir una sombrilla en la casa (puede traer desgracia tanto a la persona que la abre como a la familia). Cualquier persona que abra una sombrilla durante buen clima sería muy impopular porque su gesto inevitablemente traería lluvias.

Se dice que el número 13 es de mala suerte para algunos, y cuando el día 13 del mes cae en viernes, quien desee evitar un suceso desfavorable es mejor que permanezca en casa.

La peor desgracia que le puede suceder es romper un espejo: le trae siete años de mala suerte. Se supone que la superstición tiene su origen en tiempos antiguos, cuando los espejos eran considerados herramientas de los dioses.

En el Reino Unido generalmente los gatos negros son considerados de buena suerte, aunque, en realidad, están asociados con la brujería (un gato negro normalmente es un animal pariente de una bruja).

Se considera que es buena suerte si un gato negro cruza por su camino (aunque en los Estados Unidos la creencia es opuesta).

Finalmente, una superstición generalizada es aquella de tocar madera para la buena suerte. Esta medida se toma cuando se cree que se ha dicho algo que afecte su futuro.

Respecto a las normas de cortesía, si existe un país por antonomasia, donde el Protocolo se escribe con letras mayúsculas, ese es el Reino Unido. Cabe destacar la amabilidad de sus policías los conocidos *"bobbies"*.

En líneas generales casi nunca elevan su tono de voz, ni muestran su disgusto o enfado (aunque lo tengan). Exteriorizan poco sus sentimientos.

Los ingleses bien educados mantienen la compostura, son discretos y conservan sus buenos modales, incluso en las situaciones más adversas.

También, debemos evitar "tomarnos" demasiadas confianzas con nuestro interlocutor, a no ser que sea un amigo íntimo o muy cercano.

Cuando vestimos una corbata debemos tener en cuenta su posible "significado". Las corbatas de rayas, si las utilizamos, dependiendo del color y el ancho de sus franjas, pueden ser "interpretadas" como que pertenecemos a un club o a una facultad, tan extendidos por todo el país.

Las presentaciones siempre deben ser hechas por alguien de la "tierra" o por una tercera persona, no por nosotros mismos. El orden para hacer las presentaciones es el mismo que en muchos otros países del mundo (el caballero a la dama, la persona más joven a la de más edad, la persona de menor rango o jerarquía a la de mayor jerarquía, etc.).

Cuando nos presenten a otra persona, simplemente le daremos la mano, ya que no son partidarios de largos y calurosos apretones de mano, ni de abrazos u otras formas más "cercanas" de saludar.

Saber más

A la pregunta de *"¿Cómo está usted?"*, no se suele responder como en otros países con un bien, estupendamente o con expresiones similares, sino que se suele responder con la misma expresión con la que nos han preguntado *"How do you do?"*.

8. Geografía básica: clima y medio ambiente. Países más importantes en los que se habla la lengua y ciudades significativas. Incidencias geográficas en la lengua: introducción básica a las variedades de lengua

A. El clima

El Reino Unido es una isla atrapada entre la corriente más cálida del Golfo Atlántico y el gélido Mar del Norte. Eso genera una mayor variedad de clima cambiante de lo que cabría esperar.

Las temperaturas en toda Inglaterra son templadas: las heladas fuertes y el clima muy caluroso son raros. De hecho, no es inusual que algunas plantas tropicales prosperen al aire libre durante el invierno. Las temperaturas en todo el Reino Unido varían solo unos pocos grados de un lugar a otro. Pero esos pocos grados pueden hacer un mundo de diferencia.

Los visitantes a veces se sorprenden de que las temperaturas en Inglaterra entre mediados de marzo y mediados de octubre no varíen mucho. Es posible experimentar días en primavera y principios de otoño que son tan cálidos como cualquiera que pueda experimentar en el verano.

Sin embargo, el viento y la alta humedad hacen que incluso las temperaturas relativamente altas se sientan mucho más frías.

En líneas generales, el tiempo en el Reino Unido es más bien templado, porque si bien los cambios climáticos son repentinos y frecuentes, las temperaturas no alcanzan valores extremos, de hecho, la máxima en verano no supera los 32º C y la mínima en invierno no es inferior a -10º C- por lo cual, la amplitud térmica es más bien escasa.

Por otro lado, aunque las precipitaciones son bastante similares a lo largo de todo el año, entre septiembre y enero se ubica la temporada más lluviosa y de marzo a junio el período más seco. Asimismo, las zonas montañosas ubicadas al oeste y norte son más húmedas que la región central.

Pic. 14. The rain is common in UK
Fig. 14. La lluvia es común en Reino Unido

Aunque no llueve tanto como la gente piensa, sí que llueve. Pero existen unas 100 palabras diferentes en inglés para describir la lluvia, podemos elegir entre:

- *Deluge* / Diluvio.
- *Monsoon* / Monzón.
- *Downpour* / Aguacero.
- *Drizzle* / Llovizna.
- *Smattering* / Chapuzón.
- *Buckets* / Llover a cántaros.

B. Medio ambiente

Algunas de las especies características en lo que se refiere a su flora son roble *(oak),* el olmo *(elm tree)* y el haya *(beech).*

La fauna en el Reino Unido es también muy variada se caracterizan con la presencia de algunos mamíferos *(mammals)* como:

- *Foxes /* Zorros.
- *Rabbits /* Conejos.
- *Deers /* Ciervos.
- *Hedgegog /* Erizos.

Pero no abundan ni los reptiles *(reptiles)* ni los anfibios *(amphibian).*

También las especies de aves *(poultry)* son muy importantes ya que se han descubierto 230 especies diferentes, aunque también se encuentran amenazadas por la costumbre británica de la caza *(hunting),* así como también con la destrucción de los ecosistemas en donde residen.

C. Países y ciudades más significativas de habla inglesa

La lengua inglesa tiene aproximadamente 400 millones de hablantes nativos en todo el mundo. Es la tercera lengua con mayor número de hablantes nativos, solo superada por el chino mandarín y el español; pero es la segunda lengua más popular. En consecuencia, si combinamos los hablantes nativos y no nativos, se puede afirmar que el inglés es la lengua más hablada del mundo.

Es importante mencionar que algunos de los países que nombramos tienen más de una lengua oficial, por lo que el inglés no tiene por qué ser necesariamente la lengua materna más común en ellos.

América del Norte	Europa	Caribe
• Estados Unidos • Canadá	• Reino Unido • República de Irlanda • Malta	• Jamaica • Barbados • Trinidad y Tobago • Bahamas • Guyana
Oceanía	**Asia**	**África**
• Australia • Nueva Zelanda • Papúa Nueva Guinea • Fiji • Samoa • Tonga • Islas Salomón • Micronesia • Vanuatu • Kiribati	• India • Pakistán • Singapur • Filipinas • Sri Lanka • Malasia	• Sudáfrica • Nigeria • Camerún • Kenia • Zimbabue • Ghana • Ruanda • Sudán • Botswana • Etiopía

D. Incidencias geográficas en la lengua

La población afro-caribeña del Reino Unido no tiene su propio lenguaje, aunque la segunda e incluso la tercera generación de las indias occidentales hablan un dialecto del inglés estándar descrito como créole, o créole jamaiquino (patuá).

La población asiática del Reino Unido habla una variedad de lenguas, a menudo usando diferentes idiomas para la escritura y el habla. Los idiomas nacionales de la India y Pakistán son el hindi y el urdu.

Los idiomas del norte de la India son también ampliamente hablados en el Reino Unido (punjabí, gujaratí y bengalí). Estos tres idiomas tienen derivaciones comunes en sánscrito, el idioma clásico de la India antigua, pero no son necesariamente inteligibles entre sí. Existen más hablantes de Asia que hablan punjabí en el Reino Unido que en alguna otra lengua, seguidos de quienes hablan urdu, bengalí y gujaratí.

Dos de los más importantes dialectos chinos hablados en el Reino Unido son el cantonés, idioma del Hong Kong urbano y la provincia de Guangdong, y el mandarín, hablado por quienes provienen de la China continental.

Resumen

En esta unidad hemos tratado los puntos más importantes de la sociedad y de la cultura inglesa. Aunque hay claras diferencias entre todas las personas de habla inglesa en función de dónde viven, también es indiscutible que comparten una serie de aspectos o características similares. Sociedad y cultura son conceptos que relacionan la historia de un pueblo con sus tradiciones y folklore, expresado de manera escrita y oral.

Desde un punto de vista antropológico, los valores y normas culturales y las normas de comportamiento conforman el modelo social. Desde un punto de vista psicológico, la cultura hace referencia al comportamiento de la gente.

Los emblemas y estereotipos varían incluso de unos a otros países de habla inglesa.

Glosario

Asentir

Admitir o afirmar una persona algo que otra ha dicho o propuesto.

Club

Sociedad fundada por un grupo de personas con intereses comunes y dedicada a actividades de distinta especie, principalmente recreativas, sociales, deportivas o culturales.

Employer

Persona que da empleo a otros.

Fellow

Término que se utiliza para definir un compañero/a entendiendo por dicha persona que tiene el mismo trabajo o intereses que tú o esté en la misma situación.

Lengua oficial

Una lengua oficial se define como aquella lengua que los ciudadanos de un país pueden utilizar para comunicarse con las autoridades y el gobierno.

Popover

Bollo ligero y hueco hecho con una masa ligera o batido de huevo, harina y leche.

Slang

El argot que la gente suele hablar o escribir de forma informal.

Actividades

Listening activity

Listen to Julia and Adam talking about their plans for the weekend and complete de sentences with the best answer, a, b or c.

Archivo: **Listening-U. A. 5.**

1. Adam is late because he had to go to the ______________.

a. Bakery.
b. Station.
c. Post office.

2. What do they drink?

a. 2 chocolate milkshakes.
b. 2 cups of coffee.
c. 2 cokes.

3. Which food does Julia´s mum like?

a. Japanese.
b. Mediterranean.
c. Italian.

4. Who is coming from Scotland?

a. Her mother.
b. Her cousin.
c. Her father.

5. When and where do they decide to meet?

a. Saturday in front of the library.
b. Sunday next to the library.
c. Saturday opposite the library.

Speaking activity

Answer the following questions:

- What´s your favourite food?
- Do you cook? How often?
- Do you prefer to eat at home or to eat in a restaurant? Why?
- Which food you don´t like?
- Where and when do you normally do the shopping?

Reading activity

Read the following text and choose the correct answer for each question.

Around the world by bike.

Mark Beaumont, from Scotland, cycled around the world in only 194 days and 17 hours. Mark had the idea after he left Glasgow University in 2007, and he started his journey in Paris on August 5th the same year.

He travelled 18,300 miles, visited twenty countries, and he met a lot of interesting people. In each place he talked and spent time with many different people, so he learnt from them and their city.

He also wrote an online diary where he took notes and got emails for friends and family every week.

Mark finished his journey in Paris on February 15th 2008. It was hard but very exciting too.

His family went to Paris for the big day, and his mother told the newspapers she was very proud of her son. Mark also raised over 10,000 pounds for charity.

1. Which transport did Mark use?

a. Bicycle.
b. Car.
c. Train.

2. When did he decide to travel?

a. At university.
b. Before starting university.
c. When he finished his university studies.

3. When did he start the journey?

a. In 2006.
b. In 2007.
c. In 2008.

4. Who received the money he raised?

a. His family.
b. People who need it.
c. Mark.

Writing activity

Read this topic and write your answer using at least 80 words.

You see this notice on a blog and you write a letter expressing your opinion about the following questions: Do you think it´s better to have lots of friends or just one best friend? Why? And how important is it for friends to have similar personalities?

Ejercicios de autoevaluación

1. ¿Cuál de los siguientes términos se refiere a "light meal"?

a. Elevenses.
b. Dinner.
c. Breakfast.
d. Lunch.

2. ¿Cuál de las siguientes expresiones comunicativas no debemos utilizar?

a. Good morning.
b. Shout.
c. Please.
d. Thank you.

3. ¿Cuál de los siguientes ingredientes se incluyen en el típico "spotted dick"?

a. Raisins.
b. Orange.
c. Banana.
d. Chocolate.

4. ¿Qué deporte es común entre los ingleses?

a. Car races.
b. Horse races.
c. Bike races.
d. Jump races.

5. ¿Cuál de las siguientes palabras se refiere a una persona que trabaja con otra?

a. Employer.
b. Employee.
c. Fellow.
d. College.

6. ¿Con qué parte del cuerpo se realiza el gesto "Air Quotes"?

a. Hands.
b. Head.
c. Eyes.
d. Legs.

7. **¿Qué gatos son relacionados con la buena suerte?**

a. Brown.
b. White.
c. Black.
d. Grey.

8. ¿Cuál de las siguientes palabras no se refiere a la lluvia?

a. Foggy
b. Drizzle.
c. Bucket.
d. Smattering.

9. ¿Cuál de los siguientes animales es común en el Reino Unido?

a. Cows.
b. Deers.
c. Horses.
d. Monkeys.

10. ¿Qué árbol no es común en el Reino Unido?

a. Oak.
b. Elm tree.
c. Beech.
d. Orange tree.

U. A. 6. Contenidos funcionales

Introducción

En esta unidad de aprendizaje trataremos todo lo referente los contenidos funcionales que son tal vez la mejor forma de estudiar los llamados enfoques comunicativos. En la enseñanza de idiomas y, especialmente, en la lengua inglesa, es muy interesante y útil conocerlos ya que nos permite entender numerosos efectos expresivos de la interacción verbal.

Los contenidos funcionales y comunicativos son un área más de nuestro aprendizaje de la lengua, en la que clarificaremos qué estructura usar dependiendo de lo que queremos expresar y cómo queremos hacerlo.

Objetivos

Comprensión oral

- Extraer la información esencial, los puntos principales e información específica de textos orales breves, de estructura sencilla y léxico de uso frecuente, sobre asuntos cotidianos, transmitidos de viva voz o por medios técnicos, articulados con claridad a una velocidad lenta, en un registro formal o neutro, en contextos no interactivos.
- Comprender mensajes breves, claros y sencillos, en lengua estándar, dentro de un contexto conversacional y sobre asuntos y aspectos conocidos, en un grado que permita satisfacer las necesidades básicas e identificar el tema, los puntos principales y las intenciones comunicativas, así como el registro formal o informal, con posibilidad de solicitar repeticiones o aclaraciones.

Expresión e interacción oral

- Realizar intervenciones breves y sencillas, comprensibles, adecuadas y coherentes, relacionadas con sus intereses y con las necesidades de comunicación más inmediatas previstas en el programa, en un registro neutro, todavía con pausas e interrupciones, con un repertorio y control limitado de los recursos lingüísticos y con el apoyo de comunicación gestual.
- Participar en conversaciones relacionadas con las situaciones de comunicación más habituales, previstas en el programa, de forma sencilla pero adecuada, reaccionando y cooperando, siempre que su interlocutor también coopere, hable despacio, con claridad y se puedan solicitar aclaraciones.

Comprensión escrita

- Extraer el sentido general, los puntos principales e información específica de textos escritos breves, de estructura sencilla y léxico de uso frecuente, en un registro formal o neutro, sobre asuntos cotidianos, pudiendo releer cuando lo necesite.

- Localizar e identificar información específica y relevante en material publicitario, divulgativo, de consulta, etc. así como comprender instrucciones de uso sencillas sobre aspectos de ámbito común.
- Identificar el sentido general e información relevante de textos descriptivos, explicativos y argumentativos, escritos con claridad y bien organizados, en los que se utilicen estructuras sencillas.

Expresión e interacción escrita

- Escribir textos sencillos, relativos a aspectos cotidianos concretos, adecuados a la situación de comunicación, con una organización y cohesión básicas, en un registro neutro y con un control limitado de los recursos lingüísticos.
- Comprender y escribir notas, cartas y mensajes sencillos, así como mensajes rutinarios de carácter social, adecuados a la situación de comunicación, con una organización y cohesión básicas, utilizando un registro neutro y con un repertorio y control limitado de los recursos, mostrando una actitud positiva y respetuosa hacia las opiniones y los rasgos culturales distintos de los propios.

1. Actos asertivos. Funciones o actos de habla relacionados con la expresión del conocimiento, la opinión, la creencia y la conjetura: afirmar, negar, anunciar, clasificar, describir, expresar acuerdo y desacuerdo, expresar desconocimiento, expresar una opinión, formular hipótesis, identificar/se, informar, presentar/se, recordar algo a alguien, rectificar, predecir y confirmar la veracidad de un hecho

A. Afirmar, negar, anunciar, clasificar y describir

Las **oraciones declarativas** ***(statement or declarative sentence),*** son el tipo más común de oraciones, también se conocen como oraciones asertivas. Las oraciones declarativas o asertivas son las oraciones que establecen un hecho u opinión, afirman o niegan algo.

Se pueden dividir nuevamente en dos tipos de oraciones conocidas como oraciones afirmativas con un significado positivo y negativas siendo las opuestas a las afirmativas.

Una declaración en inglés siempre contiene al menos dos constituyentes sintácticos *(syntagmas)* que son un sujeto y un verbo o predicado, que además deben aparecer en este orden. También se pueden encontrar partes adicionales, tal como objetos o complementos circunstanciales, como ya estudiamos en la unidad dos.

En las declaraciones inglesas, el sujeto siempre tiene que preceder al verbo, por ejemplo, *"Some birds can't fly." / "Algunos pájaros no saben volar".*

- *My mother is reading at the moment* / De momento, mi madre está leyendo. Esta declaración incluye tres sintagmas (sujeto, verbo, y complemento circunstancial).
- *We're going to have dinner at 6 o'clock* / Vamos a cenar a las 6. En este caso, la frase declarativa consta de cuatro sintagmas/constituyentes (sujeto, verbo, objeto, y complemento circunstancial o de tiempo).

B. Expresar acuerdo y desacuerdo

Saber expresar el acuerdo o desacuerdo en inglés es una de las claves para todo debate o conversación en este idioma.

Para mostrar acuerdo o desacuerdo en inglés, podemos utilizar las formas ***"I agree, I disagree"***, pero pueden ser demasiado simples y básicas. Pero existen otras fórmulas.

Aun siendo simples las primeras expresiones, debemos prestar atención ya que hay mucha gente que las dice mal. Es incorrecto decir ~~"I am agree"~~ o ~~"I am not agree",~~ ya que la forma base es *AGREE* no es un participio y no se conjuga con el verbo *TO BE* en este caso.

Si queremos utilizar el verbo ser, tendríamos que decir *"I am in agreement with you"*, aunque es una forma algo pomposa y poco natural, poco utilizada y más bien propia de un contexto muy, muy formal.

Vamos a estudiar algunas expresiones y frases de ejemplo para mostrar acuerdo o desacuerdo en inglés.

AGREEMENT / ACUERDO

- *I agree with you in that point* / Estoy de acuerdo contigo en ese punto.
- *I absolutely agree* / Estoy absolutamente de acuerdo.
- *I think you´re right* / Creo que estás en lo correcto.
- *I agree with you a hundred per cent* / Estoy de acuerdo contigo al 100%.
- *I couldn´t agree with you more* / No podría estar más de acuerdo contigo.
- *You´re absolutely right* / Estás en lo correcto totalmente.
- *That´s exactly what I think!* / ¡Es exactamente lo que pienso!

DISAGREEMENT / DESACUERDO

- *I´m afraid I disagree* / Me temo que no estoy de acuerdo.
- *I absolutely disagree* / Estoy absolutamente en desacuerdo.
- *I totally disagree with you* / Estoy totalmente en desacuerdo contigo.
- *I don´t think so* / No pienso eso.
- *Yes, but....* / Sí, pero...
- *I´m afraid your information is wrong* / Me temo que tu información no es correcta.
- *I´m of a different opinión* / Soy de una opinión diferente.

También hay fórmulas en inglés para expresar que estamos de acuerdo en parte, pero no del todo:

- *Although I agree it is true to say that...* / Aunque estoy de acuerdo, es cierto que...
- *I think that is not always true, because...* / Pienso que eso no es siempre cierto, ya que...
- *I am not so sure about that* / No estoy seguro de eso.

Las **oraciones condicionales** del inglés, en concreto, del tipo II, que ya estudiamos, son un recurso muy útil que nos permitirán expresar una hipótesis.

Este condicional del inglés es un poco más complejo y se utiliza para presentar una situación hipotética, que puede ocurrir ahora como en cualquier momento. Por ejemplo: *If you came, I´d tell you* / Si vinieras, te lo diría.

Recordemos que la estructura de esta frase condicional sería: If + pasado simple (para expresar el subjuntivo) + condicional simple (usando would + infinitivo). Por ejemplo:

- *If you ate it, you would die* / Si comieras eso, morirías.
- *If you helped me, I would finish on time* / Si me ayudaras, terminaría a tiempo.

C. Identificarse, informar y presentarse

Presentarse a uno mismo, dar información o identificarse no es complejo ya que es dar información sobre nosotros mismos.

Pic. 1. Giving information about ourselves
Fig. 1. Dando información sobre nosotros

Para presentarte bien debemos tener claro qué queremos dar a conocer sobre nosotros por eso lo mejor es ser simples y concisos. Normalmente es tan sencillo como decir nombre, edad, localidad y aficiones.

Lo primero es saludar y presentarnos. Este paso es sencillo, pero también muy importante.

- *Hello, my name is Sergio /* Hola, me llamo Sergio.
- *Hi, I am Sergio /* Hola, soy Sergio.

Si nos encontramos en una situación más informal siempre podemos utilizar expresiones para saludar como:

Audio6_1

- *What's up? /* ¿Qué pasa?

Audio6_2

- *How's it going? /* ¿Cómo va?

Incluso si nos encontramos en determinados momentos del día podemos empezar con:

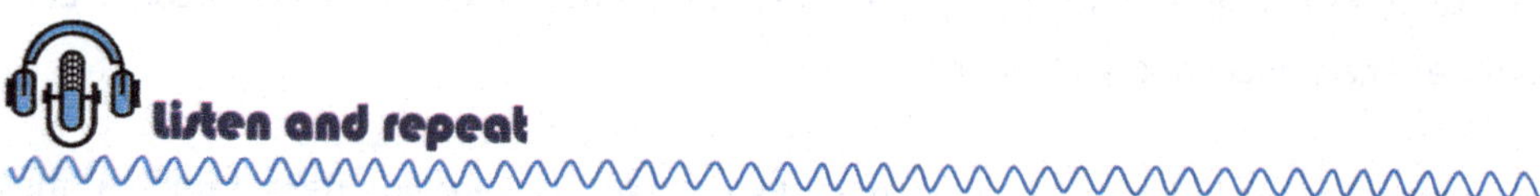

Audio6_3

- *Good morning /* Buenos días.
- *Good afternoon /* Buenas tardes.

También podemos añadir información adicional sobre estudios, gustos personales o hobbies con frases como:

- *I am a student /* Soy estudiante.
- *I'm a shop assistant /* Soy dependiente/a de una tienda.
- *I hate to play video games /* Odio jugar a videojuegos.
- *I like to dance /* Me gusta bailar.
- *I'm interested in books /* Me interesan los libros.
- *I enjoy cooking /* Disfruto cocinando.
- *I love swim/cinema/animals... /* Me encanta nadar/el cine/los animales.
- *I prefer history over philosophy /* Prefiero historia antes que filosofía.

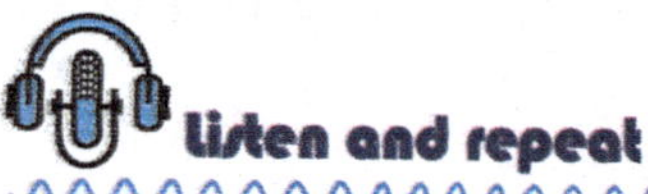

En el siguiente audio puedes escuchar oraciones similares a las anteriores para practicar.

Audio6_4

Si queremos recordarle a alguien que haga algo *(reminding people to do things),* podemos usar varias expresiones en inglés.

- *Remember to do it /* Recuerda que tienes que hacerlo.
- *Can/Could I remind you to...? /* ¿Puedo recordarle que...?
- *Don't forget to do it /* No te olvides de hacerlo.
- *I hope you haven't forgotten about / to... /* Espero que no hayas olvidado a...
- *I hope you haven't forgotten to... /* Espero que no se haya olvidado de...
- *I just need you to remind /* Solo necesito que me devuelvas la llamada.
- *I'd like to remind you about/to... /* Me gustaría recordarle acerca de...
- *I'd like to remind you about... /* Me gustaría recordarle...
- *May I remind you that... /* Puedo recordarle que...

A veces necesitamos expresar algo diferente a lo que hemos dicho con anterioridad, para ello podemos usar las expresiones:

- *I mean... /* Quiero decir...
- *Sorry I wanted to say... /* Quería decir...

D. Predecir y confirmar la veracidad de un hecho

Una predicción *(prediction)* es una idea que tenemos de algo que va a ocurrir en el futuro. Utilizamos ***WILL*** para hacer predicciones con base en lo que pensamos. Por ejemplo:

- *I think/I believe life will be easier in the future /* Creo que la vida será más fácil en el futuro.

Podemos utilizar las expresiones *I think... /* Pienso que... o *I believe... /* Creo que... para acompañar las oraciones.

- *I believe she will be a great mother* / Creo que ella será una buena mamá.
- *He thinks he will win the race* / Él piensa que va a ganar la carrera.
- *I believe I won´t pass the exam* / Creo que no voy a aprobar el examen.

2. Actos compromisivos. Funciones o actos de habla relacionados con la expresión de ofrecimiento, intención, voluntad y decisión: expresar la intención o la voluntad de hacer algo, invitar, ofrecer algo / ayuda, ofrecerse a hacer algo, prometer

A. Expresar intención, voluntad y decisión

Existen diferentes estructuras con las que podemos expresar nuestra voluntad e intención de realizar una acción.

- ***Be determined to*** **+ verbo.** Aunque no indica seguridad de que algo llegará a pasar, *to be determined to* indica que el hablante se ha decidido a llevar algo a cabo. La frase se utiliza para manifestar un compromiso emocional importante con respecto a ese plan, por ejemplo:
    - *I am determined to eat healthier this year* / Estoy determinado a comer más saludable este año.
    - *I am determined to be a better father and husband* / Estoy determinado a ser un mejor padre y esposo.

- ***Be planning to*** **+ verbo en infinitivo o** ***be planning on*** **+ verbo + ing.** En cuanto a expresar intenciones en inglés, estas frases, que podríamos traducir al español como estar planeando, se usan para indicar que los planes a los que se refiere el hablante ya han tomado algo de forma, es decir, el hablante ya ha ejecutado alguna acción para que esos planes se hagan realidad. La diferencia entre ambas frases es notable: la primera usa el verbo en infinitivo mientras que la segunda usa el verbo en presente continuo. Por ejemplo:

- *I'm planning to get another job this year /* Estoy planeando obtener otro trabajo este año.
- *I'm planning on moving to another flat when my lease is up /* Estoy planeando mudarme a otro piso cuando venza mi contrato de alquiler.

- ***Be going to* + verbo en infinitivo.** Otra manera para hablar acerca de actividades que planeamos hacer es usar la estructura *be going to.* Por ejemplo:

  - *I am going to play football tomorrow /* Yo iré a jugar fútbol mañana.
  - *She is going to married in December /* Ella se casará en diciembre.
  - *We are going to buy some books tomorrow /* Nosotros compraremos algunos libros mañana.
  - *I am not going to the park next Sunday /* No iré al parque el próximo domingo.
  - *We aren't going to eat on Friday /* Nosotros no iremos a comer el viernes.

B. Invitar

Vamos a ver cuáles son las expresiones útiles para invitar a alguien a algo. Invitar es algo que hacemos a diario con amigos, con compañeros de trabajo y en muchas otras ocasiones.

1. Would you like to + infinitive verb... / Would you like + noun...?

- *Would you like to play golf next weekend? /* ¿Te gustaría jugar al golf el proximo fin de semana?
- *Would you like to have a coffee? /* ¿Te gustaría tomar un café?
- *Would you like a cup of coffee? /* ¿Te gustaría tomar un café?
- *Would you like to join us for lunch? /* ¿Te gustaría venir con nosotros a comer?

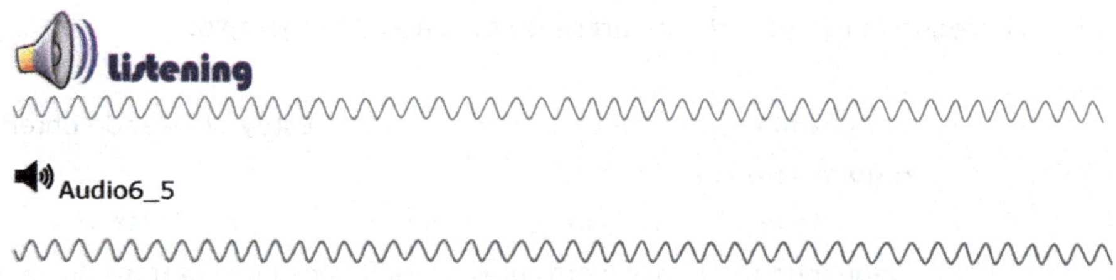

2. Why don't you...?

- *Why don't you have lunch with me tomorrow? /* ¿Por qué no comes conmigo mañana?
- *Why don't you join me tomorrow for lunch? /* ¿Por qué no te vienes a comer conmigo mañana?
- *Why don't you come over to my place for dinner? /* ¿Por qué no te vienes a mi casa a cenar?

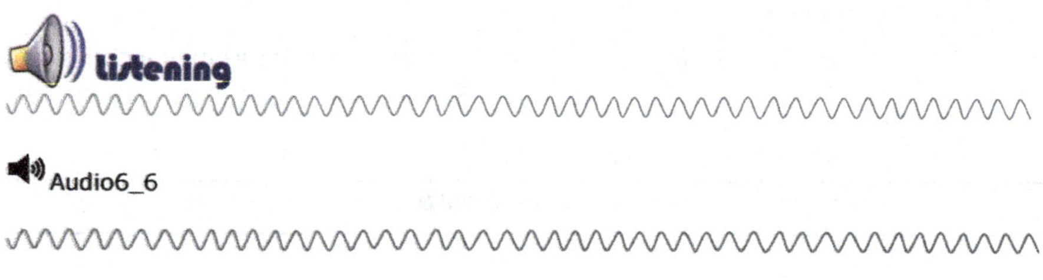

3. How about + noun/verb+ing...?

- *How about having lunch together tomorrow? /* ¿Qué te parece comer juntos mañana?
- *How about a tennis match next Saturday? /* ¿Qué te parece jugar un partido de tenis el sábado?
- *How about a cup of coffee? /* ¿Qué te parece un café? ¿Qué hay de tomar un café?

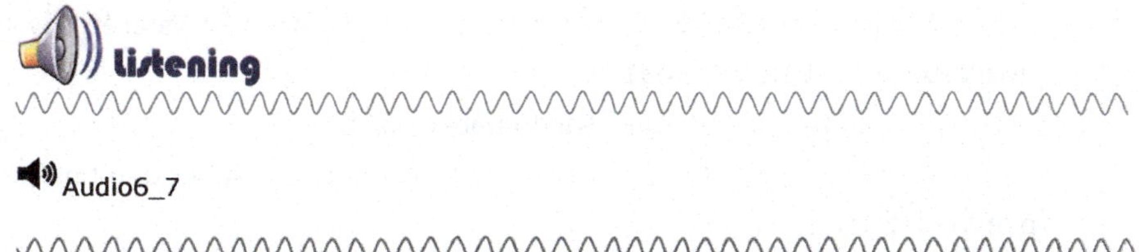

Aparte de los mencionados anteriormente, existen otras formas y expresiones para invitar. Veamos algunos ejemplos:

- *Could we have lunch together one day? /* ¿Podríamos comer juntos algún día?
- *We're having a party next weekend. Will you join us? /* Haremos una fiesta el fin de semana, ¿te vienes?
- *I have tickets for the concert, would you like to come? /* Tengo entradas para el concierto ¿te gustaría venir?
- *Do you feel like going for a coffee? /* ¿Te apetece ir a tomar un café?
- *Do you feel like having dinner with us? /* ¿Te apetece cenar con nosotros?
- *Are you doing anything on Friday? /* ¿Haces algo el viernes?
- *Are you free next weekend? /* ¿Estás libre el fin de semana?

C. Ofrecer ayuda

Si lo que queremos es ofrecer ayuda, usaremos frases como las siguientes:

- *Can I get you something? (some coffee, some water...) /* ¿Puedo traerte algo? (café, agua...).
- *Shall I help you with...? (your project, homework...) /* ¿Puedo ayudarte con...? (tu proyecto, tarea...).
- *Would you like to...? (drink some coffee, have a walk...) /* ¿Te gustaría...? (tomar café, dar un paseo...).
- *Do you want me to have a look at your Project? /* ¿Quieres que le eche un vistazo a tu proyecto?
- *I'd be glad to help (E. g. You with the wedding preparation) /* Estaré encantado de ayudarte (E. g. Con los preparativos de boda).

- *I'd be happy to assist (E. g. You with your homework) /* Estaré muy feliz de ayudarte (E. g. Con tu tarea).
- *What can I do for you? /* ¿Qué puedo hacer por ti?
- *I'd like to know what help I can be to you /* Me gustaría saber qué tipo de ayuda puedo ofrecerte.
- *I am happy to be of service /* Estoy encantado de estar a tu servicio.
- *How can I help you? /* ¿Cómo puedo ayudarte?

D. Promesas

Si lo que queremos es expresar una promesa *(promise),* utilizaremos el futuro con *WILL* seguido del verbo en infinitivo.

- *She will help you tomorrow /* Ella te va a ayudar mañana.
- *I will love you forever /* Te voy a amar para siempre.

3. Actos directivos. Funciones o actos de habla que tienen como finalidad que el destinatario haga o no haga algo, tanto si esto es a su vez un acto verbal como una acción de otra índole: aconsejar, advertir, dar instrucciones o permiso, denegar, pedir: algo / ayuda / confirmación /información /instrucciones / opinión / permiso / que alguien haga algo / permitir, prohibir, proponer y ordenar, solicitar

En inglés, como en español, podemos influenciar a nuestro interlocutor induciéndolo a realizar o no realizar una acción específica. La forma más directa de hacer esto es por medio del **imperativo.**

Al igual que en español, el modo imperativo en inglés se usa generalmente para transmitir una orden, inducir a alguien a hacer algo, para hacer una advertencia o para dar instrucciones.

En inglés podemos distinguir varias formas de imperativo: afirmativo, negativo y exhortativo. Así como otras formas más cordiales de expresar una orden.

En cuanto a la estructura general, debemos saber que no se utiliza un sujeto porque se supone que el sujeto es siempre YOU y el verbo principal va en infinitivo.

Estudiemos en detalle las características de cada uno de los imperativos.

1. **Afirmativo: verbo + nombre, adjetivo...** Por ejemplo:

    - *Do your homework! /* ¡Haz los deberes!
    - *Wash your hands! /* ¡Lavaros las manos!
    - *Tell me the truth! /* ¡Dime la verdad!

2. **Negativo: verbo auxiliar (to do) + auxiliar negativo (not) + verbo + nombre, adjetivo...** Por ejemplo:

    - *Do not lie to me! /* ¡No me mientas!
    - *Do not wash in the washing machine /* No lo lave en la lavadora.
    - *Don't hit your sister! /* ¡No le pegues a tu hermana!

3. **Sugerencias.** En algunos casos, la forma imperativa se utiliza para hacer una sugerencia o hacer una propuesta. En estos casos pueden tener dos construcciones:

    - **Let's + verbo en infinitivo sin el "TO" (imperativo exhortativo).** Por ejemplo:
        - *Let's not miss the train /* No perdamos el tren.
        - *Let's take a holiday! /* Tomemos unas vacaciones.

- **Why don't we + verbo en infinitivo sin "TO".** Por ejemplo:
    - *Why don't we go to the beach? /* ¿Por qué no vamos a la playa?
    - *Why don't you tell her the truth? /* ¿Por qué no le dices la verdad?

4. **Pronombres personales.** En algunos casos, el pronombre personal se puede agregar para reforzar el valor imperativo. Pero hay que tener cuidado de no parecer poco cortés. Esta forma verbal se usa solo en casos de una orden fuerte y decisiva. Por ejemplo:

    - *Can I go home? No, you wait another 10 minutes /* ¿Puedo irme a casa? No, tú esperas otros 10 minutos.
    - *Don't you tell me what to do! /* ¡No me digas lo que tengo qué hacer!

    En algunas situaciones nos dirigimos a un grupo bien definido de personas. En ese caso, se pueden usar palabras como *somebody* (alguien), *everybody* (todos), *all* (todos). Por ejemplo:

    - *Somebody call an ambulance. Quick! /* Alguien llame a una ambulancia. ¡Rápido!
    - *Everybody sit down, please /* Siéntense todos, por favor.
    - *All rise! (used in courtrooms) /* ¡Todos de pie! (usado en los tribunales).

Anotación

En algunos casos, se puede agregar el auxiliar DO para darle una apariencia más formal y gentil al imperativo.

- *Do come in! /* ¡Adelante!
- *Do come and visit us next time /* Ven a visitarnos la próxima vez.

4. Actos fáticos y solidarios. Funciones o actos de habla que se realizan para establecer o mantener el contacto social y expresar actitudes con respecto a los demás: aceptar / declinar una invitación, agradecer, atraer la atención, dar la bienvenida, despedirse, expresar aprobación, felicitar, interesarse por alguien / algo, lamentar, pedir disculpas, rehusar, saludar, invitar, presentar/se

A. Aceptar, expresar aprobación, agradecer, declinar una invitación

Las siguientes expresiones serán útiles para aceptar o declinar invitaciones, aunque los ejemplos deberemos ir adaptándolos a cada situación específica, viendo cuál es la más adecuada para cada contexto dependiendo de si es una situación es más formal en el trabajo o con personas con las que no hay tanta confianza o bien con amigos o compañeros con los que existe una buena relación.

Frases que podemos utilizar para **aceptar invitacione**s son:

- *Thank you for your kind invitation /* Gracias, muy amable por la invitación.
- *Thanks for your kind invitation. I'll join you /* Gracias por la invitación. Iré con vosotros.
- *That's very nice of you /* Es muy amable por tu parte.
- *Thanks. I'll be happy to join you /* Gracias, estaré encantado de ir.
- *I'd love to, thanks /* Me encantaría, gracias.
- *Thanks, I'd like that very much /* Gracias, me gustaría mucho.
- *Sure, that sounds good! /* Claro, suena bien.
- *Sure, that would be fun! /* Claro, suena divertido.
- *Yes, that would be great! /* Si, eso sería genial.

En el caso de querer **declinar invitaciones**, podemos usar frases como:

- *I'm afraid I won't be able to join you /* Me temo que no podré ir contigo/con vosotros.
- *Nice of you to ask me but I've got an appointment /* Gracias por pedírmelo, pero ya tengo un compromiso.
- *I'd love to, but I'm very busy at the moment /* Me encantaría, pero estoy ocupado en este momento.
- *I'm afraid I can't. I'm busy tomorrow /* Me temo que no puedo. Lo siento, pero no puedo. Estoy ocupado mañana.
- *I'd like to but I'm not free this weekend /* Me encantaría, pero no estoy libre este fin de semana.
- *Sorry I don't think I can. Maybe some other time /* Lo siento, no creo que pueda. Quizá en otro momento.
- *Sounds great but I'm afraid I'm not free /* Suena genial, pero me temo que no estoy libre.
- *Sorry, I have an appointment /* Lo siento, tengo otro compromiso.
- *Sorry, I can't. I've got other plans /* Lo siento, tengo otros planes.

B. Saludos de bienvenida y despedida

Conocer varias formas de saludar en inglés nos ayudará a ampliar nuestro vocabulario y a hablar con más confianza. Sin embargo, el saludo adecuado depende de la situación y el contexto y es importante saber cuál es el uso correcto de cada expresión.

En primer lugar, los **saludos formales** en inglés son:

- *Hello /* Hola.
- *Good morning /* Buenos días.
- *Good afternoon /* Buenas tardes.
- *Good evening /* Buenas noches.
- *How are you? /* ¿Cómo estás?, ¿Cómo está?
- *Good to see you /* Qué bueno verte, qué bueno verlo.

- *I'm pleased to meet you /* Estoy encantado/a de conocerte.

Pic. 2. Greeting people
Fig. 2. Saludando gente

Los siguientes saludos son utilizados comúnmente en **situaciones más formales,** como en el trabajo y cuando hablamos con desconocidos.

- *Good afternoon, Mrs. Smith /* Buenas tardes, señora Smith.
- *I'm pleased to meet you, Mr. President /* Estoy encantado de conocerle, señor presidente.

Recuerda

También es importante recordar no confundir good evening con good night. Ambas se traducen al español como buenas noches, pero la primera se utiliza como una forma de saludar en inglés, mientras que la segunda es una despedida.

Al igual que los saludos, las despedidas en inglés se utilizan dependiendo del contexto. Las **despedidas formales** más comunes son:

- *Goodbye /* Adiós.
- *I look forward to seeing you again /* Espero verle de nuevo.
- *Have a nice day! /* ¡Qué tenga un buen día!
- *Good night /* Buenas noches.

- *See you later* / Nos vemos pronto.

Por otro lado, puedes **despedirte informalmente** en inglés con estas frases:

- *Bye* / Adiós.
- *See ya!* / ¡Nos vemos!
- *So long* / Hasta luego.
- *Peace out!* / Adiós!
- *Take care* / Cuídate.

C. Felicitar, interesarse por alguien o algo

Para felicitar, lo más común es usar *Congrats on*. Se suele acortar la palabra *congratulations* a *congrats,* a menos que se esté escribiendo un mensaje formal o dando un discurso.

- *Congrats on the new job!* / ¡Felicitaciones por tu nuevo trabajo!
- *Congrats on your wedding* / Felicitaciones por tu boda.

También se puede utilizar *congrats* con verbos en la forma –ing.

- *Congrats on landing a new job!* / ¡Felicitaciones por haber conseguido el trabajo!
- *Congrats on getting married!* / ¡Felicitaciones por haberte casado!

Por otro lado, usar *happy* es otra forma informal de felicitar a alguien por algo.

- *Happy wedding! Congrats on tying the knot! /* ¡Feliz boda! ¡Felicidades por la unión!
- *Happy graduation! Now go rock it in the "real world"! /* ¡Feliz graduación! ¡Ahora a darlo todo en el "mundo real"!

Anotación

Hay que tener en cuenta que *happy* solo se usa en días y eventos específicos, por lo que no se puede usar para felicitar a las personas por todo.

Por ejemplo, ~~*"Happy new job!"*~~ (¡Feliz nuevo trabajo!) no tendría sentido, pero se podría decir *"Happy first day at your new job!"* (¡Feliz primer día en tu nuevo trabajo!).

Usar *You did it* significa que tuviste éxito en algo hecho.

- *Happy graduation! You did it! /* ¡Feliz graduación! ¡Lo lograste!
- *Congrats on winning the competition! You did it! /* Felicitaciones por ganar la competencia. ¡Lo lograste!

Por último, usar *You deserve it* significa que alguien merece el éxito que ha obtenido porque ha trabajado duro en ello para lograrlo.

Ejemplo

- *Congrats on making your school's football team! You deserve it! /* ¡Felicitaciones por formar parte del equipo de fútbol de tu escuela! ¡Te lo mereces!
- *Congrats on passing the audition! You deserve it! /* ¡Felicitaciones por pasar la audición! ¡Te lo mereces!

D. Lamentar, pedir disculpas

Hay situaciones en las que parece que decir simplemente *I'm sorry* no es suficiente. Quizá sí que lo es para el oyente, pero nosotros nos quedamos con la sensación de que no hemos sabido trasmitir con totalidad la sensación que tenemos dentro. Queremos reflejar que realmente nos duele lo que ha pasado, sobre todo si ha sido culpa nuestra.

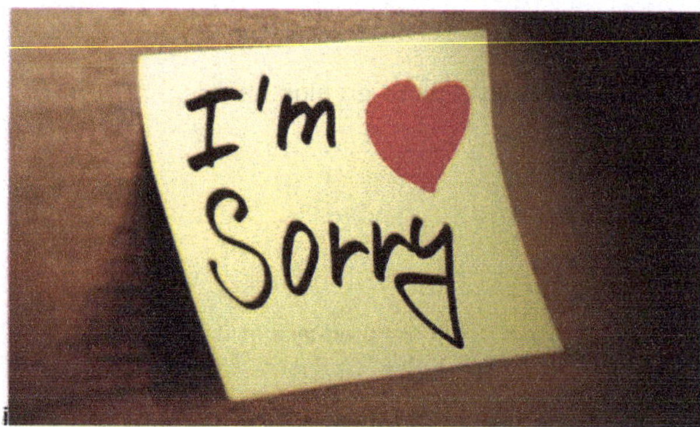

Pic. 3. Apologising
Fig. 3. Pidiendo perdón

Por eso, una frase como *I am sorry* realmente se nos queda escasa, y nos puede crear una sensación de frustración el no poder expresarnos más intensamente en esta lengua. Veamos a continuación algunas de las expresiones más utilizadas.

- ***Please, forgive me!* / Por favor, ¡perdóname!** Con esta expresión estamos expresando una necesidad real de reparar el mal hecho. Estamos expresando que nos duele haber causado un problema.

- *What happened yesterday? I waited for you for 3 hours and you never came* / ¿Qué paso ayer? Te estuve esperando durante 3 horas, pero no apareciste.
- *Please, forgive me! I completely forgot* / ¡Por favor, perdóname! Lo olvide por completo.

- ***I am terribly/awfully/deeply/extremely/really/truly/very sorry* / Lo siento muchísimo.** Es una versión más intensa del típico *I'm sorry*.

- *Careful! You stepped on my foot!* / ¡Cuidado! Me pisaste el pie.
- *Oh! I am truly sorry!* / ¡Oh! Lo siento muchísimo.

- ***I am sorry to have + participle* / Siento haber + participio.** Podemos utilizar esta expresión cuando queramos especificar qué es lo que lamentamos haber hecho, y puede ir seguido de una explicación o una excusa.

I am sorry to have disturbed you but this situation couldn't wait / Lamento haberte molestado, pero esta situación no podía esperar.

- ***I am sorry for + verb -ing or noum* / Siento + verbo -ing o sustantivo.** También sirve para especificar de qué nos estamos disculpando y podemos utilizarlo seguido de un verbo en forma de gerundio o de un sustantivo.

- *I am sorry for being late* / Siento llegar tarde.
- *I am sorry for the delay* / Siento la demora.

- ***Please, accept my apologies* / Por favor, acepte mis disculpas.** Es parecida a la primera expresión que hemos visto, pero menos pasional y algo más formal. Podemos utilizarlo para disculparnos ante alguien con quien no tengamos mucha confianza.

Please, accept my apologies. I am not all that familiar yet with the procedures of this company / Por favor, acepte mis disculpas. Todavía no estoy muy familiarizado con los procedimientos de esta empresa.

- ***I beg your forgiveness* / Les ruego que me perdonen.** Es también una expresión muy formal y se utiliza, por ejemplo, si nos estamos dirigiendo a una audiencia, más que en relaciones interpersonales.

We are experiencing some technical problems. I beg your forgiveness / Estamos experimentando algunos problemas técnicos. Les ruego nos perdonen.

5. Actos expresivos. Funciones o actos de habla que expresan actitudes y sentimientos ante determinadas situaciones: expresar alegría / felicidad, aprecio /empatía, decepción, desinterés, duda / desconocimiento, esperanza, preferencia, satisfacción

Al igual que en español, en inglés, hay muchos adjetivos diferentes que nos sirven para expresar como nos sentimos en inglés.

Una forma práctica para aprender este vocabulario relacionado con las emociones es agrupar los diferentes adjetivos en torno a los 5 sentimientos *(feelings)* básicos:

- ***Happiness*** / Felicidad, alegría.
- ***Surprise*** / Sorpresa.
- ***Fear*** / Miedo, terror.
- ***Anger*** / Ira, enfado.
- ***Sadness*** / Tristeza.

En el siguiente audio puedes escuchar los diferentes adjetivos que encontramos dentro de cada sentimiento y que sirven para expresar los diferentes tipos de felicidad, miedo, tristeza, etc.

Audio6_8

- Para expresar felicidad:
  - *Happy* / Feliz.
  - *Glad* / Contento.
  - *Joyful* / Alegre.
  - *Interested* / Interesado/a.
  - *Proud* / Orgulloso/a.
  - *Powerful* / Poderoso/a, influyente.
  - *Optimistic* / Entusiasta, optimista.

- Para expresar sorpresa:
  - *Surprised /* Sorprendido/a.
  - *Startled /* Sorprendido/a.
  - *Confused /* Confundido/a.
  - *Amazed /* Alucinado/a.
  - *Excited /* Emocionado/a.
- Para expresar miedo:
  - *Scared /* Asustado.
  - *Fearful /* Miedoso, temeroso.
  - *Frightened /* Aterrado.
  - *Alarmed /* Alarmado, asustado.
  - *Spooked /* Asustado, espantado.
  - *Anxious /* Nervioso.
- Para expresar enfado:
  - *Angry /* Enfadado, enojado.
  - *Annoyed /* Molesto, irritado.
  - *Mad /* Enfadado, rabioso.
  - *Aggressive /* Agresivo, beligerante.
  - *Furious /* Furioso, colérico.
- Para expresar tristeza:
  - *Sad /* Triste.
  - *Guilty /* Culpable.
  - *Abandoned /* Abandonado.
  - *Depressed /* Deprimido.
  - *Lonely /* Desolado.
  - *Bored /* Apático, aburrido.

Por último, veamos también algunos *idioms* usados para describir sentimientos y emociones en inglés:

- *She's **feeling blue** after what has happened to her husband. Feeling blue* se utiliza para decir que alguien está triste, desanimado.
- *My mom **hit the ceiling** when I told her I'd lost my iPhone. Hit the ceiling* es una expresión que se utiliza para decir que alguien está muy enfadado.
- *I'm **dying to** see the new car. Dying to* se usa para decir que tienes muchas ganas de hacer algo.

- *This new job is a* ***dream come true.*** De forma similar al español, cuando esperamos con ansia algo y se cumple decimos que es a *dream come true* o lo que es lo mismo, un sueño hecho realidad.

- *I was* ***on pins and needles*** *waiting to know my final grade.* Estar *on pins and needles* significa que alguien está ansioso por algo, generalmente por conocer alguna información como la nota final de un examen.

- *After the robbery I was* ***shaking like a leaf.*** *Shaking like a leaf* o temblar como una hoja se usa para describir a alguien que esté muy asustado.

Resumen

En esta unidad hemos tratado las expresiones y estructuras más importantes para expresar determinados actos, como la opinión, la orden, la promesa, la intención, el lamento; así como vocabulario relativo a las emociones que nos ayudará a expresar nuestros sentimientos en la lengua inglesa.

Como hemos visto, los contenidos funcionales son muy usados en cualquier lengua. Con frecuencia el término funcional va asociado con nocional. Este último adjetivo suele referirse a todo lo que tiene que ver con las diferentes nociones generales y específicas que tendrá que manejar el discente en la lengua extranjera: tiempo, espacio, lugar, etc.

Glosario

Agreement

Un acuerdo es un convenio entre dos o más partes.

Disagreement

Falta de acuerdo entre personas o falta de aceptación de una situación, una opinión, etc.

Hipótesis

Suposición de algo posible o imposible para sacar de ello una consecuencia.

Acto fático

Dicho de una expresión lingüística, de un texto, etc. Que pretenden asegurar o mantener la comunicación entre el emisor y el receptor.

Forgiveness

Perdón o razón que se da o causa que se alega para excusar o purgar una culpa.

Actividades

Listening activity

You are going to hear five different people speaking.

Archivo: **Listening-U. A. 6.**

1. Speaker One's favourite thing is a present from her ________________.

a. Parents.
b. Friends.
c. Boyfriend.

2. Speaker Two travelled on his last holidays by ________________.

a. Boat.
b. Aeroplane.
c. Train.

3. Speaker Three spent her holiday in a ________________.

a. Hotel.
b. Camping.
c. Rented apartment.

4. Speaker Four ________________ seeing the dolphins.

a. Enjoyed.
b. Got upset.
c. Loved.

5. Speaker Five thinks her cousin is really __________________.

a. Serious.
b. Funny.
c. Weird.

Speaking activity

Answer the following questions:

- What´s the first thing you do when you get home from work/university?
- When was the last time you got a present?
- What was it?
- Why was it?
- Do you prefer to buy online or to go to the shopping center? Why?

Reading activity

Read the following text and choose the correct answer for each question.

Favourite possessions

Maria

When I was 12, I went to Italy to visit my grandparents. It was the first time I'd been away on my own so everything was really exciting. They live in Venice so they took me to Murano one day and they bought me a small glass bottle to remind me of my trip. It doesn't look very special as it's very simple but I love it.

Simon

I never win any prizes for my schoolwork but there is one thing I'm good at and that's swimming. I practise every day before school and every weekend too. Last year I was in the national under-16 team and we came first so my favourite possession is the gold cup I won!

Lisa

My mother bought me a pair of red shoes a couple of years ago and I just love them. I always wear them when I have exams and I know it sounds crazy but they bring me good luck. My friends laugh at me but I think my shoes are special.

1. Maria travelled to Italy ____________.

a. With her grandparents.
b. Alone.
c. Her family.

2. Maria´s bottle was __________.

a. Expensive.
b. Cheap.
c. Free.

3. Simon practices swimming _____________.

a. Everyday.
b. At weekends.
c. After school from Monday to Friday.

4. Simon is ____________ years old.

a. 17.
b. 16.
c. 15.

5. Lisa does ____________ when she wears her red shoes.

a. Lucky.
b. Well.
c. Crazy.

Writing activity

You have received this email from your English friend, David.

Hi,

How are you? I can't believe we're in autumn! How was your year going? What did you do? How were these months? How was your job? I hope you had a really good time. Looking forward to your news.

David

Write your reply in about 80 words.

Ejercicios de autoevaluación

1. ¿Para expresar "acuerdo" qué verbo se puede utilizar?

a. Agree.
b. Forgive.
c. Promise.
d. Disagree.

2. ¿Cuál de las siguientes expresiones no es correcta para saludar?

a. Good morning.
b. Good night.
c. Good evening.
d. Good afternoon.

3. ¿Cuál de las siguientes oraciones es correcta?

a. Let´s go out.
b. Let´s don´t go out.
c. Let´s you go out.
d. Let´s going out.

4. ¿ Qué auxiliar se usa para un imperativo negativo?

a. Isn´t.
b. Don´t.
c. Can´t.
d. Won´t.

5. ¿Cuál de las siguientes opciones es informal?

a. Goodbye.
b. I look forward to seeing you again.
c. Have a nice day!
d. So long!

6. ¿Qué verbo no se corresponde con una disculpa?

a. Deserve.
b. Forgive.
c. Beg.
d. Apologise.

7. **¿Qué adjetivo expresa sorpresa?**

a. Grateful.
b. Pleased.
c. Startled.
d. Proud.

8. ¿Con qué sentimiento se relaciona la expresión "feeling blue"?

a. Sadness.
b. Fear.
c. Happiness.
d. Anger.

9. ¿Cuál de las siguientes preposiciones se utiliza con "congrats"?

a. In.
b. On.
c. At.
d. For.

10. ¿Cuál de las siguientes palabras no se usa con los imperativos?

a. Somebody.
b. All.
c. Everybody.
d. We.

U. A. 7. Contenidos discursivos

Introducción

En esta unidad de aprendizaje trataremos todo lo referente a los contenidos discursivos El significado discursivo, que algunos autores denominan «sentido», es el contenido que comunica un enunciado. Surge de la relación que se establece entre el significado que posee una expresión lingüística —el llamado «significado proposicional»— y la información que aporta el contexto discursivo en el que se produce el enunciado.

El concepto de significado discursivo trata de dar cuenta de la diferencia que generalmente existe entre lo que se dice —significado proposicional— y lo que se comunica, que suele ser mucho más que lo que se dice explícitamente. El mecanismo fundamental que permite recorrer el camino que media entre lo dicho y lo comunicado es la inferencia, proceso interpretativo gracias al cual el receptor deduce el significado implícito de un enunciado.

El uso en la enseñanza y aprendizaje de segundas lenguas tiene como principal consecuencia una potenciación de las actividades comunicativas, que implican una mayor contextualización de las prácticas lingüísticas.

Objetivos

Comprensión oral

- Extraer la información esencial, los puntos principales e información específica de textos orales breves, de estructura sencilla y léxico de uso frecuente, sobre asuntos cotidianos, transmitidos de viva voz o por medios técnicos, articulados con claridad a una velocidad lenta, en un registro formal o neutro, en contextos no interactivos.
- Comprender mensajes breves, claros y sencillos, en lengua estándar, dentro de un contexto conversacional y sobre asuntos y aspectos conocidos, en un grado que permita satisfacer las necesidades básicas e identificar el tema, los puntos principales y las intenciones comunicativas, así como el registro formal o informal, con posibilidad de solicitar repeticiones o aclaraciones.

Expresión e interacción oral

- Realizar intervenciones breves y sencillas, comprensibles, adecuadas y coherentes, relacionadas con sus intereses y con las necesidades de comunicación más inmediatas previstas en el programa, en un registro neutro, todavía con pausas e interrupciones, con un repertorio y control limitado de los recursos lingüísticos y con el apoyo de comunicación gestual.
- Participar en conversaciones relacionadas con las situaciones de comunicación más habituales, previstas en el programa, de forma sencilla pero adecuada, reaccionando y cooperando, siempre que su interlocutor también coopere, hable despacio, con claridad y se puedan solicitar aclaraciones.

Comprensión escrita

- Extraer el sentido general, los puntos principales e información específica de textos escritos breves, de estructura sencilla y léxico de uso frecuente, en un registro formal o neutro, sobre asuntos cotidianos, pudiendo releer cuando lo necesite.

- Localizar e identificar información específica y relevante en material publicitario, divulgativo, de consulta, etc. así como comprender instrucciones de uso sencillas sobre aspectos de ámbito común.
- Identificar el sentido general e información relevante de textos descriptivos, explicativos y argumentativos, escritos con claridad y bien organizados, en los que se utilicen estructuras sencillas.

Expresión e interacción escrita

- Escribir textos sencillos, relativos a aspectos cotidianos concretos, adecuados a la situación de comunicación, con una organización y cohesión básicas, en un registro neutro y con un control limitado de los recursos lingüísticos.
- Comprender y escribir notas, cartas y mensajes sencillos, así como mensajes rutinarios de carácter social, adecuados a la situación de comunicación, con una organización y cohesión básicas, utilizando un registro neutro y con un repertorio y control limitado de los recursos, mostrando una actitud positiva y respetuosa hacia las opiniones y los rasgos culturales distintos de los propios.

1. Coherencia textual. Adecuación del texto al contexto comunicativo

1.1. Tipo y formato de texto

A la hora de escribir es muy importante seguir unos consejos, pero también conocer el formato de cada tipo de escrito *(writing)*. Esta destreza es muy importante ya que es otra vía de comunicación.

Algunos consejos son:

- Usar oraciones cortas, ordenadas con su sujeto, verbo y complementos.
- Pensar y estructurar antes de empezar a redactar, se recomienda hacer una lista de las palabras que conocemos sobre el tema para introducirlas.
- Usar los conectores.

En general, los tipos de textos en inglés se dividen en dos categorías:

- **Literales.** Cuando su contenido es puramente informativo.
- **Literarios.** Si su contenido busca el entretenimiento.

Por otro lado, según el modo de escritura empleado, los tipos de texto en inglés se clasifican con esta nomenclatura oficial:

- ***Descriptive* / Descriptivos**. Los que transmiten observaciones y sensaciones de lugares, personas, objetos, etc., al lector para que recree la experiencia del autor, pero sin contar una historia.

- ***Narrative* / Narrativos**. Textos que cuentan una historia a través de una línea secuencial.

- ***Expositive* / Expositivos.** Los que explican, informan y analizan algún elemento para crear un contexto, exponer una idea o evidencia y, también, plantear una discusión.

- *Argumentative* / **Argumentativos.** Textos con los que se demuestra o refuta la validez de un argumento, aunque también se emplean para persuadir o convencer al lector para que desarrolle una acción.

1.2. Variedad de lengua

Cuando estamos redactando un escrito, debemos ser conscientes del tipo de quién lo recibirá y que tipo de lenguaje debemos usar.

Pic. 1. Writing is an important skill
Fig. 1. La escritura es una destreza importante

1. ***Informal writing style*** / **Lenguaje informal.** Se trata de un lenguaje coloquial *(colloquial)*, parecido a una conversación *(spoken conversation)*.

2. ***Formal writing style*** / **Lenguaje formal.** En este caso la complejidad está presente cuando narramos o nos expresamos, son oraciones largas y complejas *(long and complex sentences)*. Cada punto del escrito debe ser introducido, elaborado y concluido. Se deben aportan argumentos *(facts)*, evitando las emociones *(emotions)*.

1.3. Registro

Tres son los tipos de registro que se emplean en los escritos en inglés:

- **Informal**. Se trata de correspondencia entre amigos, colegas del trabajo donde hay mucha confianza entre ellos. Como hemos visto se hace uso de un estilo casi hablado y coloquial con palabras que suelen ser emotivas:

    - *Fantastic!* / Fantástico.
    - *That's great!* / ¡Qué guay!
    - *Really?* / ¿Verdad?

  La claridad no está siempre presente debido a una expresión no muy precisa. Se hace uso de palabras muy anglosajonas como los verbos frasales *(phrasal verbs),* así como de abreviaturas *(abbreviations)* y contracciones *(contractions).*

    - ***Contractions:*** *I'm, doesn't, couldn't, it's...*
    - ***Abbreviations:*** *TV, pic...*

  Se hace uso de la primera persona del singular y plural *(I and we),* y nos dirigimos al lector con la segunda persona del singular o plural *(you).*

- **Formal.** Un estilo impersonal y sin expresión personal, el empleo de las formas lingüísticas establecidas que se utilizan en las cartas formales. Uso de palabras de origen latino. Las oraciones son complejas y se utiliza la forma más larga de decir algo. Se usa la tercera persona del singular *(he and she).*

- **Neutro.** Un estilo ampliamente empleado en los emails; directo, funcional, conciso y claro, pero se lee más personal que el estilo formal, aunque sin el uso de palabras emotivas. Desde el punto de vista lingüístico, este registro toma algunas palabras y formas de tanto el estilo informal como formal.

1.4. Tema: enfoque y contenido. Selección léxica. Selección de estructuras sintácticas. Selección de contenido relevante

Dependiendo del tipo de texto que vayamos a escribir la estructura será diferente, aunque una característica común es que el número de párrafos suele ser cuatro.

- ***A REVIEW (BOOK/FILM) /* UNA CRÍTICA (LIBRO/PELÍCULA)**
  1. *Introduction to the story /* Introducción a la historia.
  2. *Plot /* Argumento.
  3. *General comments, cast /* Comentarios generales, aspecto.
  4. *Recommendation /*Sugerencia.

- ***PROFILE FOR SITE, DESCRIBING PEOPLE, DESCRIBE SOMEONE WHO HAS INFLUENCED YOU /* PERFIL DEL SITIO, DESCRIPCIÓN DE PERSONAS, DESCRIBE A ALGUIEN QUE TE HA INFLUENCIADO**
  1. *Introduction /* Introducción.
  2. *Appearance /* Apariencia, aspecto.
  3. *Personality, character /* Personalidad, carácter.
  4. *Feeling now /* Opinión.

- ***APPLY FOR A JOB /* SOLICITAR UN EMPLEO**
  1. *Why are you writing /* Por qué estas escribiendo.
  2. *What you are doing at the moment /* Qué estás haciendo en este momento, a qué te dedicas.
  3. *Why you are applying /* Por qué te estás postulando.
  4. *Further info about yourself /* Más información sobre ti.
  5. *Conclusion /* Conclusión.

- ***TRAVEL BLOG STORY, A NIGHTMARE JOURNEY /* BLOG DE VIAJE, DIARIO**
  1. *Getting there /* Llegando al sitio.
  2. *Seeing the sights /* Viendo los sitios de interés.
  3. *Food and accommodation /* Comida y alojamiento.
  4. *A transport problem /* Problemas con el transporte.

- ***INFORMAL EMAIL* / CORREO ELECTRÓNICO INFORMAL**
  1. *Greetings* / Saludo.
  2. *Introduction* / Introducción.
  3. *Body* / Cuerpo del mensaje.
  4. *Conclusion* / Conclusión.
  5. *Closing* / Despedida.

- ***OPINION ESSAY LETTER* / CARTA DE ENSAYO**
  1. *Introduction with opinion* / Introducción con tu opinión.
  2. *Main body. Your view point. Reason, examples* / Cuerpo del ensayo. Tu punto de vista. Razones, ejemplos.
  3. *Give a second reason to support your opinion* / Añadir más razones que argumenten tu opinión o punto de vista.
  4. *Summarize your ideas* / Resumen de tus ideas.

- ***PROS AND CONS, ADVANTAGES AND DISADVANTAGES* / PROS Y CONTRAS, VENTAJAS Y DESVENTAJAS**
  1. *Introduction* / Introducción.
  2. *Discussion of advantages* / Discusión sobre las ventajas.
  3. *Discussion of disadvantages* / Discusión sobre las desventajas.
  4. *Conclusión, personal opinion* / Conclusión, opinión personal.

A continuación, podemos ver unos ejemplos de emails con diferentes fines.

1. Solicitar información sobre una tarifa de un hotel o un objeto que queramos comprar online.

> *Dear Sir/Madam,*
>
> *I would like to book/make a reservation a single room for 5 nights on December 24th onwards. Do you have vacancies for this period?*
> *Are pets allowed? I want to travel with my dog.*
> *I would be more than happy if you can confirm your rates on your website and also this booking.*
>
> *Kind regards,*
>
> *Name*

2. En la oficina.

> *Dear colleague,*
>
> *Thank you for your help with the project. Please find attached the documents you have asked for.*
>
> *Should you have any questions, please let me know,*
>
> *Regards,*
>
> *Name*

3. Informal (a un amigo o conocido).

Dear Mary,

I hope you are fine. Thank you for the pictures you have sent me in your previous mail. They are beautiful and bring me some good memories. I am writing you because I am planning to visit Barcelona next week and it would be great if you can manage to have a dinner together.

Is that ok for you?

Looking forward for your reply!

Best,

Name

1.5. Contexto espacio-temporal. Referencia espacial: uso de adverbios y expresiones espaciales. Referencia temporal: uso de los tiempos verbales, adverbios y expresiones temporales

La **referencia espacial** se realiza a través del uso de las palabras denominadas ***adverbs of place*** **(adverbios de lugar)** y, como indica su nombre, determinan el sitio en donde la acción ocurre.

Algunos de los más comunes son:

- *Outside /* Fuera.
- *Back /* Atrás, detrás.
- *In front of /* En frente de.
- *Here /* Aquí, acá.
- *Upstairs /* En el piso de arriba.
- *Inside /* Dentro.

- *Ahead* / Adelante.
- *Aside* / A un lado, aparte.
- *There* / Allí, allá.
- *Downstairs* / En el piso de abajo.

Su ubicación en la frase es después del verbo principal de la oración.

SUBJECT + VERB + ADVERB + COMPLEMENT

SUJETO + VERBO + ADVERBIO + COMPLEMENTO

Joan skates around the park / Juan patina alrededor del parque.

Los adverbios *HERE* y *THERE,* también pueden ubicarse al inicio de la oración, si lo que deseamos es enfatizar el acontecimiento o acción narrada. Se suelen usar cuando nos encontramos a una distancia relativamente cercana al sitio mencionado.

- *Here is the hospital where Megan gave birth* / Aquí está el hospital donde Megan dio a luz.
- *There is the mall where I buy my clothes* / Ahí está el centro comercial donde compro mi ropa.

Respecto a la **referencia temporal,** cuando queremos decir cuándo, durante cuánto tiempo o con qué frecuencia sucede algo, necesitamos usar ***adverbs of time*** **(adverbios de tiempo).** Veamos los más importantes que debemos utilizar al escribir.

Los adverbios de tiempo más comunes son palabras que indican un momento particular en el pasado, presente y futuro. Estos adverbios incluyen:

- *Now /* Ahora.
- *Today /* Hoy.
- *Yesterday /* Ayer.
- *Tomorrow /* Mañana.
- *Tonight /* Esta noche.
- *Last month /* El mes pasado.
- *Later /* Luego.

Normalmente ponemos estos adverbios al final de la frase, aunque es posible ponerlos al principio.

- *I'm busy now. I'll call you later /* Estoy ocupado ahora. Te llamaré más tarde.
- *Can the doctor see me today? /* ¿Puede el doctor verme hoy?
- *Where were you yesterday? I didn't see you /* ¿Dónde estabas ayer? No te he visto.

Veamos en la siguiente tabla los más usados de acuerdo al tiempo verbal.

PRESENTE SIMPLE	PRESENTE CONTINUO
• *Usually* • *Generally* • *Every + day/week* • *Sometimes* • *Seldom* • *Never* • *Once (a day, week)* • *Twice (a day, week)*	• *Now* • *Right now* • *Just now* • *At present* • *In this moment* • *At six o´clock*
PASADO SIMPLE	**PRESENTE PERFECTO SIMPLE**
• *Yesterday* • *Last week/month* • *The day before* • *The previous day* • *In 1955* • *Sentences with when and while*	• *Just* • *Already* • *Yet* • *For* • *Since*

2. Cohesión textual. Organización interna del texto. Inicio, desarrollo y conclusión de la unidad textual

2.1. Inicio del discurso: iniciadores e introducción al tema. Tematización y focalización (orden de palabras, uso de partículas, etcétera). Enumeración

Es esencial el hecho de poder expresar el orden de las cosas que ocurren o estructurar los argumentos sobre un tema secuenciándolos a través del texto. Las expresiones que se pueden usar en este caso son:

- *First of all, firstly /* En primer lugar.
- *Second, secondly /* En segundo lugar.
- *Afterwards /* Más tarde.
- *Eventually /* Finalmente.
- *Last but not least /* Por último, pero no sin importancia.

2.2. Desarrollo del discurso. Desarrollo temático: mantenimiento del tema. Correferencia, elipsis, repetición, reformulación y énfasis. Cambio temático (digresión y recuperación de tema). Mantenimiento y seguimiento del discurso oral: toma, mantenimiento y cesión del turno de palabra, apoyo, demostración de entendimiento, petición de aclaración

Para clarificar algún punto es común usar:

- *In other words* / En otras palabras.
- *That is to say* / Es decir.

Si lo que queremos es enfatizar cierta información:

- *Definitely* / Definitivamente.
- *Above all* / Sobre todo.
- *As a matter of fact* / Evidentemente, por cierto.

Escribiendo textos es común que necesitemos expresar causa/efecto con expresiones en inglés para redacciones:

- *As a result* / Como resultado.
- *This is why* / Este es el motivo.
- *Since* / Puesto que, ya que.

2.3. Conclusión del discurso: resumen y recapitulación. Indicación de cierre textual. Cierre textual

En la última parte de una redacción, tenemos que sintetizar nuestra conclusión o resumen. Nos podemos ayudar de expresiones como:

- *To sum up* / Para resumir.
- *In short* / En resumen.
- *In conclusion* / En conclusión.

Pic. 2. Using connectors
Fig. 2. Usar conectores

2.4. La entonación como recurso de cohesión del texto oral. Uso de los patrones de entonación

Todos los idiomas tienen su propia entonación o musicalidad *(intonation),* y es algo de lo que probablemente no nos damos mucha cuenta cuando hablamos nuestra lengua materna. La entonación es la variación del tono de tu voz al hablar. Muchas veces es tan importante como las palabras que se utilizan para expresar lo que se quiere decir.

Existen dos normas de entonación en inglés:

- **Descendente.** Esto sucede cuando el tono de la voz es más grave al final de la frase y es la norma más utilizada en el inglés. Se utiliza con las oraciones más habituales y preguntas que no tengan un sí o no por respuesta.
- **Ascendente.** Esto sucede cuando el tono de la voz se eleva al final de una frase. Se utiliza con preguntas que tengan un sí o no por respuesta o para mostrar incredulidad o enfado.

Pic. 3. Two ways of intonation
Fig. 3. Dos formas de entonación

2.5. La puntuación como recurso de cohesión del texto escrito. Uso de los patrones de puntuación

Veamos los principales signos de puntuación *(punctuation marks)* y sus usos:

- ***Period* / Punto.** Cuando se utiliza para direcciones de correo electrónico o de internet, se le dice *"dot"*. El punto tiene múltiples usos. Uno de ellos es para señalar abreviaturas y siglas. Por ejemplo, *Dear Mr. Smith /* Estimado Sr. Smith.

- ***Full stop* / Punto y seguido.** También puede llamarse *"period"*, pero para señalar su función específica (por ejemplo, en un dictado) es preferible la expresión *"full stop"*, ya que la anterior se utiliza principalmente para el punto y aparte, es decir, aquel que se utiliza para separar párrafos.

  También se utiliza para señalar el fin de una frase cuando no es una pregunta ni una exclamación. Por ejemplo, *The television is turned on.* / El televisor está encendido.

- ***Comma* / Coma.** Se utiliza para indicar una breve pausa en una frase. Su uso es obligatorio para separar los elementos de una serie. Por ejemplo, *Among the presents there were dolls, a toy kitchen, dresses and a puppy* / Entre los regalos había muñecas, una cocina de juguete, vestidos y un cachorro.

  Se utiliza también cuando se va a introducir un discurso directo. *E. g. Stephen told the boss, "you don't have the right to talk to us like that"* / Stephen le dijo al jefe: *"no tienes derecho a hablarnos así".*

  Para hacer aclaraciones, es decir, introducir elementos no esenciales en la frase. La coma se utiliza antes y después de cláusulas, frases y palabras aclaratorias. *E. g. Laura, my favourite aunt, will celebrate her birthday tomorrow* / Laura, mi tía favorita, celebrará su cumpleaños mañana.

  Para separar dos elementos que contrastan entre sí. E. g. *Michael is my cousin, not my brother* / Michael es mi primo, no mi hermano.

  Para separar oraciones subordinadas. *E. g. The coffee shop was full, they had to go somewhere else* / El café estaba lleno, tuvieron que ir a otro lado.

  Cuando se responde a una pregunta con "sí" o "no", se utiliza para separar el "sí" o el "no" del resto de la oración. *E. g. No, I don't think he is lying* / No, no creo que él esté mintiendo.

- ***Colon* / Dos puntos.** Se utilizan antes de las citas (como una alternativa a la coma). En estos casos se utilizan también las comillas, que se denominan *"quotation marks"*. Por ejemplo, *He said to me: "I will do everything I can to help them"* / Me dijo: *"haré todo lo que pueda para ayudarlos"*.

  Se utilizan para introducir listas. *E. g. This program includes all the services: transport from the airport, access to the swimming pool, spa, all meals and lodging* / Este programa incluye todos los servicios: transporte desde el aeropuerto, acceso a la piscina, spa, todas las comidas y alojamiento.

  También para introducir aclaraciones. Por ejemplo, *After many hours, they discovered the problem in the roof: the tiles had very small cracks that couldn't be seen, but that let the rain in* / Luego de muchas horas, descubrieron el problema en el techo: las tejas tenían rajaduras muy pequeñas que no podían verse pero que dejaban que la lluvia entrara.

- ***Semicolon* / Punto y coma.** Se utiliza para separar dos ideas relacionadas pero diferentes. Por ejemplo, *They stopped being hired for new shows; the audience didn't want to hear the same songs again; the journalists didn't write about them anymore* / Dejaron de ser contratados para nuevos espectáculos; el público no quería escuchar las mismas canciones otra vez; los periodistas ya no escribían sobre ellos.

  También se utiliza en enumeraciones cuando aparecen comas dentro de los elementos enumerados. Por ejemplo, *From the museum walk two hundred meters until you get to the park; without crossing the street, turn right; walk three hundred meters until you get to the traffic light; turn right and you will find the restaurant* / Desde el museo camine doscientos metros hasta llegar al parque; sin cruzar la calle, doble a la derecha; camine trescientos metros más hasta el semáforo; doble a la derecha y encontrará el restaurante.

- ***Question mark* / Signo de interrogación.** Se utiliza para señalar una pregunta. En inglés nunca se utiliza el signo de interrogación al principio de la pregunta sino al final de la misma. Cuando se utiliza signo de interrogación no se utiliza punto para señalar el final de la frase. Por ejemplo, *What time is it? /* ¿Qué hora es?

- ***Exclamation mark* / Signo de exclamación.** De la misma forma que los signos de interrogación, se utiliza sólo al final de la frase exclamativa. Por ejemplo, *This place is so big! /* ¡Este lugar es muy grande!

- ***Hyphens* / Guiones cortos.** Se utilizan para separar las partes de las palabras compuestas. Por ejemplo, *He is my father-in-law /* Él es mi suegro.

- ***Dash* / Guiones largos.** Se utilizan como señal de un diálogo (discurso directo), como alternativa a las comillas. Por ejemplo, *— Hello, how are you? — Very well, thank you / —* Hola, ¿cómo estás? — Muy bien, gracias.

  También para hacer aclaraciones, de forma similar a como se usan los paréntesis. A diferencia de los paréntesis, si se utilizan al final de una oración, no es necesario poner el guión de cierre. *E. g. The construction lasted two year —twice as much as they had expected /* La construcción duró dos años —el doble de lo que esperaban.

- ***Apostrophe* / Apóstrofo.** Es un signo de puntuación mucho más utilizado en inglés que en español. Se utiliza para indicar contracciones. Por ejemplo, *He'll be back in a minute /* Regresará en un minuto.

Resumen

En esta unidad hemos tratado los puntos más importantes de la sociedad y de la cultura inglesa. Aunque hay claras diferencias entre todas las personas de habla inglesa en función de dónde viven, también es indiscutible que comparten una serie de aspectos o características similares. Sociedad y cultura son conceptos que relacionan la historia de un pueblo con sus tradiciones y folklore, expresado de manera escrita y oral.

Desde un punto de vista antropológico, los valores y normas culturales y las normas de comportamiento conforman el modelo social. Desde un punto de vista psicológico, la cultura hace referencia al comportamiento de la gente.

Los emblemas y estereotipos varían incluso de unos a otros países de habla inglesa.

Glosario

Advantage

Se entiende como ventaja, una circunstancia o condición a favor.

Disadvantage

Circunstancia de ser peor o estar en peor situación una cosa respecto a otras de la misma naturaleza con la que se compara.

Referencia espacial

Perteneciente al relativo al espacio, es decir, al lugar.

Secuenciar

Establecer una serie o sucesión de cosas que guardan entre sí cierta relación.

Least

Al menos es una locución que indica el límite mínimo en el cálculo aproximado de una cantidad, especialmente cuando se considera que se trata de una cantidad elevada. También se utiliza para introducir una explicación que restringe el alcance de algo consabido, de una afirmación que se hace o de las consecuencias que se supone que esta podría tener.

Actividades

Listening activity

Listen to three descriptions of TV programmes. Choose the best answer, a, b or c.

Archivo: **Listening-U. A. 7.**

1. **Britain's Got Talent is in the top 50 most watched YouTube channels in ____________:**

    a. Britain.
    b. Europe.
    c. The world.

2. **The people on Britain's Got Talent who sing, dance or play music are usually very _____________:**

    a. Good.
    b. Funny.
    c. Bad.

3. **Teenstar is a _____________ competition.**

    a. Dancing.
    b. Music.
    c. Acting.

4. Teenstar is for people who are ____________:

a. Aged 20–25.
b. Aged 19 and under.
c. Adults.

5. People who are ____________ can enter Open Mic UK competition.

a. Song-writers.
b. Musicians.
c. Singers.

Speaking activity

Answer the following questions:

- Where would you like to work?
- Where would you like to travel?
- Do you think English will be useful for you in the future? Why? Why not?
- What´s your favourite part of the day? Why?
- What do you normally do in the mornings?

Reading activity

Read the review of Madagascar. Choose the best answer for each question.

David Attenborough's Madagascar

This is a three-part programme about Madagascar, one of the world's oldest islands. David Attenborough first went to Madagascar 50 years ago and this DVD shows us how the country and the island's animals have changed. He shows some film from his many visits over the years. Some of the film is in black and white.

Madagascar has mountains going from north to south and, because of the mountains, the island has a lot of different weather. The highest mountains are very high so plants and trees don't grow on them.

On the east of the mountains there are forests and amazing rivers and there are interesting birds and animals. On the west of the mountains, the weather is very dry. It has very hot days and cold nights, and there are interesting plants, birds and animals here too.

Madagascar is a really special island in the Indian Ocean, and David Attenborough tells us how many of the plants and animals changed over 60 million years. He also tells us how he filmed in difficult parts of the island. This is the best nature programme I have ever watched!

1. The DVD is about Madagascar in ________________.

a. The past.
b. Today.
c. The past and today.

2. In the mountains there isn´t _______________.

a. People.
b. Animals.
c. Vegetation.

3. Where can you find water in?

a. Eastern mountains.
b. Western mountains.
c. Southern mountains.

4. The west side of the island has very _______________ temperatures at night.

a. High.
b. Mild.
c. Low.

5. The writer _______________ the DVD.

a. Loves.
b. Doesn´t like.
c. Hates.

Writing activity

Write about friendship using at least 80 words.

You must write a letter expressing your opinion about the following questions:

- Do you think it´s better to have lots of friends or just one best friend?
- Why?
- And how important is it for friends to have similar personalities?

Ejercicios de autoevaluación

1. ¿Cuál de las siguientes características se utilizan en el "lenguaje formal"?

a. Uso de tercera persona.
b. Uso de primera persona.
c. Abreviaciones.
d. Contracciones.

2. ¿Cuál de los siguientes adverbios no es de lugar?

a. Here.
b. Always.
c. Downstairs.
d. Outside.

3. ¿Cuál es la ubicación común de los "adverbs of place"?

a. Delante del verbo principal.
b. Detrás del verbo principal.
c. Delante del sujeto.
d. Al final de la oración.

4. ¿Cuál de los siguientes "adverbs of time" indica futuro?

a. Today.
b. Later.
c. Now.
d. Last.

5. ¿Cuál de las siguientes expresiones se utiliza para resumir?

a. Firstly.
b. Since.
c. In short.
d. Afterwards.

6. ¿Qué signo de puntuación se utiliza para aclarar?

a. Comma.
b. Hyphens.
c. Dash.
d. Period.

7. ¿Cuántos tipos de entonación se usan en inglés?

a. Three.
b. Four.
c. Two.
d. Five.

8. ¿Cuál de los siguientes signos de puntuación se usa más en inglés que en español?

a. Apostrophe.
b. Colon.
c. Hyphens.
d. Exclamation marks.

9. ¿Con qué tiempo verbal se utiliza la expresión temporal "at the moment"?

a. Present simple.
b. Present continuous.
c. Past simple.
d. Past continuous.

10. ¿Cuál de los siguientes términos se utiliza para enfatizar?

a. Eventually.
b. Afterwards.
c. To sum up.
d. Definitely.

U. A. 7. Contenidos discursivos

Ejercicio de evaluación final

1. ¿Cuál es la forma correcta de preguntar el nombre?

a. What´s your name?
b. What your name is?
c. What your name?
d. What does your name?

2. ¿Cuál de las siguientes profesiones no es correcta?

a. Lawyer.
b. Scientific.
c. Builder.
d. Chef.

3. ¿Cuál de las siguientes respuestas es la correcta para la pregunta "How old are you"?

a. I have twenty years.
b. I has twenty years old.
c. I are twenty years old.
d. I´m 20 years old.

4. ¿Cuál es la forma correcta para decir "decimocuarto" en inglés?

a. Forteenth.
b. Fourtieth.
c. Fourteenth.
d. Fourtenth.

5. ¿Cuál de las siguientes terminaciones no se utiliza para las nacionalidades?

a. -ish.
b. -ous.
c. -ese.
d. -ian.

6. ¿Cuál de los siguientes términos se refiere a una casa en el campo?

a. Housing state.
b. Duplex.
c. Bungalow.
d. Cottage.

7. ¿Qué parte de la casa se puede utilizar para almacenar cosas?

a. Kitchen.
b. Living-room.
c. Cellar.
d. Hall.

8. ¿Cuál de los siguientes utensilios se encuentra en la cocina?

a. Blanket.
b. Kettle.
c. Mirror.
d. Tools.

9. ¿Cuál de los siguientes utensilios de limpieza se utiliza para la basura?

a. Bleach.
b. Broom.
c. Mop.
d. Bin bag.

10.¿Qué nombre recibe el lugar donde se prestan libros?

a. Library.
b. Bookshop.
c. Greengrocer´s.
d. Launderette.

11.¿Cuál de las siguientes acciones no se realiza en un trabajo cuya área es la comunicación?

a. To have meetings.
b. To test.
c. To listen.
d. To attend.

12.¿Cuál de los siguientes hobbies se realiza "outdoors"?

a. Knitting.
b. Bowling.
c. Gardening.
d. Chess.

13.¿Cuál de las siguientes palabras se corresponde con "horas extras"?

a. Payroll.
b. Employer.
c. Strike.
d. Overtime.

14.¿Qué parte de la oración es siempre necesaria en inglés?

a. Verb.
b. Subject.
c. Object Complement.
d. Indirect Complement.

15.¿Cuál de las siguientes oraciones es correcta?

a. He drives good.
b. He drive well.
c. He drives well.
d. He drived well.

16.¿Qué interjección es la correcta para expresar enojo?

a. Meh.
b. Shhh!
c. Ow!
d. Argh!

17.¿Cuál de las siguientes oraciones de relativo no es correcta?

a. The woman who is next to me in the photo is my aunt.
b. The pen whose I bought yesterday is red.
c. The hospital where I was born is being rebuilt.
d. The room where I study is used to iron by my mum.

18.¿Cuál de las siguientes oraciones condicionales se correspondo con el Tipo II?

a. If I know your problem, I´ll help you.
b. If I had spoken with you before, I´d have known about your illness.
c. If I cook, I have a good time.
d. If I were you, I´d buy that car.

19.¿Cuál de los siguientes verbos va seguido de la preposición "to" si queremos indicar una acción?

a. Tell.
b. Want.
c. Like.
d. Insist.

20.¿Cuál de las siguientes opciones es la correcta?

a. There were so many people that I couldn´t find a seat.
b. There were so a lot of people that I couldn´t find a seat.
c. There were so much people that I couldn´t find a seat.
d. There were so Little people that I couoldn´t find a seat.

21.¿Cuál de las siguientes palabras no forma su plural de una forma irregular?

a. Fox.
b. Child.
c. Goose.
d. Board.

22.¿Qué oración es la correcta?

a. People´s behaviour is sometimes strange.
b. Marcos´s house is near mine.
c. John´job is boring.
d. A fishmonger´s is where you can buy fish.

23.¿Cuál es la oración incorrecta?

a. My brother is very boring, he doesn´t like hanging out.
b. This book is boring, so I´m not going to finish it.
c. He was worrying because of the exam.
d. This rollercoaster is very exciting.

24.¿Qué estructura es la usada para expresar comparativo de igualdad?

a. More + adjetivo + than.
b. As + adjetivo + as.
c. The most + adjetivo.
d. Less + adjetivo + than.

25.¿Cuál de las siguientes opciones se corresponde con un pronombre objeto?

a. My.
b. Mine.
c. Myself.
d. Me.

26.¿Cuál de las siguientes oraciones está escrita en voz pasiva?

a. My sister is giving a present to my mum.
b. My mum has given a present.
c. My sister was given a present yesterday.
d. My sister gave a present.

27.¿Cuál de las siguientes formas es la correcta para completar la frase: "I ______________________ when I met your sister"?

a. Run.
b. Was running.
c. Ran.
d. Am running.

28.¿Cuáles de las siguientes palabras se escriben con mayúscula?

a. Estaciones del año.
b. Números.
c. Sujeto de primera persona del plural.
d. Religiones.

29.¿Cuál de las siguientes contracciones no es correcta?

a. Amn´t.
b. Isn´t.
c. Haven´t.
d. You´re.

30.¿De dónde viene la palabra "love"?

a. Rusia
b. Arabia.
c. Japón.
d. Sánscrito.

31.¿Cuál de las siguientes palabras se pronuncia como "i" corta?

a. Me.
b. Bee.
c. Hit.
d. Repeat.

32.¿Cuál de las siguientes palabras se pronuncia con el diptongo /ea/?

a. Near.
b. Square.
c. Fear.
d. Way.

33.¿Cuál de los siguientes sonidos no es bilabial?

a. T.
b. P.
c. B.
d. M.

34.¿Cuándo se celebra "Bonfire Night"?

a. September.
b. July.
c. November.
d. April.

35.¿Qué término se relaciona con el "bienestar"?

a. Health.
b. Wealth.
c. Safety.
d. Welfare.

36.¿El gesto conocido como "head shaking" se utiliza para?

a. Negar.
b. Afirmar.
c. Indicar desconocimiento.
d. Indicar alegría.

37.¿Cuál de las siguientes expresiones es correcta?

a. I not agree.
b. I disagree.
c. I´m not agree.
d. I´m not disagree.

38.¿Qué fórmula del futuro utilizamos para "predecir algo"?

a. Presente simple.
b. Presente continuo.
c. Will + infinitivo.
d. Going to + verb + ing.

39.¿Cuál de las siguientes invitaciones no es correcta?

a. Why don´t we prepare a pizza?
b. How about we prepare a pizza?
c. Let´s prepare a pizza.
d. Would you like a pizza?

40.¿Cuál de los siguientes elementos no debe incluirse en un escrito formal?

a. Oraciones complejas.
b. Estilo impersonal.
c. Contracciones.
d. Tercera persona del singular.

Solucionario

U. A. 1. Contenidos léxico semánticos

1. b
2. d
3. a
4. b
5. c
6. a
7. c
8. a
9. b
10. d

U. A. 2. Contenidos gramaticales

1. d
2. b
3. a
4. b
5. c
6. a
7. c
8. a
9. b
10. d

U. A. 3. Contenidos ortográficos

1. c
2. b
3. a
4. b
5. c
6. a
7. c
8. b
9. b
10. d

U. A. 4. Contenidos fonéticos y fonológicos

1. a
2. b
3. a
4. b
5. c
6. a
7. c
8. a
9. b
10. d

U. A. 5. Contenidos sociolingüísticos y socioculturales

1. a
2. b
3. a
4. b
5. c
6. a
7. c
8. a
9. b
10. d

U. A. 6. Contenidos funcionales

1. a
2. b
3. a
4. b
5. d
6. a
7. c
8. a
9. b
10. d

U. A. 7. Contenidos discursivos

1. a

2. b

3. a

4. b

5. c

6. a

7. c

8. a

9. b

10. d

Bibliografía

Monografías

COLLINS, B.; MEES, I.M. y CARLEY, P. (2019). *Practical English Phonetics and Phonology: A Resource Book for Students (Routledge English Language Introductions).* Routledge.

Este manual ofrece un estudio de las áreas básicas del idioma inglés. Incluye una descripción general del tema, actividades, preguntas de estudio, análisis, y todo lo necesario para los estudiantes.

PORTERO MUÑOZ, C. (2004). *A course in English morphology.* UCOPress. Editorial Universidad de Córdoba.

Este manual ofrece un guía completa con teoría y métodos de enseñanza de la lengua para cursos, exámenes y certificados de inglés como lengua extranjera (ELT) o como segunda lengua (ESL).

RAYMOND, M. (2012). *English grammar in use.* Cambridge.

Manual que aborda la teoría de la gramática básica del idioma inglés. Incluye ejercicios que facilitan el autoestudio y refuerzan lo aprendido con la teoría.

REDMAN, S. (2015). *English Vocabulary in Use. Pre-Intermediate and Intermediate.* Cambridge.

Libro de referencia en el estudio del vocabulario. Se basa en el Cambridge English Corpus, una base de datos sobre el uso del inglés, para asegurar que el contenido que ofrece es útil, actualizado y contextualizado.

SWAM, M. (2005). *Practical English Usage.* Oxford University Press España, S.A.

Este libro ofrece más de 600 entradas de la A a la Z con lo problemas más comunes que presenta el idioma inglés explicados de forma detallada, clara y concisa.

U.K., C. (2017). *COBUILD English Grammar*. Collins Cobuild.

Manual de referencia para aprender la gramática del idioma inglés. Incluye todos los puntos gramaticales explicados con ejemplos de contextos reales e información sobre las diferencias clave entre la gramática británica y la estadounidense.